中山大学传播学人文库

社交媒体时代青少年的危与机
—— 基于百名华人青少年社交媒体使用的生命故事

付晓燕 ◎ 著

Risks and Opportunities for
Teenagers in the Age of Social Media

中山大学出版社
· 广州 ·

版权所有　翻印必究

图书在版编目（CIP）数据

社交媒体时代青少年的危与机：基于百名华人青少年社交媒体使用的生命故事/付晓燕著. —广州：中山大学出版社，2022.3

（中山大学传播学人文库）

ISBN 978 - 7 - 306 - 07428 - 7

Ⅰ.①社…　Ⅱ.①付…　Ⅲ.①互联网络—传播媒介—影响—青少年—社会生活—研究—中国　Ⅳ.①D669.5

中国版本图书馆 CIP 数据核字（2022）第 023866 号

SHEJIAO MEITI SHIDAI QINGSHAONIAN DE WEI YU JI

出 版 人：	王天琪
策划编辑：	金继伟
责任编辑：	靳晓虹
封面设计：	曾　斌
责任校对：	林　峥
责任技编：	靳晓虹
出版发行：	中山大学出版社
电　　话：	编辑部 020 - 84110779，84110283，84111997，84110771
	发行部 020 - 84111998，84111981，84111160
地　　址：	广州市新港西路 135 号
邮　　编：	510275　传　　真：020 - 84036565
网　　址：	http://www.zsup.com.cn　E-mail：zdcbs@mail.sysu.edu.cn
印 刷 者：	广州市友盛彩印有限公司
规　　格：	787mm×1092mm　1/16　14.5 印张　252 千字
版次印次：	2022 年 3 月第 1 版　2022 年 3 月第 1 次印刷
定　　价：	48.00 元

如发现本书因印装质量影响阅读，请与出版社发行部联系调换

前　言

　　进入21世纪，随着互联网急速地进化成一种崭新的、知识层面的社会性技术（social technology），世界各国开始以建立一个"以人为中心"的发展导向的信息社会为目标，让个人或群体都可以创造、取用、分享信息，并发挥潜能、适性发展，提高生活质量。在此背景下，网络素养越来越成为生活在21世纪的人们一项必要的生活技能。

　　早在2010年7月Facebook就宣布其会员已正式突破5亿人，在北美市场，Facebook的普及率更是高达69%。[①] 对许多用户而言，Facebook已经成了与亲朋好友保持联系的重要社交枢纽。这种社会性网络服务使互联网应用模式开始从传统的"人机对话"逐渐转变为"人与人对话"，这一转变引发的不仅仅是一场互联网技术革命，更是一场深刻的社会革命，世界各国的社会科学学者开始探究社会性网络服务（Social Networking Services，简称SNS）这一新型人际交流方式以及其如何引发社会后果。

　　台湾南华大学社会学教授翟本瑞曾指出，以往，人们常常用"真实生活"一词以与"连线生活"相对，然而，由于线上行为并不比真实生活来得更真实，因而有愈来愈多的人，宁可采用"离线世界"来称呼以往的真实生活。对于网友而言，这意味着，他们的世界因为使用网络，而与传统世界有所不同；连线/离线两界固然有所区分，但仍只是不同场域的展现，世界不因连线与否而有所不同。"换句话说，世界并不区分为连线与离线，而是因使用网络/不用网络区分成两个不同世界。使用网络的人，与不用网络者，活在两个不同的世界。"[②]

　　作为"80后"的笔者是与中国的互联网一起成长的。互联网一步步走进笔者的生活，并改变着笔者的人生。在2001年考上大学后，笔者从第一次接触网络开始，在笔者的人生中有太多的"巧合"和机遇都与互联网的使用紧密相关。作为经历了新旧交替的世代，笔者所属的这一代（20世纪

---

① 新浪科技：《Facebook用户将破5亿：6年成长道路不平坦》，见http://tech.sina.com.cn/i/2010-07-20/18374450388.shtml。

② 翟本瑞：《连线文化》，南华大学社会研究所2002年版，第106页。

70年代和80年代出生者)比我们的上一代和未来的下一代更能体会互联网的使用对我们的生活和生命的意义。因为,作为中国主流社会中坚力量的"60后",他们在不依赖互联网的世界中,已经发展出属于他们自己的存在价值;而生长在网络时代的"90后",又几乎无法理解没有网络的"原始世界"是何种面貌。而长达十年的互联网的使用经验和感悟也让笔者对网络传播研究的关注点逐渐超越那些层出不穷的高新科技形式,而聚焦于互联网的核心价值——它促进了我们与社会联系的能力。

互联网的核心价值始终是它促进我们与社会联系的能力,并使个体借由新的社会联系的建立,体验或实现生命更多的可能。人类是世界上最复杂和最具创造力的物种,每个个体所创造和传达的价值都无法估量,两个个体之间"社会联系"的建立,最大的意义就在于它帮助双方搭建了一条与世界连接的新通道。正如Web技术的发明者Boler所言:"互联网发明的初衷并非向被动的受众传递资讯,而是为了'分享创造力'。"(Macnamara, 2010)像Facebook、微信和抖音这类社交网络服务之所以成功,恰恰是它迎合了人们渴望与社会联结的需求。现实生活中确实有证据表明,基于互联网的虚拟社交网络正在演变为现代社会中人际沟通的重要媒介。

1997年,泰普史考特根据互联网上不同人口变量群体的上网情况和每个群体的概况,特别界定出了一个与互联网一起成长起来的一代人——网络N世代(Net Generation,简称N世代)的概念。这代人在1997年的年龄是2～27岁。这一代人更少看电视,用电子邮件沟通,建立网页和从事商业活动。泰普史考特还指出:"我们所遇见的曾与网络新生代成员共事过的成年人几乎都承认网络N世代已明显地自成一体,并且年轻人对那些看起来超出其年龄的话题也有自己的见解。"作为"N世代"群体的一员,特别是一个传播学研究者,笔者在博士学位论文的研究阶段,第一次开始扎根中国本土、收集中国网民的科技生活史时,才开始意识到当我们自以为是地把自己放在历史的末尾,自认居于网络文明的顶端时,"90后""00后"这群伴随手机成长的新一代超级互联网网民,已逐渐引发了更多的关注,以及带来了更多新的研究议题。

2007年,iPhone智能手机推出市场,Google也在同一年推出Android手机操作系统,智能手机市场竞争激烈(Arthur, 2012)。另外,由于各种功能和服务(即视频、社交网站、游戏、互联网访问和电子邮件)已被纳入移动电话,移动用户的数量呈指数增长(Smith, 2010)。自2010年以来,手机使用量呈现大幅增长。尼尔森于2013年发布的调查数据显示,如果把中国网民每天上网的时间浓缩为1小时,其在社会化媒体上使用的时间为8

分6秒,已经超过了视频类网站和门户类网站的浏览时间,成为网民获取"新鲜事"的主要途径。事实上,自2007年以来,世界各国的青少年网民使用互联网的时间都在增长,其中社交网站使用时间更是翻倍。在此背景下,一个新概念——"新素养"(new literacy)诞生,相较于过往的"媒介素养",新素养特别强调在新媒体时代的文化素养必须超越过往的"批判性识读",而应涵括"恰当地生产和消费数字内容的能力"——借助即时通信、博客、网站等社交媒体,创造和分享数字化媒体产品(博客、播客等),包括参与网上讨论、进行网上信息搜索和整理、处理和评估网上信息等。"新素养"研究也逐渐成为教育学、社会学、心理学和新闻传播学领域持续关注的热门议题,越来越多的发达国家如英国、德国、澳大利亚等,以及中国的香港和台湾地区都将"新素养"列入中学生的必修课程。

早在互联网尚未普及的传统媒体时代,许多学者就不赞成保护和防御主义式的媒体识读观,因为现今不仅成年人,就连儿童和青少年的生活周遭也早已被不良的媒体信息充满,即使"关机"(turn the TV off)恐怕也无法长时间将这些信息完全防堵,不如透过媒体素养教育之教导,培育出具备媒体读写能力的健全公民,以导正媒体的乱象。除此以外,在互联网时代,可视化沟通和信息越来越重要,因此,可视化的设计和沟通能力也成为欧美国家考察国民素养的一个新指标。除了了解网络信息的意义与应用外,如何增强网络工具使用的技能、认识网络媒体的组织运作、洞悉使用网络媒介的动机、认识网络空间存在的风险和机遇,也都是网络素养应包含的课题。

在国际学术界,核定和评估媒体素养是一个需要教育者和学者清晰定义的术语和需要发展出测量标准的领域,越来越多的国际学者持续为开发中小学阶段和高等教育的媒介教育课程标准而做出努力,包括国际传播协会,如美国新闻与大众传播教育的认证委员会(The Accrediting Council on Education in Journalism and Mass Communications,简称ACEJMC),以及美国国家传播学会(National Communication Association,简称NCA)。

在Web2.0时代,数以亿计的年轻人根据网络与媒体观察到的见闻来采取行动,也就是说,年轻人的行为与选择是被他人的选择所决定的。这是一种全球性的现象,也是未来世界将面临的压力。相关政府管理部门如何制定互联网管理政策来维持一个开放并具公信力的信息传播系统?本课题的研究希冀并将着力在此问题上提出一些具有实践操作价值的对策思路。

此外,笔者还希望改变过去以传播技术和媒介内容为中心的研究思路,从使用者的角度出发,探寻青少年网民接受社交媒体工具的深层动因,以及社交媒体的使用行为对使用者的社会资本、认知能力以及文化认同的影响。台湾学者吴筱玫也曾指出:"科技与文化的互动不单纯是'科技'的事,也是'人'的事,两者彼此影响,造就了文化差异,例如中文与英文的思维逻辑不同,文化形貌也不一样,而文化形貌不同,也使其采纳新科技的态度有差异,换言之,并不是所有人都拥抱科技,拥抱与否端赖各地当时的文化条件。"(吴筱玫,2009)SNS在中国的发展,自然也要考虑到中国特殊的文化背景,以及中国网民在现阶段的心理需求。目前,中国内地还鲜有针对中国青少年社交媒体用户的系统和深入的研究,在谈到新素养相关问题时,基本上都是引用国外的研究报告。因此,笔者认为有必要扎根中国国情对青少年新素养进行研究。

网络社会学研究者翟本瑞(2003)教授曾指出,资讯社会学至少有下列四种不同的研究取向:①用网络来探讨各种社会现象,将网络媒体作为认识存在真实世界中的社会现象之参考;②探究虚拟空间中的各种虚拟现象,凡是在真实生活中存在的事物,都可以在虚拟世界找到其对应项,因此可以进一步分析虚拟现象的类型与运作方式;③探讨真实生活与虚拟世界间的差异,进而检讨真实生活对虚拟世界的影响,以及虚拟入侵后,现实世界的改变;④从科技未来的角度,探讨网际网络终将有一天具有思考、情绪感知等能力,而人际界面的分野会逐渐消失,人类文化有一天可能会消融于网际网络之间。

本书结合第一个和第三个研究取向:一方面,通过社交媒体的使用经验来认识网络社会中潜藏在个体心灵深处的社交欲求;另一方面,通过分析使用者在网上和网下与其社交网络互动的情况,来探讨虚拟社交与真实生活之间的互动关系。

因此,本书主要研究的问题有四点。

第一,基于社交媒体的信息生产、传播行为背后的行动逻辑与社会性根源探究。社交媒体为青少年提供了一种新的"体会真实"的方式,青少年现实生活中的亲缘关系、业缘关系和学缘关系等分别对其社交媒体采纳时间、使用内容、服务平台选择、使用技能和依赖度产生了何种影响?对不同原生家庭、不同地域的青少年网民进行对比研究,分析其社交媒体消费行为上的差异,探究造成这种差异的社会根源。

第二,中国青少年的信息网络建构、信息产制与分享机制分析。通过质化和量化资料还原典型个案的电脑中介社交网络,分析不同青少年如何建构自己的社交网络,并在社交媒体空间与不同信息来源展开互动的过程。他们使用社交媒体的能力有何创新、有何不足?对青少年的成长与社会文化有何深远影响？

第三，基于社交媒体的中国青少年"身份认同"与"全球图像"建构状况调查与分析。"自上而下"的信息传播在社交媒体时代被弱化后，青少年在社交媒体上的信息消费行为对其自身的"身份认同"、族群认同，甚至对世界的认知也随之变化，对这种变化进行考察是本书的重要工作。

第四，新媒体素养的建构与社会化媒体的管理模式探析。在本土经验研究基础上，结合各国"新素养"研究的学术史研究，探讨"新素养"的能力构成、社交媒体的管理模式及"新素养"教育的实施策略，以便教育者和家长更好地帮助青少年利用新技术促进青少年儿童的积极发展。

目　录

第一章　基于SNS的社交方式的兴起及其背景 …………………… 1
　第一节　从Facebook的诞生看SNS兴起的社会文化背景 ……… 1
　第二节　SNS的兴起与全球发展概况 …………………………… 5
　结　语 ………………………………………………………………… 17
第二章　社交媒体与青少年新素养研究的缘起 ……………………… 19
　第一节　社交媒体与信息污染 ……………………………………… 19
　第二节　社交媒体与青少年的幸福感 ……………………………… 26
　第三节　新素养：媒体素养在数字时代的演进 …………………… 31
第三章　研究方法与研究主体 ………………………………………… 50
　第一节　研究方法的设计 …………………………………………… 50
　第二节　质化研究方法的选取 ……………………………………… 54
第四章　我国青少年使用SNS的动机和类型 ………………………… 61
　第一节　我国SNS用户的类型 …………………………………… 61
　第二节　中国青少年使用SNS的动机 …………………………… 63
　结　语 ………………………………………………………………… 77
第五章　影响青少年接触和使用SNS的因素 ………………………… 80
　第一节　使用者对SNS的采纳和依赖度的影响 ………………… 80
　第二节　使用者对SNS服务平台选择的影响 …………………… 85
第六章　SNS使用对青少年社会资本累积的影响 …………………… 92
　第一节　SNS使用与青少年社会资本的提升 …………………… 92
　第二节　SNS使用与"社会资本的零增长" …………………… 116
　结　语 ………………………………………………………………… 124
第七章　童年经历对青年网络社交行为的影响 ……………………… 127
　第一节　文献综述 …………………………………………………… 128
　第二节　资料收集、个案界定与分析框架 ………………………… 129
　第三节　资料分析与发现：童年经历的影响 ……………………… 132
　结　语 ………………………………………………………………… 140

第八章　青少年的社交媒体使用与跨文化沟通 143
第一节　研究缘起 143
第二节　文献回顾 144
第三节　资料收集、受访者界定与分析程序 146
第四节　资料分析与发现 148
结　语 157

第九章　学龄前儿童使用数字绘本App的新媒体素养 159
第一节　数字绘本与"App文化" 160
第二节　数字绘本App与儿童新媒体素养教育的关联 161
第三节　研究数字绘本App的问题意识 163
结　语 172

第十章　青少年在社交媒体上的视频消费风险
——以网剧《上瘾》为例 176
第一节　研究缘起 176
第二节　文献综述 177
第三节　研究方法 178
第四节　资料分析与发现 179
结　语 190

第十一章　给政策制定者和家长的建议 192
第一节　给政策制定者的建议 192
第二节　给家长的建议 197

参考文献 206
致谢 220

第一章　基于 SNS 的社交方式的兴起及其背景

第一节　从 Facebook 的诞生看 SNS 兴起的社会文化背景

以 Facebook 为代表的 SNS 应用方式最早在美国诞生，并不仅仅是因为美国拥有全世界最高端的信息传播技术（Information and Communication Technologies，简称 ICT）的研发水准。从社会资本的视角看，Facebook 的诞生还有更复杂的社会文化背景。

一、互惠机制转变：从"近邻经济学"到"稀薄信任"

生活在 20 世纪 50 年代至 90 年代的西方人，包括美国人在内，都会清楚地认识到在这一时期价值观发生的巨大变化。这些价值观和准则方面的变化非常复杂，但可以归纳到"日益增长的个人主义"这一大标题之下（Fukuyama, 2002）。拉尔夫·达伦多夫（1979）认为，这是因为"传统社会的选择不多，但却有着很多绳索（即与他人的社会联系）——人们在婚姻伙伴、工作、住所、信仰方面很少有自己的选择，而经常会受到来自家庭、部落、等级、宗教、封建义务等压抑性联系的束缚"。在现代社会，个人的选择余地大大增多，而社会义务的大网中束缚他们的绳索也已大大放松。福山认为："基于继承的社会等级、宗教、性别、种族、民族等非自愿性联系和义务正被自愿建立的联系所代替。"人与人之间的联系并不是不密切，而是有选择地与他人进行交往。从某种程度上讲，"互联网代表了一种具有潜能的技术，它将自愿的社会联系推向了新的高度：人们可根据任何一种共同的兴趣在全球范围内选择与人交往"（Fukuyama, 2002）。"西方家庭已发生了变化，这种变化产生的社会资本方面的影响是复杂的。它明显减少了家庭本身所代表的社会资本，例如亲属关系的削弱，但它对信任和家庭之外的社会交往也产生了中性影响，甚至可能是正面的影响。"（Fukuyama, 2002）

此外，在现代社会，生活在都市的人们对为了维持极度紧密的邻里关系所付出的相对成本和所能获得的相对效益，如今也有所转变。实际上，人们与他们接近且持续维持的关系所带来的利益（或至少是纯粹从经济上来考虑这类密切合作的不可或缺性）很明显在快速减少。"我们不需要与邻居共同努力，才能确保我们在经济上还能生存下来。我们如今也拥有许多完全无须仰赖我们周遭的邻居或小区，就能享受的娱乐与喜悦来源。借用Hirsch著名的说法，即'近邻经济学'（economics of neighbouring）这门学问已彻彻底底地改头换面了。"（Halpern，2008）

同时，与遥远一方的人接触的相对成本效益也有所转变。电信设备与旅行大大降低了我们在实质空间上与距离遥远的对象互动的成本。共享的社会规范之建立（包括司法与金融体系）更进一步地降低了这类互动的成本，也让潜在效益得以浮现（Halpern，2008）。于是，"我们便能料想到，当代社会资本趋势的主轴线就是有史以来扩张最广的弱社会连带，即散布最广、范围最大的社会资本，以及极仰赖社会规范而非社会网络或个人知识的资本。我们正迈向一个由我们经济体中有效率的组织所驱动的世界，而经济体则愈趋仰赖一些所谓的'稀薄信任'（thin trust），即彼此较陌生的人们之间的信任"（Newton，1999）。这个现象不仅适用于美国，而且在瑞典也可见。但是，这个转变会让人们愈来愈重视在最普遍的层面上共享的机制，以解决集体行动的难题，并且维持和发展集体行动所仰赖的集体认识。

同时，罗纳德·英格尔哈特（1995）发现在整个发达国家，人们正在朝"后物质主义"价值观转变。据英格尔哈特所言，物质主义者注重经济和物质上的安全感，而后物质主义者则看重自由、自我表现和生活质量的提高。英格尔哈特不仅以世界价值观调查的资料，而且以欧洲委员会的欧洲晴雨表的调查资料为依据。他论证说，自20世纪70年代以来，所有欧洲主要国家都在发生这一转变。在世界上比较富裕的国家中，因为人们的基本物质需求已被满足，他们就变得比较不在意物质性目标，而较为关心限于特定人士所在意的目标，如言论自由与保护环境的需要（Halpern，2008）。随着价值体系的改变，维持较传统的生活方式的链带也进一步被松解。经济增长与技术发展也加速了传统与义务受到破坏的情势，剧烈地改变偏好仰赖与近邻进行社会互动的相对成本效益，转而把目光放在远方的特定个人（Halpern，2008）。

二、价值观转变：在维持与促进人际联结的生活方式中追求个体性

在美国，政府的角色是广被批评的，相较于日本，过去几十年间美国人对政府的信心有着戏剧性下降。同时，人们不只是对公共机构的权威表示怀疑，而且对民主选举的官员、科学家和教师的权威表示怀疑，但是，人们却相信个人与社群能够自行找到出路（Halpern，2008）。

特别是在20世纪60年代后，当时对于人权的要求，以及对美国参与越南战争的反感，使得美国人十分厌恶与排斥大众媒体的操纵与欺骗，转而寻求自我发展，寻求自我的觉醒。他们认为生活的品质在于有操守的人际关系，而个人对自我的认同也必须经由沟通而来（鲁曙明，2008）。另外，由于精神病学发现精神疾病不只起源于个人问题，同时也源于人际关系的困境，人文心理学家因此强调成功的人际沟通有助于情谊关系的建立。沟通如何影响彼此情谊的建立与维护，人们又应该如何运用有效的沟通技巧来发展健全自我，成为那个时代学者的主要论点。这种价值观的转变，使得"个人主义"的发展朝"团结一致"的方向进行（Halpern，2008）。

"团结在一起的个人主义"这一概念就词汇本身来看有些自相矛盾，但这个概念的意义其实是，团结在一起并不必然就意味着集体主义，而是人们或多或少具有相同的价值观，共享相同的生活风格，对同一个组织感兴趣并投入其中。Rothstein表示："我使用'团结在一起的个人主义'这个字眼，想指涉的是个人不只是愿意支持其他人，也愿意接受'他们是拥有不同价值观，也因不同的理由而投入其间'的这个事实。然而，这种支持是在以下条件下被授予的：他们能够信任其他公民也会对自己不同的生活风格与组织成果，回报以同样的支持。"（Halpern，2008）

在过去几百年，人们逐渐在痛苦中学会如何相互合作、如何和平共处。人们彼此间共同的认识与信任，也有巨大的转变和长足的成长，而这也大大提升了人们之间互助行为的可能（Halpern，2008）。

这种趋势，在其他国家，特别是在西方国家不难发现。Rothstein将瑞典的趋势描写成"从集体的大众运动转向有组织的个人主义"。与此同时，在另一个迥异的脉络里，Inoguchi则将日本的情况称为"从荣誉至上的集体主义"转向"相互合作的个人主义"。互联网的出现，特别是像社群网站、社交网络服务的出现进一步推动了这种趋势，使西方社会传统的"个人化发展"转向"相互连接的个人主义"（networked individualism）。

三、消费变迁：都市化与电子化消费引发"宅"文化

都市扩展、郊区化以及随之而来的漫长通勤时间，这些因素使美国人的传统社交模式发生了变化。美国人舍弃城市中心与小镇的生活，努力工作以赚得在郊区购买房子的费用的同时，还需赚得买车、养车的费用。欧洲人一般都过着密度较高的都市生活，而美国人不论是购买家庭必需品、上体育馆，或上学、上班都脱离不了一趟车程。"在这种事事依赖汽车的生活方式中，那些曾围绕在邻近小商店、上学路上、在人行道上闲逛而建立起来的非正式社会接触也已然消逝。同样重要的是，人们将愈来愈多的时间花在通勤上；更多地在自己的私人空间内听着最爱的音乐；社会性活动的时间变得更少了，同时城市的道路将小区切割成数块，让人行道更显冷清。"（Halpern，2008）普特南的研究也表明导致美国社会资本下降的一大原因——美国人因为工作的缘故四处搬家（Putnam，2000）。

此外，美国人已出现了高度个人化的消费形式。如果你在家里就可以聆听贝多芬的 CD，又何必进演奏厅端坐全场，只为听一曲你不喜欢的莫扎特呢？如果你可以在郊区为自己买下一整栋带有庭院的房屋，又何必走入大都市里的社区公园呢？不管你想做什么，当你无须去应付那些麻烦的其他人时，又何必跟他们搅和在一起呢？

随着信息传播科技的发展，越来越多的美国人依赖电信技术与外界保持联络。早在 1998 年，就有 2/3 的成人表示，在受访的前一天曾打电话给亲人或朋友"纯聊天"（Pew Research Center，1998）。当时人们就预言，通信技术将带来一种崭新且重要的社会联结形式。2006 年，皮尤研究中心（Pew Research Center）再次发现：互联网的诞生不仅没有与人们的社交联结冲突，反而无缝地契合了人们亲身接触和电话联系的社交网络。

新形式的电子沟通使得人与人之间的交际，越来越和物理上的距离不相干。家庭、街坊、工作场所等"交流纽带"越来越多地被信息传播技术所取代。

四、校园文化：开放、安全、具合作性与相互支持的环境

马克·扎克伯格（Mark Zuckerberg）之所以能在哈佛大学的宿舍里写出 Facebook 的网站程序，并在随后的两个月内风靡美国各大高校，这与美国大学的校园文化不无关系。"西方的大学教育传统上是开明的，不但具有挑战

性，而且会增加年轻人对于生命与他人的信念。这样的理念会因大学生活的结构而得到强化，大学生活通常包含年轻人生命中首次离家在外的生活、周遭混杂的各式各样的新面孔，以及一个基本上安全、具合作性与相互支持的环境。"（Halpern，2008）这样的环境可以让年轻人对社交活动、结识新朋友有高度的热情，且无须考虑负面效应。

事实上，在这种"社交热情"背后还隐含着另一个关键因素，即美国个人主义文化中的所谓"自我"的想法——"自我"是独立存在的，只能靠"沟通"这座桥梁将它找寻出来，让对方了解自己（张惠晶，2008）。同理可推，当彼此的"自我"分享得越多，情谊也就越深厚。同时，每个人也是借由与他人的交流来找寻"自我"的意义，并在亲密关系中获得肯定与满足的。

史蒂芬和哈里森（1993）认为这个价值观源于美国历史，将"自我"当成有自主性的个体，独立存在于许多其他"自我"环绕的环境里，是相当现代的产物。19世纪初期，美国社会不断发展与分化，所谓的"自我"渐渐拥有了私人空间得以与他人区分，因此"自我"的概念在现代化的途径上产生了重大变革。人们不再以外在的团体或公众的人际关系为认同目标，而必须汲汲于寻找"自我"的意义与定位，并经由沟通来建立亲密的人际关系。

此外，根据美国国家电信和信息管理局（National Telecommunications and Information Administration，简称NTIA）的研究显示，使用网络交流，成为个人经济、事业、社会成功的关键。在美国，大学注册、找工作、咨询信息等，越来越多地依靠网络交流（夏云，2008）。因此，大学生在校期间已经将网络交流融入自己的生活中，当符合他们社交需求的产品出现时，必然能迅速获得他们的接纳。

第二节 SNS的兴起与全球发展概况

一、SNS的技术基础及建构理论

（一）SNS的技术基础

在互联网建立之初，那些进行互联网基础设计的工程师就设想了一种类似于Facebook的网站。早在1968年，身为阿帕网设计小组关键成员的里克雷德（J. C. R. Licklider）就提出了这样一个问题："在线互动社区应该是什么样的？在多数情况下，社区的成员们在地理位置上是分开的，但有时聚合成一群。这样的社区不是聚合同一地区的人，而是将相同爱好的人聚合在一起。"这篇文章同时还涉及了社交网络的概念——"那时大家将无须寄信或发电报，只是很简单地识别出需要与你的文件进行联网的人就可以了"（Kirkpatrick，2010）。

随后，人们开始着手创立基于里克雷德的设计理念的网络社区，各种不同类型的"虚拟社区"逐渐诞生。但直到1997年，社交网络时代才拉开大幕。1997年成立的"提供真名交友服务"的六度空间（Six Degress）被视为史上第一个社交网站，然而其功能主要是展示使用者的个人信息。"用户们使用慢得令人发指的拨号网络来登录网站，而且还有很多其他严重的局限"（Kirkpatrick，2010），其交流和分享功能还很单薄，因此算不上真正意义上的社交网络。

对网络社交行为真正产生重大影响，甚至说产生变革的是P2P技术的发明和应用。2003年，软件工程师Bram Cohen基于P2P技术发明了BitTorrent（简称BT）协议并被投入应用。作为一种里程碑式的下载工具，BT抛弃了由一个中心服务器提供存储与下载服务的模式，而是采用了"人人为我、我为人人"的思想，充分地利用每一台电脑的计算能力。BT协议自动将一个文件分割成若干块，当某一电脑在进行下载的同时，它便成为一个服务器，能够向其他网友提供已经下载的文件块。因此，来自不同电脑的文件块在一台电脑上"拼凑"成最后的文件。看上去，BT协议的创新仅仅是技术结构上的变化，但是，它有效地提高了下载的速度与效率。从技术上，它是解决信息共享瓶颈的一种有效手段，而这就为应用空间的拓展铺平了道路（彭兰，2005）。

BT技术的出现改变了互联网"中心—边缘"的结构，采用对称结构，在这种结构中每一个参与的使用者同时也成为提供者。它的诞生给网络信息共享方式带来新的变革，这就意味着互联网上的内容正在从"中心"走向"边缘"，在网络空间流动的内容开始逐渐从各大网络提供商的服务器，转移到每个用户的电脑上。与此对应，互联网也发展到"从技术导向逐渐转向市场导向，从专属用户逐渐转向普通用户"（彭兰，2005）的Web2.0时代。

P2P技术为个体对个体的信息交流与共享提供了方便，也因此使得赛博空间的人际传播活动发生了很多质的改变，如从异步交流发展到同步交流，从纯文本交流发展到包括视频、语音等在内的多媒体形式交流，人际交流的广度与深度也随之提高。

正如安格文在《偷取MySpace》中详细记述的那样："当时的世界已经为社交网络准备好广阔的市场空间。"根据安格文在书中的记述，早在2003年，全美的宽带接入率就达到了15%～25%。宽带不仅仅意味着更快的浏览速度，而且上传照片也会变得更加容易。（Kirkpatrick，2010）2003年8月1日，全球第一个新型网络互动社区MySpace成立，随后，各种类型的社会交友网站开始大量出现，使用者得以借助这些社会交友网站来联结、维持社会关系。以至随后的研究纷纷指出，社交网络不但不会令使用者失去与社会的联结，还可增加使用者与朋友、家人、同学的沟通互动，甚至还可结交新朋友。

2004年以来，以Facebook为代表的社会交友网站在全球迅速发展。作为一种全新的交流方式，Facebook将用户引入全新的社会交际效应中：Facebook效应发生在人和人的相互联系中。这些联系通常是意外的，可以是相同的体验、爱好、问题或目标；其形式可大可小——既可以从一个群组中的两三个朋友到一个家族，也可以是像哥伦比亚那样的上百万人。Facebook效应意味着普通个体能成为信息的最初源头。在Facebook上，每个人都可以成为编辑，成为内容的创作者、制作者或散布者。大家可以扮演传统媒体中的任何角色（Kirkpatrick，2010）。

（二）SNS所依据的社会学理论

SNS的诞生虽然依托于信息传播技术的革新，但是作为众多科技产品中"技术含量"普普通通的产品，它之所以能被广大网民接受，是因为其技术原理与社会学理论息息相通。在SNS没有诞生前，社会学的研究就已经表明网络状的社会联系存在的客观性及其潜在的价值。

1. 六度分隔理论

为了探明在美国任意两个人之间的"距离"，哈佛大学教授、社会心理学家斯坦利·米尔格莱姆（1967）设计了一个连锁信件实验。他将一个波士顿股票经纪人的名字，放在这套连锁信件中，随机发送给居住在内布拉斯加州奥马哈的160个人，信中要求每个收信人将这套信件通过自己身边最有可能认识目标人物的熟人转寄出去。奥马哈与波士顿相隔遥远，但出人意料的是，几天后，波士顿股票经纪人就收到了第一封信，这封信只经过了两个中介。这160封信中最后有42封到达经纪人手中，根据手中的跟踪数据，米尔格莱姆计算出每封信到达目标人物所需要的中介人的平均数为

5.5。"六度分隔"(Six Degrees of Separation)的概念由此产生。

这个理论用另一种方式阐述更加惊人:你和任何一个陌生人之间所间隔的人不会超过6个。也就是说,经过充分的优化,最多通过6个人,你就能够认识世界上任何一个陌生人。这就意味着,虽然我们的社会规模庞大,但是沿着一个人接着一个人的社会链接,就很容易把握其脉络——这样就形成了一个由60亿人组成的巨大网络,其中的每对节点之间不会超过6个链接。

六度分隔理论曾经只能作为一种理论而存在,但是,互联网使该理论产生了现实价值,互联网的架构以及社会性网络服务的产生发展正是与之密切相关。今天即时通信软件、博客、SNS等网络技术让在地球村的任意两个人之间的距离进一步缩小。借助互联网,人们可以轻松地结识世界上的任何人,即使相隔千山万水,我们也能在互联网上找到久未谋面的朋友的足迹(前提是他们的个人信息已经上网)。通过社交网络服务来拓展自己的人脉,成为互联网时代公众交友方式的新选择。

2. 强连带与弱连带理论

社会交友网站基于的另一个理论是由美国社会学家马克·格兰诺维特提出的社会网络中的"强连带"(strong tie)和"弱连带"(weak tie)理论。

为了探明人们是如何"联网",即如何通过社会关系找到新的工作,格兰诺维特在20世纪60年代初考察了求职者在寻找工作时的信息获得途径,包括亲戚、非常要好的朋友、熟人、招聘代理、报纸广告等。在调查中,格兰诺维特发现一半以上的受访者是通过私人关系寻找到他们现在的工作岗位的。也就是说,那些最终找到工作的人都认识那些知道有空缺岗位的人。在格兰诺维特的最终找到工作的受访者中,他们的信息获得途径分别为私人关系、招聘广告或者招聘中介以及直接到公司求职。

基于之前的实证调研,在"弱连带优势理论"(The Strength of Weak Ties)中,格兰诺维特(1973)提出了一个似非而是的观点:若论找工作、获取信息、开饭馆,或是传播最时兴的潮流,我们较弱的社会关系比起自己所珍视的坚实的友谊能起到更重要的作用。在他看来,社会是由一个个高度相关的集体,或称紧密联系的朋友圈子组成的。这个圈子内部的每个人都相互认识,同时,这个圈子还通过少数的向外链接与外部世界连为一体,不至于令其处于隔绝状态。他认为,一个普通人周围的社会网络结构特别像基因结构。个体会有一批相当亲密的朋友,其中大多数相互之间也都有联系——这是一种高度密集的社会结构。此外,个体还会有一批熟人,但这些人相互之间并不相识。不过，每一个普通的熟人可能有自己的密友，因此也处在一个密集的社会结构中。

在格兰诺维特看来，我们的密友相互之间也往往是朋友。在这样的群体内部，存在着较小但完全相连的朋友关系圈，其关系相当强。如图1-1中，强连带关系用粗线条表示，弱连带关系由虚线表示，将某人所在的朋友圈和自己的某个熟人所在的朋友圈联系在一起。

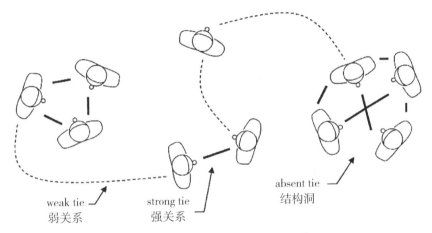

图1-1 强连带关系和弱连带关系①

格兰诺维特认为，强连带关系为人们的行动提供了信任的基础，但由于弱连带为人们提供了取得自身所属的社会圈之外的信息渠道，更可能扮演不同团体间的"桥"，这种起桥梁作用的"弱连带"的存在可以增加其所在团体成员与外界互动的机会，从而使得资源与信息传播渠道多样化（罗家德，2005）。

SNS服务将人们的线下关系链复制到网络空间。更重要的是，借助SNS服务，个体不仅能够以较低成本维持和强化原有的强连带关系和弱连带关系，而且还能借助朋友的中介，与其他人的关系链交互从而形成更大的"弱连带"关系网。

3. 结构洞理论

格兰诺维特在强调不同团体之间"弱连带"的重要性时，进一步指出两个团体间的"桥"必然是弱连带。同类人因为兴趣、性格相同而物以类聚，相同群体内的成员会因为内部社会网较密也较易互有连带，但不同群

---

① 图片来自维基百科，见http://www.en.wikipedia.org/wiki/Image：Tie-network.jpg。

体间却很难建立关系，其间的沟通就有赖于两个团体中各有一名成员相互认识而形成仅有的一条通路，这条通路就称为"桥"。"桥"在信息扩散上极有价值，因为它是两个团体间信息通畅的关键。只有善建弱连带的人才有机会成为"桥"，因此在不同群体间"埋下人脉"，这种跨越群体的关系往往是通向有价值资源的关键。

巴特（1992）在格兰诺维特的"弱连带"理论基础上，从社会关系网络的结构着眼，提出了"结构洞理论"（absent tie）。他指出，在两个团体之间，由于缺乏"桥"的联结，因此社会网络中会形成一个个的"洞"。这些"洞"是某些社会网络的结构缺陷形成的，因此被称为"结构洞"。他认为，若能寻找出这些结构洞，并予以填补，便能为社会资本的产生提供巨大的机遇，如在两个团体之间出现结构洞时，某一组织或个人若能在这两个团体间作为"桥"（即格兰诺维特所指的"弱连带"）去填补结构洞，便可以发现存在于两个团体间的商业机会，并且创造出企业的价值。

巴特不仅认为人际关系的内容能为关系中的个体提供社会资本，他还进一步指出人际关系的结构也会影响关系中个体的社会资本。他认为某些特定的网络结构，本身便有利于网络中的个体累积或发展他们的社会资本，也就是所谓的"领导位置"。巴特认为，网络中的结构洞既向网络成员提供了获得非重复性资源的机会，也对网络间的资源流动有控制作用。

通过对日常生活中的人际关系的分析，我们发现，人们总是以群体或圈子的形式交往，这样造成的结果是，一个圈子中的人很少能结识另一个圈子中的人，如新闻学院的学生或教师很少能结识社会学系的学生或教师，而如果这两个圈子中的人能够联系密切，将能激发巨大的生产力。人类生活中存在无数这样潜在的圈子，而这些圈子与圈子之间很少有联结，这就形成了巴特所指的"结构洞"。而要填补这些洞，就需要"弱连带"，即这些能够将不同社交圈子联结起来的人。从弱连带理论和结构洞理论来看SNS，我们会发现其帮助人们结识的大多为具有不同文化、地域和工作背景的"弱连带"。这些"弱连带"对个人以及整个社会资本增长有着重要的作用。

二、SNS 在全球的发展概况

早在 1997 年成立的 SixDegress 被视为史上第一个社交网站，但是 SNS 真正引起全球网民的追捧和关注却是在美国的 Facebook 诞生之后。

2003 年 2 月，Friendster 在美国加利福尼亚州成立，其被 SNS 业界称为全球首家社交网站。网站成立之初的短短几个月就在全球范围内迅速发展了几百万个注册用户。然而到了2004年,该网站的注册用户人数已经超过了其服务器可以负载的规模,结果是网站需要20秒才能登录,这导致用户体验开始慢慢下滑,以致后来其在SNS界的优势地位逐渐被MySpace和Facebook等竞争对手乘机取代。

经过Friendster的辉煌,社交网络在美国开始遍地开花,每个网站都采用不同的方法将人们联系起来。身为Friendster忠实用户的MySpace联合创始人汤姆·安德森(Tom Anderson)趁Friendster遇到技术问题时,将MySpace上线,并轻而易举占有了Friendster大部分的市场份额。尽管有MySpace的成功,但是在2005年早期,硅谷中的多数人仍然认为社交网络只是一时的潮流,他们并不能确定这门生意能否给他们带来商业利润。而在这段时期,看起来炙手可热的是博客和播客(Kirkpatrick, 2010)。

Facebook于2004年2月4日上线。最初,该网站的注册仅限于哈佛大学的学生。在之后的两个月,注册扩展到波士顿地区的其他高校。在2005年秋,马克·扎克伯格(Mark Elliot Zuckerberg)推出Facebook高中版。2006年秋,Facebook对所有互联网用户开放。从2006年9月到2007年9月间,该网站在全美网站中的排名由第60名上升至第7名。现在,Facebook已经拥有70种不同语言的版本,而且超过70%的用户是在美国境外。根据《Facebook全球观察》(*Facebook Global Monitor*)上的数据,在美国本土,Facebook的活跃用户占所有网民的97%;在加拿大,使用Facebook的人数占全国人口的43%;在智利,使用Facebook的人数占全国人口的35%,而这个人数已经超过了智利全国网民数量的一半。当然,用户数最多的还是美国本土,而排名在美国之后的11个国家,按顺序分别是英国、土耳其、加拿大、法国、意大利、印度尼西亚、西班牙、澳大利亚、菲律宾、阿根廷和哥伦比亚。根据《Facebook全球观察》的统计,用户数增长最快的国家和地区有中国台湾地区、越南、马其顿、捷克、泰国、葡萄牙、斯洛文尼亚和巴西。

尽管Facebook并没有被设计成一种政治工具,但他的创始人早就发现了Facebook所具有的独特潜能。美国皮尤研究中心发布的调查数据表明:2008年美国总统大选期间,10%的美国网民使用了Facebook、MySpace等SNS网站获取总统大选的信息,并参与投票。社会性网络服务在美国年轻网民中很受欢迎,2008年,在30岁以下的网民中,有2/3的人在SNS网站上建立了个人的社交网络资料,这些用户中有一半人使用SNS获取和分享关于政治和选举的信息(Aaron, Lee, 2008)。31%的美国人还表示,他们会通过私人谈话（personal conversations）邀请其他人来支持自己的政治偶像。2011年，皮尤研究中心发布的报告显示，在2010年，美国22%的成年网民通过SNS网站或Twitter参与政治选举。这也让我们看到了社交网络的人际传播功能在信息传播方面的潜力。

更加出人意料的是，2008年，一名用户针对Facebook发布的一篇言辞激烈的文章引发了哥伦比亚近百座城市共有1000万人参与的示威活动，同时在世界其他城市也有近200万人响应的"反对FARC游行"。这成了一场史无前例的由互联网世界推动的全球性活动（Kirkpatrick，2010）。

2010年11月，调研公司comScore的统计数据显示：Facebook已经超越雅虎成为全球第三大网站（Facebook全球独立访客数量约为6.48亿，而雅虎为6.3亿）。在全球范围内比Facebook更大的网站只有微软（8.69亿全球独立访客）和谷歌（9.7亿全球独立访客）。事实上，Facebook早在18个月之前就成为全球第四大网站，并在网页访问量上迅速超越雅虎。Facebook占据美国显示广告市场份额的近1/4，是雅虎的两倍还多。同时，Facebook还是其他视频网站的第二大流量来源，仅次于谷歌。这也就解释了，为何雅虎总裁卡罗尔·巴茨（Carol Bartz）将Facebook视为最大的竞争对手（张和，2010）。

同时，日本社交网络市场也在发生翻天覆地的变化。在2010年开放平台之后，DeNA的Mobage Town移动游戏平台会员数接近2000万，急速增长了三成左右，流量和收入也都出现了突破式的增长。加上Zynga、Playfish、Facebook等欧美大型企业的进入，日本市场整体呈爆炸式增长。整个日本社交游戏市场成为与美国市场相抗衡的全球市场（陈柯宇，2010）。

更重要的是，近年来，Twitter、Facebook和日本社交网站Mixi已经成为人们相互联系的主要工具。2011年3月11日，日本近海发生9.0级地震，以微博和社交网站为主力的互联网和移动互联网集群，成为日本大地震中的重要"生命线"。大地震之后，日本的移动通信网络随即出现拥堵，不少运营商纷纷开始限制语音通话。NTT DoCoMo限制了网内80%的语音通话，软银和AU的网络同样在语音和发送短信时遇到困难。而此时日本的互联网并没有陷入瘫痪，不少日本网民纷纷在Facebook等SNS发布周围最新状态及环境情况。与此同时，日本一些政府机构也纷纷在SNS发出倡议，"请尽量避免非紧急呼叫之外的呼叫。110、119目前已经应接不暇。为确保您的家人安全，请以书面形式向Mixi以及Twitter、Facebook发布灾害现场施救"。在日本发生强烈地震之后的一小时，专门追踪社交媒体服务的机构"网络社交媒体"（Online Social Media）就报道称，Twitter每分钟已传递

1200 条消息（孙进，2010）。媒体评论："社交网络支持人们帮助和救援那些在灾难中遇险的人。社交网络工具强大的能力，让人与人空前紧密地联系起来。像 Twitter 这样的社交通信工具和像 Facebook 这样的社交网站，总能够在发生重大事件时发挥出最大的作用。这些网站服务几乎成为所有人传递信息的可选方式。"

Facebook 也许是历史上由完全不同的人聚合在一起成长最快的团体。在智利和挪威，Facebook 的影响力甚至超过了美国本土。Facebook 改变了人们交流和互动的方式，颠覆了商人营销、政府监管的方式甚至包括公司运作的概念。它改变了政治的影响力，甚至在某些国家会影响当地的民主进程。因此，人们已经越来越清楚地认识："Facebook 现在已经不仅仅局限于充当孩子们的消遣工具了。"（Kirkpatrick，2010）第一位向 Facebook 投资的风险资本家彼得·泰尔（Peter Thiel）指出："21 世纪上半叶，投资行业最重要的主题是全球化的实现方式，没有全球化就没有全世界的未来。不断扩大的冲突和战争是阻碍全球化进程的重要因素之一，而现在拥有的技术能使全世界毁灭。如果全球化失败就没法进行投资。……于是现在的问题就变成了应该进行什么样的投资才能加速全球化的实现，而 Facebook 是再理想不过的投资目标。"（Kirkpatrick，2010）

2012 年以来，随着智能手机的普及，移动技术已被世界各地采用。截至 2015 年，全球拥有 47 亿个手机用户（GSMA，2016）和 18.6 亿个智能手机用户（Statista，2016），手机已经成为历史上最受欢迎和流行最快的信息通信技术（International Telecommunications Union）。由于大部分互联网属性都可以融入移动设备，移动用户可以方便地享受社交媒体、游戏、电子邮件等各种功能，特别是移动设备越来越多地被用于访问各种社交媒体（Humphreys，2012）。因此，各大社交媒体平台的用户成几何倍数增长。2018 年美国皮尤研究中心的调查显示，68% 的美国成年人使用 Facebook，截至 2018 年第四季度，Facebook 在全球的每月活跃用户数高达 23.2 亿。

同时，智能手机已经成为青少年（年龄介于 10~19 岁）生活中几乎无处不在的元素。根据 Net Children Go Mobile 的数据，2010 年与 2014 年相比，年轻的互联网使用者至少在一个社会化媒体平台上有一个账户的比例从 61% 增长至 68%，拥有 Facebook 账户的人群也呈现同样的增长。2010 年，在至少拥有一个社交网站（SNS）账户的人群中，66% 的人拥有 Facebook 账户；在 2014 年，这一数字增至 90%（Livingstone，2014）。

来自"欧盟儿童在线"调查的数据估计，15~16 岁的青少年平均每天上网 118 分钟（O'Neill，Livingstone，and McLaughlin，2011）。随后，作为

"欧盟儿童在线"项目的组成部分，2014 年第二次的调查结果显示，社交网络在南欧国家马耳他 8～15 岁儿的生活中普遍存在，97.5%的少儿都曾在家中登录社交网站，而青少年上网的比例在 10 年前是 37%（Lauri et al.，2015）。日本资讯安全公司 Digital Arts 在 2014 年 2 月针对 10～18 岁青少年的一项调查显示，在日本高中女生中有四成每天使用智能手机的时间超过 6 个小时；智能手机的持有比例随着年龄上升，高中男生达到 80.6%，高中女生达到 95.1%；平均一天的手机使用时间，初中生是 1.8 小时，高中男生为 4.3 小时，高中女生为 6.4 小时；他们使用手机主要是观看影音网站和使用社交媒体软件。（Milla，2014）

2018 年 3 月 7 日至 4 月 10 日进行的一项针对 13～17 岁的美国青少年的调查结果显示，95%的青少年拥有智能手机，45%的青少年几乎不间断地在线（Anderson，Jiang，2018）。在发展中国家，如菲律宾，孩子们也喜欢 Facebook 和 YouTube，他们在线活动的用时最多是学习新知识、使用社交媒体、看短视频、使用互联网做功课、玩网络游戏。换句话说，几乎和欧洲的调查结果类似（Livingstone，2016）。

三、SNS 在中国的发展概况

根据中国互联网络信息中心（CNNIC）2018 年发布的《中国互联网络发展状况统计报告》显示，截至 2018 年 12 月，我国网民规模为 8.29 亿，全年新增网民 5653 万，互联网普及率达 59.6%；我国手机网民规模达 8.17 亿，全年新增手机网民 6433 万，其中使用手机上网的比例高达 98.6%。

2009 年的用户调查显示，使用社交网站"打发时间"的用户占 42.4%，以"玩游戏"为目的的用户占 27.4%，"维系老友关系"的用户占 36.6%，有 35.3%的用户为了"结识新朋友"，以"学习知识"为目的的用户占 25.2%。在使用频率较高的人群中，以"维系老友关系""打发时间""玩游戏"为目的的用户居多。其中，以打发时间为目的的用户比例最高，占 54.8%；每天多次登录和每天登录一次的用户中以玩游戏为目的的用户分别达到 30.9% 和 31.1%。在每周或更长时间使用一次，即使用频率也较低的这部分用户中，玩游戏和打发时间的目的并不突出，以学习知识为目的的比例为 26.6%，属于较高水平。

CNNIC 的调查显示：从 2010 年开始，社交类应用除了在人际关系的建立、维系和发展中发挥更重要的作用以外，网民利用微博等社交媒体进行维权的意识明显增强，普通民众成为新闻事件传播和推动的主力。

根据《2016 年中国社交应用用户行为研究报告》调查结果显示,"和朋友互动,增进和朋友之间的感情""关注及获取感兴趣的内容""及时了解新闻热点"成为使用社交媒体的主要目的。此外,QQ 空间、新浪微博、微信朋友圈在社交关系的紧密度、用户属性、信息分享上有一定差异。微信朋友圈是相对封闭的个人社区,分享的信息更趋向于熟人之间的交互,70.3%的用户使用朋友圈"和朋友互动,增进和朋友之间的感情",50.7%的用户使用朋友圈"分享生活内容";新浪微博主要是基于社交关系来进行信息传播的公开平台,用户关注的内容相对公开化,60.7%的用户使用目的是"及时了解新闻热点",58.0%的用户使用目的是"关注及获取感兴趣的内容";QQ 空间用户在各个使用目的上的提及率均在新浪微博、微信朋友圈之间。(见图 1-2)

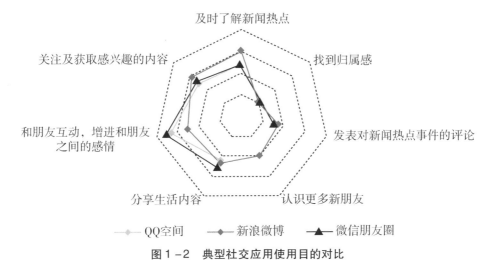

图 1-2 典型社交应用使用目的对比

截至 2016 年 12 月,84.4% 的用户通过社交应用收看网络视频节目,59.4% 的用户在社交应用上分享或转发过网络视频节目,较 2015 年提升了 20.8 个百分点,用户在社交应用上的视频消费习惯已经养成。2016 年,直播功能成为社交平台标配。截至 2016 年 12 月,在 3.44 亿的直播用户中,24.4% 的用户通过社交平台来收看直播,直播成为新的用户交流方式。社交与直播相结合,一方面丰富了社交应用的内容和形式,带动了用户活跃度,促使用户黏性增加;另一方面以虚拟礼物为主的直播商业模式与社交应用进行融合,带动社交应用收入快速增长,如社交平台"陌陌"网络直播业务仅上线一年收入就占整体营收的 79.1%(CNNIC,2016)。

截至 2017 年 12 月,微信朋友圈、QQ 空间用户使用率分别为 87.3% 和

64.4%；微博作为社交媒体，2017年继续在短视频和移动直播上深入布局，推动用户使用率持续增长，达到40.9%，较2016年12月上升了3.8个百分点；知乎、豆瓣、天涯社区使用率均有所提升，用户使用率分别为14.6%、12.8%和8.8%。可见，随着社交网络平台商业模式的成熟、业务功能的开发，网民通过社交媒体这个整合型平台能从多方面满足网民跟世界建立联结的需要。

2018年，微信用户数量突破10亿，成为中国排名第一的社交软件。根据腾讯2018年全年财报，截至2018年底，微信及其海外版的合并月活跃账户数增至约10.98亿，同比增长11%；日发送微信消息450亿条，较2017年增长18%；每天音视频通话次数达4.1亿次，较2017年增长100%；朋友圈用户阅读人数每日可达7.5亿。值得注意的是，由于已有用户数量的庞大，微信用户的增长速度正在减缓，而微信的小程序在2018年实现井喷式发展，其应用数量超过100万，已覆盖200多个细分行业，日活跃用户达到2亿。

CNNIC数据显示，截至2018年12月，微信朋友圈、QQ空间用户使用率分别为83.4%、58.8%；微博使用率为42.3%，较2017年底上升了1.4个百分点。中国社交软件用户的网络交友范围依旧以强联结为重心，根据智研咨询《2018—2024年中国社交软件市场现状分析研究报告》显示，在微信、QQ、微博、陌陌、贴吧等社交软件的使用情况中，"只和熟人交往"的用户占比最高，达57.5%，以熟人交往为主的微信、QQ等的用户规模和用户活跃度远远高于倾向与陌生人社交的微博和陌陌。

相对于熟人社交帮助人们维持已有社交关系，陌生人领域的社交App则可以开拓用户新的交际圈，在市场上也占据一席之地。2018年，陌陌第四季度及全年财报显示：2018年，陌陌全年净营收达到134.084亿元人民币，同比增长51%；2018年12月，陌陌月度活跃用户为1.133亿，环比增长2.5%。2018年，新浪微博第四季度及全年财报显示：2018年微博净营收为4.819亿美元，同比增长28%；月活跃用户数在12月达到4.62亿，12月的日均活跃用户数突破2亿关口。

网民对社交媒体的依赖使得社交软件拥有大批用户流量，社交应用不仅仅限于通信功能，它已经成为各类应用场景连接用户实现跳转和变现的平台，"社交+"时代已经开启。一方面，衣食住行各领域的应用以社交媒体为搭载平台，以"社交+"的形式为人们开辟了更便捷的通道，微信小程序功能就是这一方式的典型。以"社交+电商"为例，拼多多与微信合作，借助小程序在微信用户中发掘更多的潜在用户，拼多多的"拼团模式"

和"好友砍价"通过利用微信的社交关系实现了成功的用户引流,这些都直接缩短了拼多多的用户变现路径。另一方面,社交功能融入各类应用以增加其用户黏度已经成为趋势潮流。极光大数据2018年发布《2018年年度手机游戏行业研究报告》显示:2018年,《王者荣耀》全球营收达到19.3亿美元,其市场渗透率为17.36%,位居中国手游类App榜首,用户规模达6.13亿,成为唯一月活跃用户破亿的网络游戏。无论是以QQ、微信为基础搭建的熟人交往通道,还是与陌生人组队结识新好友的方式,《王者荣耀》已经成熟的社交系统是其能够成为2018年度"国民游戏"的重要条件。

综上所述,随着网络技术和商业模式日臻成熟,社交网站已经成为中国居民在网上沟通和应用工具的集成平台,正在促进用户交互方式的多样化和真实化。随着社交游戏、微博客等互动类应用方式的诞生,社交网站平台在网民中的渗透率也不断提高,其商业价值不断凸显。社交网站不仅丰富了中国网络应用及网络媒体的内涵,使得网络传播的格局进一步多元化和复杂化,同时也给中国的社会和文化发展带来新的影响。

结　语

ICT的革新以及社会的分化和发展使得"拥有整整一个世代里最具威力的信息传播机制"——Facebook横空出世(Kirkpatrick,2010)。随后,短短几年时间内,像Facebook这样旨在帮助人们了解更多身边人的信息的SNS服务在全球范围内被广泛采纳,人们的社交方式也由传统走向现代:在维系传统的"亲密的、初级关系联系"的同时,人们得以大量拓展"非个人的、次级关系联系";个体开始以自我为中心,主动拓展社会联结而形成新的、更大规模的社交网络;在新的社交网络上,个体可以与其朋友或朋友的朋友展开实时、多媒体、深层次的互动,以促进双方的理解沟通。

那么,"基于SNS的互动"到底会给人们的生活带来怎样的改变呢?正如中国IT界人士所言:"41岁的互联网,有了'非试不可'的新面孔,也就有了无限可能的未来。和蝴蝶效应、温室效应一样,Facebook效应也值得我们追根溯源。"(Kirkpatrick,2010)"追踪SNS热潮兴起的原因,同时预测SNS带来的社会影响"如今已经成为国际社会科学界,特别是传播学研究领域最热门的研究议题。

世界各国的调查数据显示,青少年是社交网站最狂热的用户。事实上,目前流行的SNS是2003年后发布的（Boyd and Ellison，2007），所以今天的青少年也是第一批通过在线社交网络"长大"的人群。对处于发育中的易受伤害的青少年群体从现实生活移徙到社交网络（OSN）后的幸福感进行充分的调查和理解，不仅有助于了解青少年在数字时代的生活状态，更有助于透过深度沉浸在数字世界的最早一批数字原住民的生命经验来了解数字科技的革新对社会变迁的影响。正如欧盟儿童在线研究团队（Livingstone，et al.，2001）所言："儿童可以创造性、试验性、充满想象地使用网络，而这正是成年人（老师、家长、其他人）所欠缺的价值——更深入地了解儿童对互联网的体验，将会支持其更复杂地使用互联网，同时建立更普遍的互联网自我效能。"

联合国人口基金估计，目前全世界10～24岁的青少年超过18亿（UN-DESA，2010）。由于现代社会日益增长的需求，许多人面临着巨大的新的压力和挑战。此外，有学者建议应给予青少年更多的支持、培训和应对技巧，让他们为"更复杂、技术更先进的社会"做准备（Mathur and Freeman，2002）。在当下这个技术加速发展的时代，必须考虑到新技术对年轻人发展的影响。

第二章 社交媒体与青少年新素养研究的缘起

第一节 社交媒体与信息污染

社交媒体作为一种新的传播渠道，是人们用来分享见解、经验、观点的工具和平台。因此，以 Facebook 为代表的社交媒体从诞生之初就被寄予厚望——"拥有整整一个世代里最具威力的信息传播机制"。

随着社交媒体的发展，越来越多的研究结果显示：在社区发展中，社交媒体为社会资本的建设发挥了积极作用。例如美国的实证研究表明，美国知名的"邻里信息网站"（www.whothat.org）就是通过提供详细的邻里信息来帮助用户找出兴趣相投的邻居。英国的经验也表明，邮政编码和互联网技术是重建社会资本的有力工具。这种潜力已经由 UpMyStreet（www.upmystreet.com）所证实，在这个网站上，用户输入邮政编码，就能找到当地学校与其他公共设施的信息。同时，有可能加入因为地理因素（与你住处距离最近的一些人）或兴趣因素所形成的讨论群。这种新式地方媒介的威力已席卷了伦敦的一个住宅区，在那里，以前互不相识的左邻右舍如今相互能得知彼此的近况。目前，已经有大众传媒开始开发同类服务，例如英国 BBC 的"I Can!"。这些网络服务旨在为邻里间提供信息交流、交易活动的机会，并促进集体性的社区行动发生（Halpern，2008）。

Hampton 和 Wellman（2003）在加拿大多伦多市的 Netville 社区做的研究是被学者引用最多的。该研究发现，因特网的使用对改善邻里关系具有积极影响。这和之前人们对使用互联网会导致社会孤独的预言恰恰相反。Netville 社区的实验显示，因特网的使用可以带来更多的社会参与和邻里接触。事实上，使用网络服务的居民相对于不使用的居民，与邻居认识和交谈的概率要高两到三倍。而且，这些加入社区网络的居民还能够组织和动员一些集体活动，尽管他们之间是弱连带关系。这些结果显示，Netville 社区的沟通网络促进了居民的集体互动和信任感的提升。

虽然社交媒体最早诞生于 20 世纪 90 年代，但他们在 2003 年以后才在世界范围内被广泛采用（Boyd and Ellison，2008）。2009 年，一项针对全球 10 个市场的调查显示，社交网络和博客已经成为每个国家的顶级在线目的地，消耗了高达 60% 或更多的活跃互联网用户的大部分在线时间（Nielsen，2009）。这进一步印证了阿帕杜莱（1990）的观点：“社会世界不再是以符号的形态固定坐落在地图上，而是变成由闪烁的液晶屏幕所再现的文化流，点状地结晶化成种族景观、科技景观、金融景观、媒体景观和意识景观。”这种由液晶屏幕和社交媒体再现的世界成为后工业时代的典型特征，那么，这种新的传播科技对社会变迁又会带来何种影响呢？

根据美国皮尤研究中心的调查数据显示，约 67% 的美国人从社交媒体上获得新闻，这一比例较 2016 年的 62% 有小幅上升（Bialik and Matsa，2017）。在此次调查中，50 岁以上的美国人中有 55% 的人在社交媒体网站上获得新闻，较 2016 年高出 10 个百分点。三大社交媒体网站——Twitter、YouTube 和 Snapchat，都获得了新的社交媒体新闻阅读用户。2017 年，74% 的用户喜欢从 Twitter 上获取新闻资讯。然而，这项研究表明，许多美国人不相信他们在线阅读的信息，只有 5% 的人表示相信他们在社交媒体上阅读的新闻。

这种信任级别可能很低，因为从用户报告中，他们看到了通过社交媒体分享的错误信息。约有 51% 的人表示他们经常看的政治新闻有些是不准确的。32% 的人认为他们看到的信息完全是捏造的。23% 的人表示他们分享了错误信息，而这其中又有一半人表示他们可能是不知不觉地分享了错误信息。84% 的受访者表示，他们有信心从新闻中挑选事实。那么，事实真的如此乐观吗？

2018 年 3 月，麻省理工学院的研究人员在《科学》杂志上发布了一项震惊全球的发现（Soroush，Deb，Sinan，2018）。该研究团队分析了 2006—2017 年六个事实核查组织所检查的所有新闻报道（无论是真是假）的传播情况。首先，研究人员联系了六个事实核查组织，并分析了他们所核实的所有新闻报道。这六个组织分别是 Snopes、PolitiFact、FactCheck、Truth or Fiction、Hoax Slayer 和 Urban Legends。其次，研究人员可以访问 Twitter 所有用户的档案，在社交媒体网站上查找这些新闻报道的转发情况。每次发现被转发内容时，他们都会尝试确定所转发的内容是否为原始推文。这样，他们可以追踪新闻报道的起源，继而追踪通过 Twitter 传播信息的方式。最后，他们的数据集包括约 300 万人发布的 12.6 万个新闻报道以及被转发量超过 450 万次等。

研究数据显示，虚假新闻的转发比获得验证的真实新闻报道要多 70%，这是由用户驱动的真实的统计数据，而非来自电脑木马程序。令人意外的是真实消息扩散至 1500 人所需时间是虚假消息的 6 倍。真实的新闻报道很少被人转发（不超过 1000 人），但 1% 的虚假新闻可能会被超过 10 万人转发。总的来说，在所有类别的信息中，很明显，虚假新闻要比真相传播得"更远、更快、更深、更广泛"。这并不是因为发布虚假新闻的账户特别有影响力，而是因为人们更喜欢分享看起来有趣的新闻。传播新信息的人会被认为是"知道"或拥有内部信息而获得社会地位的（Soroush, Deb, Sinan, 2018）。

在哈贝马斯（1981）最具影响力的《沟通行动理论》中，社会病状的出现是因为沟通条件被系统性地扭曲了。虚假新闻的泛滥不仅会改变人们看待世界的方式，而且也会造成新闻事件背后的事实脉络和公共性因素被忽视，从而影响社会秩序的稳定。由于国民对社会现实的感知过度依赖网络媒体，因而让世界各国政府都面临着互联网治理的挑战。

一、愤怒：社交媒体上的"情绪绑架"

由于社交媒体上信息无限且混杂，阅听众的注意力有限，他们不可能在每则信息上都会花费时间与精力去辨别良莠（Kasperova, et al., 2016）。特别是当新闻与互联网相遇并开始向我们的口袋迁移时，一些事情发生了：专业的新闻机构精心制作的新闻产品开始失去吸引公众注意力的优势。什么让新闻保持活跃？除了人类的短暂注意力跨度外，还有人类行为的另一个因素——频繁共享低质量信息。社交媒体网站的核心是分享情感内容——一种被其他用户强化和奖励的做法。

媒体观察家在《这就是你的恐惧和愤怒如何被出售以获利的方式》（*This is how your fear and outrage are being sold for profit*）一文中解密："用情感包装，窃取你的注意力。"托比亚斯·罗斯（Tobias Rose）指出，今天新闻需要与我们的数字生活中的其他一切竞争——成千上万的应用程序和数百万个网站。最重要的是，它现在与社交媒体——有史以来最成功的注意力捕获机器竞争。

事实上，按照传统的新闻标准，新闻种子编辑（the news feed editor）是一个非常糟糕的编辑；它不区分事实性的信息和仅仅看起来像事实的信息；它不能识别有深刻偏见的内容，或者旨在传播恐惧、不信任或愤怒的信息。情绪反应是衡量帖子价值是否重要的方法之一，也是"新闻订阅源编辑器"绘制、测量和提供更多内容的最简单的方法（Tobias, 2017）。

"新闻热点"倾向于通过这些情感性的黑客行为来优先处理内容——这会形成更多的点击、喜欢、分享和评论。当内容制作者为了这种情感的参与而竞争的时候,这场注意力的战斗就形成了技术伦理学家特里斯坦·哈里斯(Tristan Harris)所称的"脑干底部的竞赛"。

如果你负责 Facebook 的新闻推送,人们愤怒的时候你会受益。因为愤怒不仅仅是人们在情感和空间上的一个反应。如果我们想要与人分享这份愤怒时,就会按下分享键,然后说,"你能相信他们说的吗?"而这种愤怒真的特别容易获得注意力。如果说 Facebook 可以在展示惹人愤怒的消息和一般的消息之间进行选择的话,他们会选择发布惹人愤怒的消息,这并不是刻意的,只是那会更好地获得你的注意力(Tobias,2017)。

此外,还有研究发现情绪不仅是一种社群新闻价值的评断标准,更能引发读者进而刺激他们的立即性响应。在引言的论述上,社群编辑经常隐藏新闻重点,以勾起读者的好奇心,或者扮演读者的"脸友",分享个人对新闻内容的感受与想法,以拉近与读者的距离。此外,他们也常以读者的角色,同理读者的想法,或提出大众同感疑惑、好奇的问题,写出他们的心声以引起读者共鸣,甚至主动提出问题或询问意见,以刺激读者表达他们的观点和看法。无论哪一种,都显见"情绪"是得以被操控的,社群编辑借此在一瞬间抓住读者的注意力,与其产生共鸣,并鼓励读者参与分享和讨论。信息庞杂的社群媒体就像是信息的超级市场,信息的提供者无不想吸引读者的注意力,而情绪无论是一种新闻框架,或是社群编辑用以吸引读者的操作手法,似乎都是为了回应社群媒体的特性。然而,一味地操控情绪不仅会改变人们看待世界的方式,同时也会造成信息的混乱,公众只关注人情趣味而忽视新闻事件背后的事实脉络和公共性因素。

二、社交媒体上的虚假新闻对舆论的操控

随着社交媒体技术的飞速发展,在网络中形成了一个令人迷惑的世界,谣言和虚假新闻以令人畏惧的速度在社交媒体上传播,并激发了民众的愤怒。英国媒体在 2017 年 3 月的报道中指出,导致英国选民做出脱欧投票决定的罪魁祸首是在社交媒体上激发传播的一则虚假新闻(宗无际,2017)。在英国"脱欧公投"期间,"脱欧派"曾支付巨额宣传费用,大多数都投入在 Facebook 上。其中,一个打击"留欧派"的致命武器,便是"英国为欧盟身份每周向欧盟支付 3.5 亿英镑"的消息。至于这个数字是怎么计算出来的,英国政府部门提出了质疑,并且指出该消息误导选民。英国统计局

主席安德鲁·迪尔诺特（Andrew Dilnot）表示，事实上，英国每周为欧盟支付的约2.76亿英镑只是出口退税。

位于英国的独立事实检查机构Full Fact总监威尔·莫埃（Will Moy）曾指出："信息在几秒钟就能传播到世界各地，人们在社交媒体上很容易找到能够与其分享相同世界观的人。过去在传统媒体的影响下，习惯用相对条理和正确价值观的舆论来引导思想，但现在这方面的影响力越来越小，甚至连有效辩论也越来越少。"

无独有偶，继虚假新闻导致英国脱欧成为"黑天鹅"事件后，另一件"黑天鹅"事件则发生在美国，而罪魁祸首也跟社交媒体脱不了干系。2017年9月，Facebook宣布在其网站上发现了一笔10万美元的广告支出，这是一家名为"巨魔农场"的互联网研究机构，该机构开发了表情包（meme）、YouTube视频、Twitter账户和Facebook帖子，旨在动摇全球大选中的政治对话。随后，2018年2月，包括互联网研究机构在内的3个俄罗斯机构和13个俄罗斯人因参与2016年美国总统选举而被刑事起诉，这些工作早在2014年就开始了。2018年2月16日，《纽约客》的一篇文章称该行动遵循"用经典间谍活动、私营部门、社交媒体工具和党派意识形态混合操纵美国民主的剧本"（Osnos，2018）。当研究机构通过社交媒体账号访谈了超过100名美国人后才发现，他们不知情地成为该机构散播谣言的工具。Osnos指出，该欺诈行为提供了一些"尴尬的见解"：作为社交网络的发明创造者，美国人没有能力评估他们消费的媒体的可信度。

技术的变化、社交媒体的出现，带来了信息发布、共享和处理方式的转变，从而导致信息污染的程度不断增加，也给告知和教育读者的使命带来了障碍。"美国有很大一部分人生活在另一个世界里，他们彼此分享、讨论的信息都是完全错误的。外界任何刺破这些泡沫的尝试都充满了困难，你以为在纠正和帮助他们，而实际上你在他们的眼中，则被视为阴谋的一部分。"（Lewandowski，2018）

此外，研究还表明，社交媒体有助于错误信息的持续传播，部分原因是大多数人选择与自己持有类似观点的人进行在线互动，"不尊重"或"不关心"那些与他们持不同意见的人。因此，社交媒体用户倾向于在"回声室"和"过滤泡沫"中的操作，这意味着他们从不面对反驳的争论，之所以在这些圈子中流传错误信息，是因为他们从未见过故事的真相（Wardle，et al.，2017）。

美国耶鲁大学历史学教授Timothy Snyder（2018）也因此在《华盛顿邮报》上发表文章，批评社交媒体的设计让政治趋于极端化，让人们无视他们不愿接受的事实,且阻碍了真正的社会运动。他指出,民主必须基于"独立的、全体公民可见的事实",而非"将真相与人们想听到的内容混淆"。否则,就是独裁和法西斯滋生的土壤。

三、唤醒民众新素养才是真正的挑战

2016 年,美国总统大选后不久,Facebook 创始人兼首席执行官马克·扎克伯格表示,少量的虚假新闻可能会影响选举的想法是"一种非常疯狂的想法"(Lee, Stephaniem, 2016)。但几天之后,扎克伯格写了一篇声明,称 Facebook 正在研发在其网站上标记虚假新闻的方法。然后,大约在一年后的 2017 年 9 月,扎克伯格表示他后悔说过虚假新闻可能会影响大选是"疯狂"的想法,现在 Facebook 承认"巨魔"能够操控新闻算法,同时传播错误信息。

2018 年 3 月 1 日,16 位政治学家和法律学者提出了他们对在线新闻生态系统的研究:

> 我们必须在 21 世纪重新设计我们的信息生态系统,以减少虚假新闻的传播并解决它所揭示的潜在病症……我们如何创建新闻生态系统……价值观和促进真相?(Lazer)。

同一天,Twitter 和 Square 联合创始人兼 CEO 杰克·多西(Jack Dorsey)发布推文,"我们正在致力于推动公众集体的健康、开放和公正对话,并让我们公开承担进步的责任"。在发布声明后多西表示,希望在未来与虚假新闻专家合作遏制这一问题。

其他科技巨头也声称要严肃对待这个问题。苹果 CEO 蒂姆·库克(Timothy Donald Cook)提出对虚假新闻的担忧,谷歌表示正在努力改进其算法,以提高消息搜索结果的准确性。谷歌欧洲、中东及亚洲通信副总裁皮特·巴伦(Peter Barron)表示:"判断网页消息的准确性是极具挑战性的工作。当非授权信息在搜索结果中排名过高时,我们研发可扩展的自动化方法来解决问题。最近我们对算法进行了改进,这有助于在网络上呈现更高质量、更可信的内容。我们将继续改进算法,以应对这些挑战。"谷歌还在帮助事实调查类民间组织进行研发,如 Full Fact 正在研发能够识别甚至纠正虚假新闻的新技术——创建一个自动事实检查器,用于监控在电视、报纸、议会或互联网上的消息。

这种技术性的解决方案是一个看似光明的前进方向。然而，世界各国政府的公信力在降低，官方行为越来越受到公众的审视，当人们不再相信官方信息来源时，那么技术专家们做所的努力是否就白费了？

2017年10月，皮尤研究中心与依隆大学的联网创想中心（Imagining the Internet Center）合作开展项目研究，他们邀请多名科技界的技术专家、学者、从业人员、战略思想家等对此提示做出回应：

虚假新闻的崛起以及人类和机器人在网上传播的篡改性叙事的泛滥（标题党），正在挑战出版商和传播平台。那些试图阻止虚假信息传播的人正在努力设计技术和人类沟通系统以排除它，并尽量减少机器人和其他意图传播谎言和错误信息的手段……在未来10年中，会有可靠的方法出现，来阻止错误的叙述，并让最准确的信息在整个信息生态系统中占上风吗？或者由于不可靠的、有时甚至是危险的想法的传播，网络信息的质量和真实性会恶化吗？

受访者被要求从以下两个选项中选择其一："信息环境将会改善——在未来10年，总体而言，信息环境将会通过减少谎言和其他错误信息在网上传播的变化而得到改善"或"信息环境不会改善——在未来10年，总体而言，信息环境不会因旨在减少谎言和其他错误信息在网上传播的改变而得到改善"。

在1116名受访者中，有51%选择"信息环境不会改善"，49%选择"信息环境将会改善"。每位受访者都必须简要解释他们做选择的原因。选择"信息环境不会改善"的受访者通常会以人类对回声室的偏好和渴望，以及我们的大脑无法跟上技术变化为由。而选择"信息环境将会改善"的受访者相信，技术确实有能力解决有关错误信息的问题。他们普遍表示，人们总是适应变化的，这些挑战也不例外，因为善意的人们会共同寻找信息污染的解决方案，使消费者能够判断在线内容的真实性，最终抑制虚假新闻的传播。这些调查结果表明：首先是很多人对未来信息环境的改善持悲观态度，其次是新闻素养教育只是解决这些问题的一部分。

21世纪的消费者，尤其是青少年，越来越依赖数字工具和媒体来获取信息、观点和证据。然而，世界各国的教育体系并没有为青少年提供在这个媒体饱和社会中的导航、评估、平等参与等技能（Kellner and Share, 2007；White and Walker, 2007）。这是全世界教育工作者共同面对的挑战。

第二节　社交媒体与青少年的幸福感

社交网站（Social Networking Sites，SNS）被定义为"能够形成在线社区和共享用户创建的内容的网站"（Kim，Jeong and Lee，2010）。世界各国的调查数据都显示，青少年（13～19岁）是社交网站最狂热的用户。事实上，目前流行的社交网站是2003年后发布的（Boyd and Ellison，2007），所以今天的青少年是第一批接触社交网络并且成长在社交网络时代的人群。

2018年3月7日至4月10日进行的一项针对美国青少年（13～17岁）的调查结果显示，95%的青少年拥有智能手机，45%的青少年长期处于"在线"状态。社交媒体对当今年轻人生活的影响在本次调查中没有明确的共识。31%的青少年认为这种影响是积极的，而24%的青少年认为这种影响是消极的，但45%的青少年表示，这种影响既不积极也不消极（Anderson，Jiang，2018）。

除了欧洲、美国、日本等发达国家，菲律宾的孩子们也喜欢Facebook和YouTube，他们在线活动主要是学习新知识、看视频片段、使用互联网做功课、玩网络游戏等。也就是说，他们的在线活动与欧洲的孩子相似（Livingstone，2016）。

2015年6月1日，CNNIC发布的《2014年中国青少年上网行为研究报告》显示，截至2014年12月底，中国青少年网民（指25周岁以下网民）规模达2.77亿，占整体网民的42.7%，占青少年总体的79.6%，60.1%的青少年网民信任互联网上的信息，整体对互联网信任度高、依赖性强、安全意识较弱。《2015中国青少年及儿童互联网使用现状研究报告》显示，对比各年龄段儿童的需求，3～8岁的儿童喜欢看视频和玩游戏。从9岁开始，他们上网寻找学习资源、做作业。到了中学之后（12岁开始），他们对社交的需求最大（77%）。与此呼应，《广东青少年网络媒介素养研究》调查数据显示，如果长时间不能使用社交软件，在受访的广东青少年中超五成的人会"感觉与世界失去联系、烦躁不安"，对于社交媒体的依赖现象颇为严重。

2018年一项针对中国青少年（13～18岁）的全国性调查数据显示，当代青少年接触网络的年龄大幅提前，超过六成的青少年接触网络的年龄在6～10岁，且八成以上的青少年具备较强的网络使用能力。报告显示，1/3

的青少年在社交软件、网络社区和短视频平台上都遭遇过色情信息的骚扰；35.76%的青少年遭遇过网络诈骗。此外，71.11%的青少年在社交软件、网络社区、短视频和新闻评论区等场景中遭遇过网络欺凌，主要形式包括嘲笑和讽刺，辱骂及发侮辱性词汇、恶意图片和动态图、语言或恐吓文字等。

为了调查或探讨在线社交技术对青少年心理健康的影响，Paul Best 等人对于2003年1月至2013年4月间发表的在线社交技术与青少年幸福感相关研究的文献进行了系统搜索，这43份原创研究论文将使用在线技术的好处总结为增强自尊、提供社会支持、增加社会资本、安全身份探索和自我赋能。报告显示，有害影响体现在增加了伤害、社会隔离、抑郁症和网络欺凌的接触。大多数研究报告认为，在线社交技术对青少年健康的影响是好坏参半的（Best, Manktelow, Taylor, 2014）。

文献表明，青少年更愿意在网上透露个人信息，总的来说，他们比成年人更感性地移情网络交流，越来越多的证据正在研究支持虚拟环境对年轻人的潜在作用（Cash, et al., 2013；Cerna and Smahel, 2009；Duggan, et al., 2011；Ko and Kuo, 2009；Siriaraya, et al., 2011；Tichon and Shapiro, 2003）。尽管一些研究已经强调网络欺凌、社会隔离和剥削等在线风险（Juvonen and Gross, 2007），但也有大量的证据表明，在线交流实践与幸福感之间存在负相关关系（Devine and Lloyd, 2012；Fioravanti, Déttore and Casale, 2012；Hwang, Cheong and Feeley, 2009；Koles and Nagy, 2012；O'Dea and Campbell, 2011a, 2011b；Pantic, et al., 2012；van den Eijnden, Meerkerk, Vermulst, Spijkerman and Engels, 2008）。

通过社交网络而获得的积极健康效益也在不断地被证实，如通过更广泛的社交网络增加社会资本（Ellison, Steinfield and Lampe, 2007, 2008；Kraut, et al., 1998；McPherson, Smith-Lovin and Brashears, 2006；Milani, Osualdella and Di Blasio, 2009）。对于拥有高品质友谊的年轻人而言，在线友谊是"锦上添花"（rich-get-richer）的。不过，那些没有高品质友谊的人（Davis, 2012；Ko and Kuo, 2009；Selfhout, et al., 2009）从在线交流活动中获益却更大。一些研究报告指出，在线沟通与幸福感之间能产生积极的影响，能增加社会支持、减少社交焦虑、增强自尊自信、减少社会隔离（Davis, 2012；Dolev-Cohen and Barak, 2013；Gross, 2009；Ko and Kuo, 2009；Maarten, et al., 2009；Valkenburg, Peter and Schouten, 2006）。此外，三篇论文都强调了在线沟通促进心理健康的益处（Cerna and Smahel, 2009；Frydenberg, 2008；Valaitis, 2005），有趣的是，其中两项研究报告的内容与青少年在线沟通和抑郁之间很少或根本没有关联（Gross, 2004；

Jelenchick, Eickhoff and Moreno, 2013)。

一些研究表明，青少年网民喜欢积极贡献内容、创造和混搭（即多个来源内容的结合），他们倾向于可以参与的社交媒体网站（Dye, 2007），而且他们更喜欢通过技术保持联系和多任务（Rawlins, et al., 2008）。对于今天的青少年来说，友谊可以从数字化开始：有57%的青少年在线可以遇到一个新朋友。而社交媒体和在线游戏是结识新朋友最常见的数字场馆。对于美国青少年来说，结交新朋友不仅仅限于学校场地、公园或社区，还包括在网络上结交新朋友（Lenhart, 2015）。

另外，对大学生的研究表明，他们在简单的消费内容上会花费相当多的时间（Pempek, et al., 2009）。此外，青少年网民对于社交媒体的使用与其他群体的目的相同，如信息、休闲或娱乐（Park, et al., 2009）、社交和体验社区意识（Valkenburg, et al., 2006），以及停留在与朋友保持联系上（Lenhart and Madden, 2007）。社交媒体的使用可能会对青少年网民的心理和情绪健康产生一定的影响。如它可以加强家庭纽带（Williams and Merten, 2011），也可以培育其他支持性社会关系，还可以增强青少年网民的自尊心（Valkenburg, et al., 2006）。

有些研究者则避免采纳积极和消极这样的二分法，并且认为现实"处在这两个极端之间"（Bryant, Sanders-Jackson and Smallwood, 2006）。然而，社交网站只是社交媒体技术（Social Media Technologies, SMTs）的一种形式（Moorhead, et al., 2013）。这个区别是重要的，因为个别的SMTs具有独特的特征，并且可能以不同的方式影响用户的健康。当人们研究关于人格类型和在线交流的文献时，就可以说明这一点，即内向者和外向者都可以从社交媒体技术中受益，他们也可以选择使用不同的平台，例如内向者可能更喜欢聊天室（增加匿名），而外向者可能更喜欢Facebook（Orchard and Fullwood, 2010; Ryan and Xenos, 2011）。社交媒体的使用到底能否提升青少年网民的幸福感，其关键在于这些青少年采用何种方式展开网络互动。然而，技术作为人类互动的推动者，是无价值的，既不促进善也不加速恶。

欧盟儿童在线调查强调：在25个国家中，只有1/4的儿童在网络所提供的"机遇阶梯"中达到最先进的、创造性的一步。不到1/5的9～12岁儿童及1/3的15～16岁青少年可以沉浸在技术性和复杂性的网络活动中，例如写博客、在虚拟世界中度过时间、浏览聊天室和分享文件。大部分孩子在互联网所提供的机遇面前都是被动的，如看信息、玩游戏和寻求娱乐等。使用网络聊天和社会交往在青少年使用中占了很大比例（80%的13～16岁青少年浏览社交性网站），但是创造性和参与性活动仍然只占非常小的部分，相反，青少年也表达出对潜在伤害的关注，这可能是由于过度使用网络技术和参与活动而关注的。大约有 1/3 的 11～16 岁青少年认为，他们只花很少的时间去陪伴他们的朋友、家人或完成家庭作业，因为他们将大部分时间花在了网络上（35%）；还有差不多比例的青少年曾尝试减少上网时间，但没有成功（33%）；当他们不上网的时候会感到无聊（33%）。从定性研究结果可以清楚地看到，年轻人越来越关注可能因为过度使用网络而产生的身体和精神上的问题（Smahel，2014）。近年来，随着青少年参与社交媒体活动的广度和深度的加剧，出现了各种风险和偏差行为的案例。

Essena O'Neill 从 12 岁时就把成为"网红"作为人生目标。她希望 19 岁时在 Instagram 上拥有 50 万粉丝，每段 YouTube 视频的点击率都能突破 10 万，成为澳洲最出名的网红。然而，在 2015 年末，她通过 YouTube 上传了一段视频，表明她将彻底离开网红圈。

> 当我 12 岁的时候，我认为自己一无是处。既没有钱，也不是网红，没有人关注我。
>
> 那时我就开始关注网红，尤其是 YouTube 的网红。她们有这么多的点赞者和关注者。我当时就想，天啊，她们过得多幸福啊！我将来也要过这种被重视的生活。
>
> 但当我看着照片上的她们，再看看镜子里自己，我开始怀疑：我能像她们一样吗？
>
> 我去网上搜她们的三围，然后和自己的做对比。我告诉自己，我也要当网红，在网络世界过上被人捧着的日子。
>
> 之后的数年，我的生活被数字定义了，并且这些数字是唯一让我感觉自我良好的事情。我不想说我患有抑郁症，但是 Google 上写的焦虑、抑郁的症状我都有。生活中唯一能让我开心的事情就是粉丝的赞美，以及更多的点击量。但这件事欲壑难平。
>
> 你觉得在 Instagram 上达到 10 万粉丝很开心吗？
>
> 对，我开心了一天，但真的就只开心了一天，因为马上你就会希望有 20 万粉丝。
>
> 你觉得在 Instagram 上有 50 万粉丝是做梦，对吗？
>
> 如果在我 12 岁的时候有人告诉我，以后我会成为网红，有 50 万粉丝，我得乐疯了。但事实上，我真是可怜又可悲！
>
> 我从 12～16 岁基本上就干一件事儿：处心积虑地把自己塑造成一

个在互联网上完美的人。后面两年,我就在社交媒体上维护这种"完美形象"。

那些我吃饭时拍的唯美照片,还有YouTube上精心剪辑过的视频都是我在向大家证明我很重要、我好美、我好酷。但这样浪费人生在别人面前刷存在感……吃个饭不是为了好吃,而是为了在Instagram上炫耀,你说那还是生活吗?

在Essena O'Neill宣布退出YouTube后的三年,《YouTube的顶尖创作者正在消失并大规模崩溃》一文又将其他网红在社交网站上的痛苦遭遇公之于众——不断变化的平台算法、不健康的痴迷,以及社交媒体的压力,使得顶级创作者几乎不可能继续以平台和观众想要的速度创作(Alexander,2018)。2018年5月,拥有超过120万订阅用户的创作者米尔斯(Elle Mills)上传了一段视频宣布她准备离开YouTube和社交媒体。她因无法承受社交媒体带给她的压力而感到焦虑。全球第三大流行平台YouTube的用户Rubén "El Rubius" Gundersen(3920万订户)、PewDiePie(6200万订户)到杰克·保罗(1520万订户)在过去的一个月里陆续宣布短暂离开平台,因为他们每个人都遇到了倦怠问题。最近,YouTube的多数顶级创作者都提到了他们的心理健康问题。

关于网络是否像酒精或毒品一样,使人上瘾的问题一直倍受争论(Kardefelt,2014),但这些社交媒体上的网红,他们心理的压力、焦虑和倦怠感确实源于一种新型网络成瘾——社交媒体"点亮了"大脑奖赏系统。神经科学家已经发现,当看见发布在社交媒体上的"赞"时对于发育中的大脑来说可能尤为感到沉醉,这可能与青少年的抑郁和焦虑风险的增加相关(Almendrala,2016)。洛杉矶加利福尼亚大学的科学家发现,在青少年使用社交媒体时,对其大脑进行扫描,当青少年看到他们的照片得到的"赞"很多都与奖赏有关时,他们大脑的一部分就会被激活。研究者还发现"赞"有累积效应:当看到同伴给一张照片点赞时,无论其内容如何,青少年自己也可能给这张照片点赞。

Sherman和她的团队招募了32名青少年,年龄在13~18岁,让这些被试者参与一个与Instagram相似的、小型的、以照片为基础的社交网站中。研究者要求这些青少年从他们的Instagram账户中挑选40张照片上传,并且将他们上传的照片全部呈现在电脑屏幕上。

研究者告诉被试者这些照片已经被其他50名青少年浏览过了,并且已经对这些照片点"赞"(事实上,只是研究者将"赞"分配给了这些照片)。当青少年观看这些照片时,研究者用 MRI 设备对他们的大脑进行扫描,并且观察被试者大脑的激活区域。例如当被试者看到自己的照片获得大量"赞"时,与社会活动和视觉相关的几个脑区就会被激活。

名为"伏隔核"的区域激活程度尤为明显。研究者观察到,这一区域是与奖赏相关的,并且当个体做吃巧克力或赢钱等这些令人愉悦的事时该区域会被激活。这表明被"赞"的经历是有奖赏意义的。伏隔核的过度激活和大小可以解释青少年的冒险行为、强烈的快感寻求、作出缺乏深思熟虑的决定的倾向。它也能解释为什么青少年会感到与来自社交媒体的奖赏有强烈的联系。这些发现并不意味着接触社交媒体就一定会伤害青少年。Sherman 的研究发现,青少年是受同伴"点赞"活动影响的,无论照片的主题是中立的、积极的,还是"有风险的"(如喝酒或吸烟)——这些都意味着同伴影响可以朝着另一个方向进行。

Sherman 建议家长要意识到青少年在社交网站上的圈子可能比他们现实生活中的圈子更加广阔,而且青少年可能会受到一个比家长想象得更大的环境的影响。

为了避免网络空间的风险,为了最大化网络世界的机遇,青少年要提升自我的新素养。在网络上青少年寻找和参与一个新的或更有创造性的机会是非常重要的,这可以让社交媒体的使用对青少年的幸福感提升发挥更大的正面功能。

第三节 新素养:媒体素养在数字时代的演进

一、媒体素养概念的内涵

早在印刷媒体时代的 1933 年,英国人为了保护自己的高雅文化不被美国流行文化伤害而率先开启了媒体素养教育;随着电视和广播的快速发展及对日常生活的影响与日俱增,20 世纪 50 年代英国的媒体素养教育被引入美国。而亚洲国家,直到 20 世纪 90 年代才因互联网的兴起带来了"网吧文化"从而开启了关注媒体素养的议题。不过,Web2.0 技术以及移动传播所引发的新一轮传播技术变革,同时也带来了社会对新传播科技的集体性焦虑,在此背景下,媒体素养教育再次被带回教育机构。如今,教育界和传播学界对媒体素养的关注已经几乎遍及全球。

媒体教育是每个国家公民言论自由和信息权的基本权利的一部分。在建设和维系社会秩序方面发挥着重要作用，因此，现代世界中的媒介教育可以被描述为在媒体的帮助下，以媒体的材料发展个性的过程，旨在塑造互动文化。随着媒体的发展，媒体素养包括创新能力、沟通能力、批判性思维、感知、解读、分析和评价媒体文本的能力，以及用媒体技术进行不同形式的自我表达的能力。媒体素养，作为媒体素养教育进程的结果，可以帮助一个人积极地使用由电视、广播、视频、电影和互联网等信息领域所提供的机会（Fedorov，2001）。

二、世界各地的媒体教育

俄罗斯学者亚历山大·费奥多罗夫（Fedorov，2001）在《全球媒介教育简史》（*Media Education Around The World：Brief History*）一文中系统地介绍了1920年至2007年欧美发达国家的媒体教育史，并将其划分为四个阶段，这是迄今为止最为全面系统地介绍全球各地媒体教育历史脉络的文献，但考虑到他的史料收集截止于十年前，笔者在其研究基础上结合近十年来媒体素养的新发展，特别是新素养的提出，将媒体教育史分为以下五个阶段。

（一）创世纪（20世纪20年代至40年代）

早在20世纪20年代，法国巴黎就成立了电影俱乐部，并提出电影教育的目标，随后召开了首届各地区电影教育的全国性会议（Freinet，1927）。1936年，法国教育联盟发起名为"电影和青年"的运动，组织青少年参与电影的讨论，以发展他们的批判性思维，提高艺术品位，以及培养创作技巧（Chevallier，1980）。但因纳粹的占领中断了法国媒体教育的规模化发展。然而，在1945年以后，媒体教育又开始延续——法国电影俱乐部联盟成立（联邦法国电影俱乐部）。整体而言，媒体教育的"实践""美学"和"保护主义"理论在当时的法国占主导地位。

媒体教育在英国也有几十年的历史。与其他许多国家一样，这项运动开始于电影教育，并被更广泛的媒体（如新闻、广播、电视、视频、广告、互联网等）接受。在英国有几个从事处理各种媒体教育问题的组织。其中，脱颖而出的是1933年由政府创办的英国电影学院（BFI）。英国教育部为教师举办了各种会议、研讨会和讲习班，使他们完成了详细的研究、出版专著、教科书和教学手册。20世纪30年代，英国媒体教育（虽然这个概念当时并没有使用）主要根据接种范式开发，聚集于预防有害的媒体影响。

俄罗斯媒体教育的历史可以追溯到20世纪20年代，但第一次尝试很快因政治原因而中断。随后于20世纪50年代末至60年代初在中学、大学，以及各地的课余儿童中心（包括莫斯科、圣彼得堡、沃罗涅日、萨马拉、库尔干、特维尔、罗斯托夫、塔甘罗格、新西伯利亚、叶卡捷琳堡等）重新恢复媒体教育，并为教师举办了各种教育研讨会。

（二）法国的"审美观念"占主导地位（20世纪50年代至60年代）

法国保持了在当时的世界媒体教育进程中的领导者地位。由于广播电视的迅速发展，法国电影教育部门联盟（UFOCEL）于1953年更名为法国视听教育联盟（UFOIEIS）。1966年，"新闻—新青年—信息"协会成立。1963年，在法国教育部的文件中反映了媒体教育美学理论的思想，鼓励教师（包括金钱奖励）在电影素养方面教育学生（研究历史、语言、影片艺术的类型、影片摄影的技术、欣赏影片的审美质量）。媒体教育的创始人之一——Freinet参加了讨论，并强调电影和摄影不仅是娱乐、教学辅助和艺术，而且是新的思维和自我表达方式（Freinet，1963）。他认为，学生必须学习视听媒体的语言，会画画的人比不会画画的人更能欣赏画家的艺术作品（Freinet，1963）。在20世纪60年代的电影俱乐部里，左翼激进思想受到欢迎，这导致了与当局的多重冲突。长期以来，学校的媒体教育一直是可选的。20世纪60年代中期，法国第一次尝试将媒体研究引入学校课程。

1950年，在英国，当时学校教师成立了电影和电视教育学会（SEFT），"荧屏教育"的概念初步形成。在那之前"影片教育"的概念得到了更加广泛的传播，但随着电视的发展，许多人认为这两个屏幕媒介应该为教育目的而团结起来（Moore，1969）。1964年，英格兰和威尔士的235所教育学院，虽然只开设了十几个关于荧屏艺术的特别课程（Marcussen，1964），但大多数英国大学都在研究各种形式的媒体文化，并在几所英语学校成功地教授了荧屏教育。而且英国媒体教育家认为，荧屏教育纳入语言艺术（Higgins，1964）将会更有意义。20世纪60年代，英国教育家对媒体教育美学理论的独特定位，可以追溯到哈吉金森（A. Hodgkinson）的课程中，其目标如下：借由电视和电影院来提高小学生的理解和快乐度；促进对人类社会和对个人独特性的认识，为商业和其他剥削提供自我防卫；鼓励不仅通过传统形式（演讲、写作、绘画等），也能通过屏幕的语言（制作电影）进行自我表达（Hodgkinson，1964）。

20世纪50年代,美洲大陆的大众媒体教育仍处于初级阶段。加拿大是著名媒体理论家马歇尔·麦克卢汉的家乡。大众媒体教育是他于20世纪50年代在全国媒体文化专业课程中第一次发展起来的。加拿大媒体、信息和通信技术(ICT)教育的历史开始于电影研究课程。开设电影教育课程在加拿大的中学成为普遍的现象(Andersen,Duncan and Pungente,1999)。这个运动被称为"荧屏教育"。1968年,第一个联合加拿大媒体教育者成立的组织——CASE(Canadian Association for Screen Education,加拿大荧屏教育协会)。一年之后,CASE在多伦多举行了第一次全国性大型会议。与英国一样,那个时期加拿大的媒体教育工作者主要依靠媒体教育的审美(歧视)理论(Moore,1969;Stewart and Nuttall,1969)。

1911年,美国全国英语教师委员会成立,与会教师们讨论了关于电影的教育价值(Constant,1992)的话题。但是,在学校,媒体教育并没有被广泛传播。自1958年以来,报纸教室被引入由美国报纸出版商协会(ANPA)赞助的中学,来自3.4万所学校的9.5万名教师加入了这个项目,涉及500多万名学生(Sim,1977)。20世纪60年代是美国媒体教育美学方面的"黄金时代",但主要集中在高等教育领域。许多大学在课程中加入了电影研究,内容以视觉语言、电影史和杰出导演作品为基础。但由于"良好的审美知觉和品味"概念的模糊性,以及媒体文本的艺术价值缺乏标准量规,很难界定电影的"好"与"坏"。而且,艺术媒体教育的方式实际上忽略了媒体新闻、广播和电视新闻的信息领域。"纯粹"艺术媒体教育的倡导者放弃了媒体文本的制作、发行、管理和消费等方面。但在实践中,一项媒体教育可能已经整合了媒体教育的几个方向(例如接种、道德和艺术发展的审美观念,同时也讨论了媒体教育文本制作和观众的问题)。

1967年,俄罗斯第一所学校和大学电影教育理事会——俄罗斯电影人联盟(莫斯科)的分支机构成立。与大多数欧洲国家以及美国一样,20世纪60年代的俄罗斯媒体教育正以美学理论占据明确主导地位的趋势发展,传媒文化的研究在很大程度上与文学课程相结合。

(三)从新闻和电影到媒体(20世纪70年代至80年代)

哈罗德·拉斯韦尔和马歇尔·麦克卢汉的研究对全世界媒体教育产生了强大的理论影响。麦克卢汉是第一位支持媒体素养在"地球村"中具有重要性的学者(McLuhan,1967)。联合国教科文组织极大地促进了媒体和ICT技术教育在所有阶段的发展。在20世纪70年代中期,教科文组织宣布不仅支持媒体和ICT技术教育,而且还将媒体教育列入联合国教科文组织未来几十年的优先任务清单。1972年，媒体教育被纳入法国教育部的方案文件。1975年，法国电影文化发展培训学院（L'Institute de Formation aux Activites de la Culture Cinematographique，IFACC）成立。它在很大程度上促进了高校媒体教育的进程，现在很大程度上都是以符号学为导向的。

1976年，媒体教育正式成为法国国家中学课程的一部分，学校被建议用10%的时间来实现媒体教育这一目标。法国媒体教育的一个典范项目是1976年以来每年在学校举办的"新闻出版周"（the week of press）活动。"新闻"一词在这里不仅限于印刷媒体，还包括广播和电视（特别是地区电视网）。新闻出版周的目标是通过学生和专业记者的合作工作，采用"在做中学习"的方法，对媒体的功能进行探究。

1982年，著名的法国媒体教育家、研究员J. Gonnet向法国教育部提出建立国家媒体教育中心的建议，该中心可以协助各教育机构的教师有效地将大众媒体融入教育过程。他与P. Vandevoorde一起，将该中心的以下目标加以区分。

（1）通过比较不同来源的信息，发展批判性思维并为之做出贡献，来教育更积极和负责任的公民。

（2）发展宽容、倾听对方观点的能力，理解思想的多元性及其相对性。

（3）在各级教育机构中融入动态创新教学。

（4）克服学校与媒体的隔离，即与生活现实建立紧密联系。

（5）利用社会中特定形式的印刷和视听文化。（CLEMI，1996）

J. Gonnet的计划不仅得到了批准，而且得到了法国教育部的财政支持。

1983年4月，巴黎教育与媒体联系中心（CLEMI）开放。J. Gonnet被任命为董事。CLEMI自成立以来，推动了媒体在教学和学习中的整合，为教师开设了定期课程，收集了媒体文化和ICT教育资源档案。

在20世纪70年代至80年代，英国的媒体教育随着新的中学电影教育课程的出现而发展，后来新媒体和ICT技术课程被列入16～18岁学生的考试清单。由于70年代符号学理论的发展，媒体教育走向了将媒体文本作为符号系统的结构主义解释（符号/表征范式）。

巴瑟杰（C. Bazalgette）是英国电影学院（BFI）媒体教育工作协调员，也是过去20年英国媒体教育政策的主要建筑师之一，他认为媒体教育应旨在培养更积极、更具批判性、更有素养和要求更为苛刻的媒体消费者，他们可以为发展更广泛的媒体生产做出贡献（Bazalgette，1989）。此外，综合教学法被认为是媒体教育发展的最有效方式。

当时，全球媒体教育行业均遭受了资金匮乏的冲击。20世纪70年代，加拿大的媒体教育者失去了国家的赞助和支持。尽管如此，1978年4月，媒体素养协会（Association for Media Literacy，AML）在多伦多成立，由巴里·邓肯领导。目前，这个组织的人数超过了1000人。

但是，20世纪80年代以来，加拿大的情况发生了巨大的变化。1986年，媒体教育"媒体素养资源指南"基本教科书，由安大略省媒体素养协会和加拿大教育部的共同努力在加拿大出版并很快被翻译成法文、西班牙文、意大利文和日文。

自20世纪70年代以来，电视对观众的影响力方面超过了电影院。由于美国城市的电视频道数量快速地增长，广告的地位也不断增长，商业广告对市场需求产生了显著的影响。美国教育工作者不能忽视这些变化。到20世纪70年代中期，35%～40%的中学开始为学生提供媒体或大众传播的单元或课程，这些单元或课程基本上是以电视传播为导向的（Sim，1977）。在20世纪80年代，美国的媒体和ICT教育继续扩大其影响范围，并相继在美国各州设立了教学和研究协会。20世纪80年代在大多数大学开设媒体课程成为普遍现象。然而，媒体教育并没有获得中小学学校必修科目的地位。当然，与挪威或芬兰相比，美国是一个拥有巨大领土和人口的国家。尽管如此，美国研究人员R. Kubey认为，阻碍媒体教育的发展不只是地理因素和人口因素（Kubey，1998），还包括美国的整个教育体系（50个州中，每个州都有自己的教育政策，而且每个教育机构都有自己的课程及计划）。此外，美国媒体教育发展的步伐因美国人与世界其他地区的相对文化隔离而减缓。据了解，美国人更喜欢观看、聆听或阅读美国本土媒体。

（四）寻找新地标（20世纪90年代至21世纪初）

与英国一样，法国仍然是发展"媒体和ICT教育"最活跃的欧洲国家之一。然而，电影是通过其他文化和语言表达等手段进行研究的。由M. Martineau领导的研究小组开展了系统化的研究分析，并在20世纪80年代末90年代初出版了《法国的视听教育（电影教育）的理论和实践》（Martineau，1998）。1995年，联合国教科文组织CLEMI团队在国际层面推出了"传真"计划，他们面向学生发放校报，然后通过传真发送给不同国家的合作学校。这个项目充分利用互联网技术的优势，因为CLEMI团队非常重视互联网的教育潜力（Bevort and Breda，2001）。特别是在2000年初，CLEMI团队开发了"Educanet"计划，其任务是开发与互联网信息相关的批判性自主思考能力、学生的责任感和安全意识。

自20世纪90年代后期以来，法国开始实施一项新的ICT融合计划。例如每个班级都可以访问互联网和自己的电子邮件地址。该项目由地区行政部门和教育部资助。新的信息通信技术促进了偏远农村地区较小的学校之间的联系，以便他们交流信息和研究成果，在教学与学习中交流和使用计算机。教师可以访问法国国家研究生教育中心（CNDP）数据库，并从那里下载需要的材料。

法国媒体教育的关键概念是批判性的媒体（或批评性评论）——批判性思维的发展。显然，这一概念与英国 L. Masterman 的批判性思维概念明确地一致。这种观点认为，学生不仅应该对媒体文本进行批判性的认知和评估，还要认识到他们对周围的现实会产生何种影响（如媒体是个人自我表达的工具，是文化发展的手段等）(Bazalgette, Bevort and Savino, 1992; Bevort, et al., 1999; Gonnet, 2001)。

1998 年，在英国政府文化部的赞助下，英国电影学院成立了电影教育工作组，负责媒体/电影教育问题的研究活动。然而，综合课程内的媒体文化研究在英国学校中并没有被广泛传播（如媒体教育每年只能占用 1~2 周的时间，而媒体文化研究仅在 8% 的学校开展）。

Hart 批判性地估计了英国在媒体教育领域的状况。他的调查发现：英语教师往往是媒体保护主义范式的追随者；大多数媒体相关课程的主题不涉及政治领域；而在媒体教育课程中，师生之间缺少沟通，教师缺乏对学生以前所学的知识的了解与联系。

尽管此阶段英国媒体教育的成效遭到学者的批评，但其仍然是欧洲最有影响力的一个。

从 20 世纪 80 年代开始，德国加大了对媒体素养的关注，同时德国的学校也开始媒体教育实践，并将其融入所需的课程。媒体教育被纳入艺术、地理和社会科学的课程内。许多现代德国教师认为，媒体文化研究应该促进学生公民意识和批判性思维的发展。

德国的大部分大学都有媒体文化领域的教授。此外，德国还有几个研究机构，如国家电影科学研究所（FWU），它负责学校的文献的出版及教具（录像、传单、小册子等）的制作。另一个媒体研究中心位于慕尼黑。德国媒体教育地图上的重要地点是卡塞尔大学，其媒体教育学中心由 B. Bachmair 教授领导，柏林洪堡大学的媒体教育项目由德国的 Sigrid Bloemeke 教授和她的同事领导。

总体而言，德国的媒体教育（Mediaenpaedagogik）被理解为各种各样与媒体相关的课程。

在更广泛的媒体教育领域，德国媒体教育涉及以下三个方面。

（1）媒体培训和培养：确定实现这一成就所需的目标和教学手段。

（2）媒体教学法：定义哪些媒体可以或应该用于实现教学目标。

（3）媒体研究：包括所有科学活动，以发现或/和证明与媒体有关的目的、手段、证据，将它们系统化（Tulodziecki，1989）。

然而，德国"媒体和ICT教育"的影响实际上仅限于包括德国的少数几个国家。作为一个规则，德国媒体教育工作者的理论和方法论著作仅在国外小范围的专家圈中鲜为人知。

这一时期，加拿大在该领域处于领先地位。至少，这里的媒体教育是英语学校课程的一个组成部分。加拿大几乎所有的大学都提供"媒体和ICT教育"课程；几乎每个省都有自己的媒体教育活动家协会，即负责举办会议、发表期刊和其他材料。讲法语的加拿大人也不会落后于媒体教育的运动。

1991年温哥华主办了CAME（Canadian Association for Media Education）：加拿大媒介素养教育协会的开幕式。1994年，该协会为教师组织了夏季课程，并开始出版教学建议和方案。这一系列努力最终取得了胜利——1999年9月，加拿大所有中学（1～12年级）的学生都必须学习"媒体文化"课程。可以说，加拿大的媒体教育正在升级，并在世界上处于领先地位。

与加拿大和英国一样，澳大利亚也是媒体教育领域最先进的国家之一。

媒体研究在澳大利亚所有州的学校课程中提供。澳大利亚的媒体教育工作者联合成立了澳大利亚媒体教师协会（ATOM），发行季刊*METRO*。ATOM定期召开会议、出版书籍、制作视听教具等。

每一个澳大利亚孩子必须接受义务教育到15岁，有70%的学生继续接受教育直到17岁（McMahon and Quin，1999）。尽管这个过程始于小学，但到了高中才教授媒体教育研究方面的课程，并与"英语""艺术""技术"等主题相结合。因此，媒体教育基本上是在高中阶段教授的。

大多数澳大利亚教师认为，媒体素养对于教学和学习是必要的，因为媒体教育是文化传播的手段和新知识的来源（Greenaway，1997），应该考虑特定受众的媒体偏好及媒体文本的欣赏（McMahon and Quin，1997）。澳大利亚也有媒体的支持者称媒体素养为流行艺术方法（Greenaway，1997）。然而，澳大利亚的许多"媒体和ICT教育"活动家对媒体素养进行了广泛的艺术性解读，甚至许多媒体和信息与通信技术教育活动家对媒体素养的解释比单纯的艺术背景更广泛。由于互联网的发展，澳大利亚媒体的工作正在向海外传播，并在国际上得到承认。

在这一阶段，人们不能否认美国已经成为媒体文化的领先国家。美国新闻媒体、电台，特别是电影、电视和互联网在世界信息领域占据主导地位。美国大众传媒对来自不同文化的青少年人格形成的影响难以估计。

尽管美国的媒体教育最初并没有像欧洲那样发展得如此激烈，但到21世纪初，我们可以看到一个成熟的美国媒体教育学系统，通过网站、出版物和会议与其他国家进行交流。

到20世纪90年代初，美国有1000多所大学提供了9000多门与电影和电视相关课程（Costanzo，1992）。在20世纪90年代中期，媒体教育具有声望的增长使媒体教育融入12个州的教育标准（Kubey and Baker，2000）。然而，在10年后即2004年，正式承认媒体素养成为课程一部分的州数量增加到50个。

至于美国大学的"媒体和ICT教育"，它在传统上发展得更加活跃。从20世纪60年代开始几乎所有的美国大学和学院都有关于媒体教育的课程（如新闻部门、电影、艺术、文化研究等）。

在美国50个州中，有46个州把媒体教育与英语或艺术交织在一起；有30个州将媒体教育融入社会科学、历史、公民、生态、健康等课程。专业协会也试图将媒体教育纳入国家标准（尽管是可选的但被认为是理想的例子），因为接受国家教育标准将有助于媒体教育的实践（Kubey，1998；Taine，2000）。

在20世纪90年代，美国的媒体教育被用来宣传健康价值观，努力保护观众避免受到有害媒体的影响。美国媒体和ICT教育工作者在20世纪90年代开始与外国同事进行更密切的合作，特别是来自其他英语国家的合作。

20世纪90年代，俄罗斯许多学校和大学都没有足够的经费向教师支付薪水，更别提视听设备了。而且，当时也很少有大学为教师准备未来的媒体和ICT技术教育，但是俄罗斯的媒体和ICT技术教育还是在不断地发展。这一时期，俄罗斯在一些城市举办了电影媒体的儿童媒体教育夏季节，并举办媒体与信息和通信技术的讲习班。ICT教育的发展得到了俄罗斯互联网教育联盟的支持。同时，还出版了相关的书籍和教材，并开设了关于媒体教育的课程等。

俄罗斯媒体与信息和通信技术教育发展的重要事件是为教学型大学注册新的专业（2002年以来）——"媒体教育"，以及推出新的学术期刊《媒体教育》（自2005年1月起），部分由IPOS联合国教科文组织"全民信息"赞助。此外，还创建了俄罗斯电影和媒体教育协会。

(五) 新素养：超级互联时代积极生产性媒介消费素养 (2005年至今)

在美国纽奥良一所公立学校有一名高二的学生乔昆 (Joaquin)，他跟母亲及两个妹妹住在一间屋顶坍塌、暗无天日的两房公寓。乔昆整日忧虑母亲是否付得起三餐所需，而且他在校的表现不佳，随时面临退学的危机。直到一门特殊的九年级英语课中，学校提供给每名学生一台笔记本电脑，至此他发现自己在创作音乐及影片上具有极大的天分。这台笔记本电脑不但让乔昆发现自己独特的创作天赋，也使他在学业上的兴趣与表现在一夕之间彻底翻转了。两年后，乔昆以优异成绩毕业了，并收到好几所精英大学的录取通知。乔昆的母亲及老师把他脱胎换骨的转变，归功于他透过电脑而重新开发并投入的学习力与创作力。在社交媒体时代，类似乔昆这样的案例不断出现在媒体报道中，事实上，世界各国不同领域学者对互联网潜在教育机会的研究也一直在升温。

"新素养研究" (The New Literacies Studies，有时也被称为 Emergent Digital Literacy) 是自20世纪80年代开始的一系列工作 (Brandt and Clinton, 2002; Gee, 2000b; Hull and Schultz, 2001; Pahl and Rowsell, 2005, 2006; Prinsloo and Breier, 1996)。这项工作来自语言学、历史学、人类学、修辞学和文化心理学、教育和其他领域共同组成的研究 (Barton, 1994; Barton and Hamilton, 1998; Bazerman, 1989; Cazden, 1988; Cook – Gumperz, 1986; Gee, 1987; Graff, 1979; Gumperz, 1982a, 1982b; Heath, 1983; Kress, 1985; Michaels, 1981; Scollon and Scollon, 1981; Scribner and Cole, 1981; Street, 1984, 1995; Wells, 1986; Wertsch, 1985)。这项工作不仅来自不同的学科，而且用不同的理论语言编写，但从未统一过。尽管如此，这样的工作似乎正在形成关于素养的共识。

人们担心传统的媒体素养定义过于狭窄，因此将其扩大到包括新兴的数字素养技能 (Burnett, 2010; Floyd, 2008; Lankshear and Knobel, 2003; Marsh, 2004, 2005, 2006)。经济合作与发展组织 (OECD) 的专家认为，数字素养是指获得工作场所和社会生活各个方面的全部精致能力，个人需要领会全部技术潜力，学会运用能力、批判精神与判断能力。以色列学者 Yoram Eshet-Alkalia 根据多年研究和工作经验，提出数字素养概念的五个框架：①图片——图片素养，指的是学会理解视觉图片信息的能力；②再创造素养，指的是创造性"复制"能力；③分支素养，指驾驭超媒体素养的技能；④信息素养，指辨别信息适用性的能力；⑤社会——情感素养，我们不但要学会共享知识，而且要能以数字化的交流形式进行情感交流，识别虚拟空间各式各样的人，避免掉进互联网上的陷阱。因此，所谓数字素养就是指在数字环境下利用一定的信息技术手段和方法，能快速有效地发现并获取信息、评价信息、整合信息、交流信息的综合科学技能与文化素养。

新素养研究是以新的方式研究读写能力的，研究印刷素养以外的新型素养，特别是数字素养和流行文化中的文化习俗。就像语言一样，新的素养研究将不同的数字工具视为给予和获取意义的技术（Alvermann, et al., 1999; Buckingham, 2003, 2007; Coiro, et al., 2008; Gee, 2004, 2013; Hobbs, 1997; Jenkins, 2006; Kist, 2004; Knobel and Lankshear, 2007; Kress, 2003; Lankshear, 1997; Lankshear and Knobel, 2006; New London Group, 1996）。与新媒体素养（NLS）一样，新素养研究也认为，这些技术产生的含义取决于不同人群的社会、文化、历史和制度实践；而且，这些做法不仅涉及数字工具的使用，还涉及表演、互动、评估，相信和了解以及经常使用其他类型的工具与技术的方式，通常包括口头和书面语言。威斯康辛大学的语言学教授James Paul Gee（2010）认为，传统和数字素养技术是人们参与社会和文化群体的一种方式。新素养研究则侧重于社会、文化和历史背景下的素养研究。它需要一个全面的方法来理解阅读和写作，而不仅仅是一种认知成就。

三、多学科视域下的新素养能力框架

在《媒体素养与新人文主义》（*Media Literacy and New Humanism*）一书中，把媒体素养定义为"吸收和使用当代媒体系统中涉及的代码的过程，以及正确使用这些代码所依据的技术系统所需的操作技能"，即访问、分析和评估我们每天面对的图像、声音和信息的能力，这些能力在当代文化中发挥着重要作用。它包括个人能够使用媒体进行沟通的能力。媒体素养涉及所有媒体，包括电视、电影、广播和录制的音乐、新闻、互联网和任何其他数字通信技术……他们认为，媒体素养是一项基本技能，也是一项支持许多其他领域的技能，因此不应该将其单独作为一种特定的知识领域进行教学，也不应将其只视为一种技术，更不应将其视为一种集体的实践（Manuel, Tornero, Varis, 2010）。

我们将文明理解为一种特定的技术发展状态，它对应于人类活动所处的人造环境的特定发展过程，并由与其相关的一系列知识、代码、语言、技能和智力支持。这些智力、能力在广义上被称为"文化"，我们把文明从

一种文明状态转变为文明进程中的另一种状态。

这种状态，在20世纪末21世纪初，已经占据了我们生活的中心。因此，它们是这个特定文明阶段的关键因素。数字技术构建了超级技术的人造环境，其中几乎所有的人和物被赋予一种数字接口，所以我们在数字化的泡沫中工作、生活，并在丰富的数字环境中互动。

它们在人们之间施加了许多语言、代码、惯例和交互系统，引发了媒体文化的出现。在这种文化中，科学和日常、语言和惯例的各种知识似乎都在直接或间接地受到媒体影响。正如鲍曼所写的，我们的（日常）生活已经放弃了过去的坚实并变得流动（Bauman，2003），全球资讯社会似乎与"数字游牧民"的冲浪生活相对应。这种流动生活被"马赛克"、无序、不连贯和流动文化强制性地包装。也许因为这个原因，新的主体和新的社会性格正在出现，它们是媒体编织和解体的直接衍生物：通过灵活的移动网络连接起来的巨大的公共团体，这些网络越来越复杂和活跃，因而是一种以"群体性孤独"（being alone together）为主导的人格，无论如何，技术发展、人为环境和能力的趋同最终会塑造人类的认知维度，改变他们的观念和态度、性格和个性。

随着大众传媒（通常所说的电子媒体，即电影、广播和电视），特别是互联网的发展，写作和文本失去了部分社会霸权地位。然而，这不是简单的口语或视觉的复兴。因此，新媒体产生的新语言需要新的能力，特别是与媒体形象和视听语言的编码相关的能力。Manuel（2010）等人总结了不同历史时期的交际背景、新素养（new literacy）和社会文化影响之间关系的演变（见表2-1）。

表2-1 不同历史时期媒体的演变

历史阶段	主要媒体	能力	社会文化影响
古典 古代和中世纪	口语和手势沟通 书面字母表的发展	掌握口语和手势语言能力 素养能力 识字能力（读写）	通过口语进行知识的系统化和保存 社会开始围绕文件和书面文本进行组织
文艺复兴—启蒙 第一次工业革命	印刷业发展：新闻、书籍等	识字能力	经验科学和语言学的进展
第二次工业革命	电子媒体的出现：电话、电影、广播和电视	视听能力 视听素养	大众和定向消费社会的出现

续表 2-1

历史阶段	主要媒体	能力	社会文化影响
信息社会 第三次工业革命	数字媒体和互联网	数字能力 数字素养 媒体能力 媒体素养（媒体融合背景下）	技术在社会组织中占主导优势 全球化知识爆炸

媒体技术的积极发展取决于人类是否有能力作出正确的决策，并认识到其潜在影响。然而，作为全球资讯社会，媒体技术蕴藏着巨大的潜力以及风险，其充分而积极的实现取决于人类是否意识到自己要承担的责任。这需要用文化和教育的力量来塑造，这种思维方式的转变可能看起来过于庞大，但却是完全必要的。所有这一切都需要系统的教育和深层次的意识。就我们而言，已同意将此教育称为"媒体教育"，但是要提高媒体素养，就必须与新的人文主义相结合，才能得以实现（Manuel，Tornero，Varis，2010）。

在 20 世纪末 21 世纪初产生的新素养概念引发了范式转变，与 20 世纪末盛行的大众传播系统相比，新素养实现了质的飞跃。它要求分散的全球媒体网络——互联网占主导地位的同时，还要融合不同类型的代码和语言。很显然，这种新的素养涵盖并包含了所有以前的素养。在这种交流和技术发展的领域，有两个重大转折点促进了对这种新素养的需求：①电子媒体的出现，它带来了从 20 世纪 50 年代到 90 年代占主导地位的大众传播的范式；②数字媒体的到来。后者以前所未有的速度和强度传播，创造出一种新的智力，即符号和交流语境的范式转变。在素养方面，这意味着所讨论的所有不同类型的素养能够生存和相互作用：与阅读和写作相关的古典素养、视听素养、数字素养和媒体素养（Manuel，Tornero，Varis，2010）。

正如 NLS 想要以复数形式谈论不同的素养，也就是在不同的社会文化实践中使用书面语言的不同方式。新素养研究也想讨论不同的数字素养，即不同种类的社会文化习俗中使用数字工具的方式不同（Gee，2010a）。Gee 认为，现在的人需要快速学习更多新的东西，而不是重复基本数学和阅读能力测试，标准化的技能只能让年轻人得到一个低层次的服务工作。过去，科学技术是科学家的专利，现在，我们所做的一部分就是科学技术，只是这些都在互联网上。很多孩子使用数学和设计思维，重新设置视频游戏，按自己的想法更改剧本以挑战自己的朋友，这在过去是很难想象的

（如不同年龄、种族、国籍、性别的玩家通过互联网汇聚在魔兽世界中）。我们的世界充满了复杂和危险的环境，比如飓风海啸、全球变暖、全球贸易失衡和国际恐怖主义问题等，这些要怎么交给下一代呢？我们的下一代必须能够熟练地利用科学技术，考虑如何用新的方法和技术生存，来保护国家。而今天的证据显示，孩子们正在从视频游戏和其他数字技术中学习艺术、设计、科技，他们不仅消费而且自己生产视频、动画、小说、博客和技术指南。与传统的测试和考试相比，他们真正把所学运用到真实世界，这比死记硬背和标准化技能有用得多。

无独有偶，被誉为"21世纪的麦克卢汉"的美国知名新媒体研究学者亨利·詹金斯（Henry Jenkins）在对美国青少年的互联网参与文化实践进行跟踪研究后发现，在Web 2.0时代，青少年的媒体消费已经从被动的观看体验转化为互动的参与文化。他在《融合文化》一书中介绍了《哈利·波特》中出现的魔法报纸——《预言家日报》，它鼓励孩子们作为这份报纸的编辑和撰稿人以哈利·波特的世界观为背景进行写作，孩子们参与办报所形成的社群更为团结、包容、开放，个体差异被认同，不同的作品被吸收，最终形成完整的虚拟世界架构。这种非正规教育的社群更贴近孩子。詹金斯指出，社群通常比传统学校的老师更能容忍语言错误，这能帮助孩子们意识到自己的表达目的。社群鼓励多种文学形式——比在教室里所接触到的文体范例要宽泛得多，并且使孩子的写作水准更为接近受教育者的水平。一旦作品完成，孩子将从社群中获得比学校更多的反馈信息。而且参与到社群中学习的孩子将掌握融合时代所需要的各种技能，并乐于与他人合作并分享自己的成果。基于参与精神和集体智慧的社群文化可能是解决詹金斯所提的"参与鸿沟"的一个好方法，因为它鼓励具有不同社会和文化背景的人超越地域性文化的束缚，在虚拟的共同体中合作并建构全新的文化。詹金斯认为具有媒介素养的人具有主动利用媒体的能力，新社群和消费者将会表现出利用媒体的技能和参与媒体的欲望。许多业余爱好者拥有使用新技术进行创作的能力，并且乐于将他们的作品放在社群上与社群成员分享，甚至利用自己的长处与他们广泛合作。

因此，詹金斯认为学校的教育依然在培养独立自主的学习者，向他人寻求信息被视为舞弊，这不利于发扬参与和集体智慧。为了培育更多具有媒介素养的人，让大众不至于错过变迁中出现的重大议题，教育是需要重点变革的领域。

对于什么是新素养，身为传播学学者的詹金斯总结了以下技能：在一项合作性事业中与其他人一道集思广益的能力；通过评估伦理剧来分享和比较价值体系的能力；在零散的信息之间建立联系的能力；以自己所处的民俗文化来表达你对通俗小说的解释和体会的能力；通过互联网传播你所创作的内容以让其他人共享的能力；角色扮演既充当探索小说虚幻王国的手段又充当了解自己及周围文化的手段。亨利·詹金斯总结了新媒体素养的12项技能，见表2-2。

表2-2 新媒体素养的12项技能

游戏能力	利用周围的环境进行实验的能力，作为解决问题的一种形式 当我玩电脑时，通过观察发生了什么事，我自学了一些新内容
展演能力	为即兴创作和发现而采用其他身份的能力 "为了体验新事物或解决问题，我经常采用不同的身份"
模拟力	通过模拟各种现实生活中无法经历的体验来更好地解释和建构现实世界的能力
挪用能力	以自己所处的文化来表达对通俗文化的解释和感受，并混合不同媒介内容的能力 "我创造了一些新的东西，融合了流行文化中的东西，比如根据我最喜欢的书中的角色写一篇短篇小说，制作一段球迷视频，或者一首混音音乐"
多任务执行能力	能够扫描一个人的环境，并根据需要转移注意力至突出的细节 我设法在做一个工作的同时做其他工作，如一边听音乐一边发简讯
发散性认知力	与扩大心智能力的工具进行有意义互动的能力 "我发现在我学习或工作时，使用像拼写检查、计算器、百科全书之类的工具是很重要的"
集体智能	为了一个共同的目标，能够汇集知识并与他人交换意见的能力 "我喜欢维基百科、团队游戏、在线粉丝社区、社区留言板等工具的协作性"
判断力	评估不同信息来源的真实性和可靠性的能力 "当我在网上搜索某些内容并获得数千个结果时，我可以有效地决定哪些对我来说最有用"
跨媒体编写/解读	能够跨多种模式跟踪故事和信息的流动 "我很高兴我可以通过不同的方式学习我喜欢的东西（在电视上、在互联网上、在Facebook上等）"

续表 2-2

网络建构力	搜索、综合和传播信息,并在零散的信息之间建立联系的能力
协商力	能够跨越不同的社区,辨别和尊重多种观点,并掌握和遵循新规范 "通过上网、玩网络游戏、参加网络社区或论坛等,我对另一种文化有了新的认识"
信息可视化能力	将信息转化为图片、图表、图形,或其他视觉形态,以表达思想、发现模式和识别趋势 "我认为我非常善于理解来自图像、图形、图表和其他视觉工具的信息"

此外,由于平板电脑(如iPad)的问世和越来越普及的数字技术,使学龄前儿童在家中对于数字文本的使用经验增加(Livingstone, et al., 2014; Neumann, 2014; Northrop and Killeen, 2013; Ofcom, 2014)。同时研究也发现,由于信息、通信和数字技术可以激发创造力(Berson and Berson, 2010),儿童早期的计算机编程也显示出对测序技能的积极影响(Kazakoff and Bers, 2012; Kazakoff, Sullivan and Bers, 2013)。关于创新计算机编程环境的新研究支持了这样一个观点,即儿童使用适合年龄的材料对动画、图形模型、游戏和机器人进行编程,可以让儿童学习并应用核心计算思维概念,如抽象、自动化、分析、分解和迭代设计(Lee, et al., 2011)。研究显示,新技术工具(如手机应用程序)的采纳可能会对3~7岁儿童的词汇和识字技能产生积极影响(Chiong and Shuler, 2010)。因此,各教育改革组织正在处理儿童早期的技术框架(Barron et al., 2011; ISTE, 2007; NAEYC and Rogers, 2012;美国能源部, 2010)。因为"数字素养对于指导幼儿教育者和家长选择、使用、整合评估技术和互动媒体至关重要"(NAEYC and Rogers, 2012),为此,知名儿童编程教育平台ScratchJr的创始团队成员之一的美国塔夫茨大学的Eliot-Pearson儿童学习与人类发展部的发展技术研究组(DevTech)成员伊丽莎白·R.卡扎科夫(2014)提出了早期儿童数字素养六维框架,如表2-3所示。

表2-3 早期儿童数字素养六维框架

儿童早期数字素养	相关的发展领域	影响透视
界面理解和利用	符号理解 精细运动技能 手眼协调 语言 社会情感 社会文化	Bers 的内容创建——吸引用户使用与文本、视频、音频、图形和动画相关的应用程序 Eshet-Alkali 的图像 Photo——可视化素养 Visual Literacy——能够有效地与数字环境（如用户界面）一起使用图形化沟通
非线性导航	认知 符号理解 语言	Eshet-Alkali 的分支素养——通过互联网和其他超媒体的非线性导航来构建知识的能力
涉及数字领域的批判性思维和解决问题的技巧	认知 社会情感	Eshet-Alkali 的信息素养——批判性地消费信息的能力，并分清错误和偏见的信息
数字工具提供的合作学习和游戏	社会情感 社会文化	Bers 的合作——与他人合作并愿意合作共同完成任务 Bers 的社区建设——利用技术提升社区人群之间的关系质量；通过使用和发明新的数字工具解决社会问题，为社会做出贡献 Bers 的交流——通过使用技术交流思想，观点或信息 Eshet-Alkali's 社会情感素养——在线交流平台有效沟通的能力
数字工具提供的创意设计	社会情感 社会文化 精细运动技能	Eshet-Alkali 的生产性读写能力——通过复制和操纵先前存在的数字文字，视觉或音频作品创作新作品的能力 Bers 的内容创建——使用文本、视频、音频、图形和动画的应用程序中吸引用户的能力 Bers 的创造力——创造和想象使用新技术的原创新想法、形式和方法的能力

续表 2-3

儿童早期数字素养	相关的发展领域	影响透视
数字增强通信	社会情感 社会文化	Bers 的合作——与他人合作并愿意合作共同完成任务的能力 Bers 的社区建设——利用技术提升社区人群之间的关系质量；通过使用和发明新的数字工具解决社会问题，为社会做出贡献的能力 Bers 的交流——通过使用技术交流思想、观点或信息的能力 Eshet - Alkali 的社交—情感素养——在线交流平台上有效交流的能力

由于学龄前儿童不仅是数字内容的消费者，也是生产者。该框架概述的组成部分旨在结合认知、身体、社会情感和社会文化因素，以促进技术的积极使用，同时考虑到早期儿童身心的具体发展需要，如精细运动技能和紧急情况处理素养。许多年幼的儿童每天都在使用数字工具，有必要采用适合其发展的框架，以确保儿童从这些工具中得到所需要的知识，并且要考虑学龄前儿童的情况以开发新的工具。

2012 年 2 月，经合组织理事会通过了一项关于保护儿童在线的建议。这项建议要求各国政府支持保护儿童的政策，包括调查，以便更好地了解儿童使用互联网的情况和不断变化的风险，以及提高对这一问题认识的方案。根据这项建议，日本总务省（2009）制定了一个网络素养评估指标，以衡量在校学生安全和有效地利用互联网的能力。这个指标体系包括 12 种网络素养，如表 2-4 所示：

表 2-4 日本总务省定义的 12 种网络素养[①]

编号	网络素养
1	对 ICT 媒体的特性的理解能力
2	能够对 ICT 媒体进行操作的能力
3	收集信息的能力
4	处理、编辑信息的能力
5	呈现信息的能力

---

① 摘录自 2009 年日本总务省业务部门《基于互联网特性的信息接收和发送、信息交换相关的指导内容等的调查研究》的报告书。

续表 2-4

编号	网络素养
6	传达信息的能力
7	对 ICT 媒体的信息发布方进行有意识的批判等读解信息的能力
8	主动沟通的能力
9	尊重信息交流对方的能力
10	安全使用 ICT 媒体的能力
11	保护信息权利的能力
12	在信息化社会生存的能力

综上所述，新素养指的是使用数字文本和工具来访问、管理、创建信息并与他人有效地进行交流的能力（Bulger, et al., 2014; Ng, 2012）。数字新素养包括使用视觉表现、整合不同形式的数字文本、成功导航非线性数字文本、批判性评估数字信息（Eshet-Alkalai, 2004; Ng, 2012）。涉及批判性评估和分析数字文本的技能包括搜索、选择合适的软件程序以完成特定任务，以及识别错误、不相关或偏见的信息（Eshet-Alkalai, 2004; Ng, 2012）。但上述定义仍然不是一个详尽的清单，这些技能和其他尚未确定的技能应该得到更充分的定义，因此制定出有效的措施是非常重要的。更清晰地识别新兴的数字素养技能将使研究人员能够确定这些技能与新兴素养技能、常规素养技能和数字素养技能之间的关系类型（Michelle, et al., 2017）。

随着媒体技术的发展，在 21 世纪初，世界主要国家的媒体和 ICT 技术教育已经在规模上和教育理念上日臻成熟，并得到了严肃的理论和方法研究的支持。然而，在部分欧洲、非洲和亚洲国家，媒体和 ICT 技术教育仍然没有得到同样的传播，世界各地青少年得到的媒体素养教育机会仍然不均等。

第三章 研究方法与研究主体

第一节 研究方法的设计

早在 2006 年,身为素养教育的国际权威、美国素养研究协会前任主席、国际阅读协会前董事会成员的唐纳德·列伊(Donald Leu)呼吁,所有的素养研究学者应该转向研究新素养(Baker,2010)。这个公开的呼吁既被视为对此类研究努力提供的基础,也是在向不同领域学者发出的邀请,以便从多个角度探索新素养能力。正如素养研究的代言人伊丽莎白·贝克(Elizabeth A. Baker)所指出的:为青少年、教师、家长和政策制定者们提供一个有关素养和技术如何以不同方式整合到一起的模型,成为新素养研究者们共同的目标(Baker,2010)。

随着人们的文化生活与数字科技的结合越来越紧密,新素养概念的兴起也使得传播学领域对素养研究的关注度日渐提升。特别是在社交媒体进入青少年的生活世界后,传播学、社会学和心理学等领域就社交媒体对青少年用户的影响研究建立了不同的分析框架,总的来说,这些分析框架分为宏观、中观和微观三个不同层面(Best,2014)。

一、宏观层面:传播学取径

伍德斯托克(2002)认为,"交流"是个人学习周围世界的过程。这个命题的中心是在人类互动和社会发展的背景下进行交流的。事实上,一些理论家认为,人际交流是身份形成的一个关键方面(Scott,2007),因此将传播理论、人际关系网络和人类发展联系起来。香农和韦弗(1949)他们的传播数学模型在电子通信中的应用已被证明是特别有价值的,并且在通信领域已经得到很好的证实。他们指出了与传播有关的三个问题:一是技术问题。如何准确地传达通信符号?二是语义问题。传送的符号是如何传达意义的?三是有效性问题。接收到的信息如何有效地影响行为?结合社交媒体上的交流情境,既然个人是通过他们收到的信息来学习和发展的,那么任何沟通渠道的扭曲都可能影响和改变行为进而影响发展。Laswell(1948)进一步支持了这一观点,人们在分享和接收信息时所采纳的通信媒体(如广播、电视、互联网等)的本质对传播效果起决定性作用(Walther,1992)。

在香农和韦弗(1949)的理论框架下,传播学的研究从五个方面考察了青少年社交媒体的使用行为:①在线交流实践的强度;②在线交流的偏好;③在线披露的方式和动机;④基于在线交流的行为改变;⑤在线和离线交流相关的差异(Best, 2014)。

二、中观层面:系统论取径

一般来说,一个系统可以被定义为"一组相关或相互作用的对象以形成一个整体"(Garmonsway, 1991)。一个网络被描述为"一群共享目标或兴趣,或互相帮助的人之间的互动交流"(Garmonsway, 1991)。社会系统和网络涉及可能影响或改变个人行为与集体间的互动和交换。生态系统理论主要关注社会系统内个体之间的相互作用(Siporin, 1980)。社交媒体中观层面的研究主要考察网民的网络群体行为和过程,特别是关注青少年社交网络的发展和维护。

许多研究通过人际关系的形成、在线友谊、社会资本和社会支持(见下文)来检验社交媒体技术对幸福感的影响,这些研究被归类在社会网络和系统基础方法的框架之下,它们的基础允许研究社交媒体网站对社交网络发展的影响以及可能对个人健康的影响(Apaolaza, et al., 2013; Davis, 2012; Dolev - Cohen and Barak, 2013; Donchi and Moore, 2004; Fanti, Demetriou and Hawa, 2012; Hwang, et al., 2009; Maarten, et al., 2009; Quinn and Oldmeadow, 2012; Tichon and Shapiro, 2003)。

三、微观层面:青少年发展路径

微观层面的社交媒体研究重点关注 SMTs 对个人的影响。斯坦伯格(Steinberg, 2005)将青少年的发育分为三个不同的阶段(早、中、晚期),每个阶段构成不同的脆弱性和风险(Steinberg, 2005)。Erikson(1968)的"心理社会发展阶段"假定青少年的发展主要是通过社会关系背景下的身份形成的(Moshman, 1999)。Erikson 模型中每一个生命阶段的成功转变都被视为一个"危机"（如身份认同与困惑），必须通过这个危机来进行协商。在青少年的身份和积极的自尊得以实现之前，有一段时间是不稳定的（Erikson，1968）。可以看出，随着应对机制的不断重新定义，心理和生理变化会引起脆弱性（Frydenberg，2008）。因此，挑战、压力或威胁的影响可能会加剧（Manago，et al.，2012）。Erikson 模型提供了一个理论框架来探索诸如自尊、归属和身份等问题（Erikson，1968）。

一些研究使用了与 SMTs 相关的自尊测量（Apaolaza，Hartmann，Medina，Barrutia and Echebarria，2013；Baker and White，2011；Fioravanti，et al.，2012；Gross，2009；Huang and Leung，2012；O'Dea and Campbell，2011a，2011b；Valkenburg，et al.，2006；Wilson，Fornasier and White，2010）。也有一部分研究收集了有关孤独感及其相关概念（如社交隔离）和 SMTs 数据（Apaolaza，et al.，2013；Donchi and Moore，2004；Gross，2004；Huang and Leung，2012；Leung，2011）。有些情况下，孤独感下降（Gross，2009；Jelenchick，et al.，2013）。然而，这种关联只对女性有意义（Apaolaza，et al.，2013）。在线社交也被证明可以支持身份验证，对于孤独的青少年来说，这是一个更加可喜的经历（Leung，2011）。事实上，来自中国的 BBS 研究的进一步证据表明，孤独的青少年偏好在线社交网站（Jelenchick，et al.，2013）。与此相关的是，还有研究者进一步研究调查了在线用户的归属感（Quinn and Oldmeadow，2012）和社会排斥（Thomas，2006），两者都报告了在线社交网站以及增加的归属感和减少的隔离感之间的积极影响。

Paul Best 等人对 2003 年 1 月至 2013 年 4 月间发表的"社交媒体对青少年健康的影响"相关的实证研究进行了系统综述。在这篇被引用高达 137 次的研究综述中，笔者认为，在总体研究方法方面，横断面调查研究的比例过高，被认为是与研究问题相关较弱的研究设计，其中实验设计明显过强。面对这样的证据，我们无法区分青少年在线社交时的性别、社会经济地位、地理位置等各种变量之间的关系，更不用说在线友情或特定的在线活动所造成的冲击。此外，在证据基础上，归纳法和演绎方法之间存在着差异，因此在文献中混合方法设计受到欢迎（Best，et al.，2014）。

澳大利亚学者 Ashley Donkin（2015）等研究了过往用于调查儿童使用 ICT 的研究方法，其中一些方法仅限于离线观察游戏、调查和访谈。虽然这些方法为儿童使用互联网提供了新的见解，但他们没有对儿童进行实时游戏，以确定儿童如何利用其数字技能（或缺乏数字技能）来协商在线风险，以及他们如何最大限度地发挥各种在线游戏所带来的好处。因此，这些方法限制了研究人员可以获得关于儿童在线游戏的深度。最常见的研究方法有问卷调查、自我报告的量表（如李克特量表）、访谈和观察。这些研究方法已被单独使用或组合在一起，以便更好地了解儿童对于互联网使用的情况。然而，这些研究，无论是出于道德还是技术原因，在研究时网络民族志的优势都没有被很好地运用。

网络民族志（Netnography）有助于观察和参与在线社区的研究对象。这种方法类似于传统的民族志，采用了许多相同的定性访谈和观察技术；然而，捕获数据是在线进行的（Kozinets，2010）。

在 Valcke 等人（2011）对 10000 名儿童的研究中，他们使用了两种定量研究方法，即问卷调查和使用李克特量表。问卷调查询问儿童的背景，而李克特量表则用作回答有关儿童互联网使用和活动的调查进而计算出不安全的互联网使用指数。问卷调查和李克特量表的完成依赖于儿童对互联网使用的记忆，并且可能存在未公开互联网活动的情况。

在 Marsh（2010）的研究中，通过问卷调查和焦点小组访谈对 17 名 5～11 岁的儿童进行研究分析。Marsh 从两个角度分析儿童对在线游戏的使用。在线问卷调查"关注儿童在使用虚拟世界时的活动性质"，焦点小组访谈探讨了"儿童在使用虚拟世界时的活动"。通过访谈，Marsh 从这些儿童的角度深入了解他们对网络游戏的使用。

问卷调查、李克特量表和焦点小组访谈的一个局限是，他们都专注于使用自我报告的数据，因此他们的结果是主观的，甚至可能被认为是不完整的。这些焦点小组访谈可以让儿童讨论和解释他们所参与的游戏的不同领域。但是，对于 Marsh 这位训练有素的研究人员则会注意到这些儿童可能没有意识到的行为和活动。

这些参与研究的儿童年龄很小，他们的识字和理解水平可能会影响他们正确评价互联网使用率的能力。Holloway 等人（2013）认为，儿童的识字水平是他们填写问卷调查时的障碍，"他们缺乏阅读和写作技能，使他们无法参与在线调查或基于传统的调查，导致无法有效地收集数据"。

然而，通过使用网络民族志就可以避免这些限制。研究人员可以按照自己的进度浏览和探索虚拟环境，并调查对他们的研究有益的交互（Kozinets，2010）。参与研究对象和数据记录也可以实时进行，这比参与者的记忆更可靠。

虽然在上述研究中没有使用网络民族志，但 Kafai（2009）、Valentine 和 Holloway（2002）在研究中都使用了观察方法。通过观察，研究人员能够清楚地记录儿童使用互联网的情况，包括行为和活动的变化。

在 Kafai（2009）的研究中，对参与调查的儿童在线和离线时的行为进行实时观察。使用两台摄像机进行拍摄，每隔 15 分钟拍摄一次现场笔记。一周中有四个下午，让参与调查的儿童大约玩一个小时，这个调查研究持续七个星期。"正是由于这些观察结果，我们称之为 Whyville 合成游戏的相互作用——两个游戏空间的界限，不论是在线还是离线，都融合在儿童的游戏中。"因此，该研究方法通过实时观察儿童是如何与游戏互动的，以及彼此玩耍而大大增强对儿童在线游戏的理解。

观察儿童的互动是检查儿童在线游戏的一种成功方式，而 Valentine 和 Holloway（2002）也在他们的定性研究中采用混合方法——问卷调查、参与观察和访谈，历时两年，对 11～16 岁少儿在学校和家中使用信息通信技术的情况进行深入研究。如英国有三所中学的 753 名少儿参与填写有关他们在家和学校使用互联网的调查问卷。Valentine 和 Holloway 对 IT 及校长进行了半结构式访谈，以及案例研究课堂的观察工作，并进行了焦点小组访谈来了解少儿在学校互联网的使用情况。此外，还对其中的 40 名少儿及其家人进行了深入访谈。

Kafai，Valentine 和 Holloway 的研究都将观察作为一个关键要素，即用于研究儿童对互联网的使用。Kafai 的观察结果使她的研究团队能够实时跟踪儿童参与者之间的在线互动，从而更好地了解儿童在线和离线时的游戏。而 Valentine 和 Holloway 也能够通过观察来更深入地了解少儿在线和离线时的社交生活之间的互动。

由于青少年的社交媒体使用行为非常多元，而新素养的定义涵盖的能力面向也无法通过单一的研究工具进行评估，因此本书也采用了混合方法进行设计。本书的每个章节都是一个研究主题，每个研究主题根据需要采用了不同的研究方法。具体研究设计和资料分析程序详见每章内容，在此不做赘述。

第二节 质化研究方法的选取

在 2000 年互联网刚刚兴起时，我国台湾学者翟本瑞（2000）表示：网络是一个全新的领域，关于网络的调查，一些传统的研究方法也适用于某些主题或领域。现有关于网际网络的研究，借用了传统传播调查、媒体研究、人类学、社会学、文学批评、文化研究、心理学及政治经济学等研究方法。其中，有计量分析，也有质性分析，传统的研究方法用在互联网诸领域时，当然具有一定的说服力；对于新媒体的探究、发掘新研究方法也是一项很重要的工作。

在传播学领域，以往对于媒体素养这个主题的绝大部分研究都是采用量化的问卷调查。尽管问卷调查能用来确认因果关系，但是他们却无法提供充分和丰富的数据以解释复杂的现象，特别是对绝大多数媒体素养的研究，仅仅考察了批评性思维这个能力面向，这是媒体素养能力面向中最容易被量化评估的技能，在其他能力面向上，由于尚缺乏成熟的模型，因此，量化研究难以开展。考虑到"新素养"这个概念的使用，其历史还非常短暂，相关领域的研究也尚处于初级阶段且深陷争议，因此，除了量化研究，一些质化的研究方法（如行动研究、深度个案研究，以及一些人类学的研究）对完整地理解ICT与素养相关议题都是有价值的。同时，网络传播沟通方面的学者夏云也指出："随着网络研究重心从媒体技术特点到交流社会形成的转移，不少网络学者摒弃了量化统计过于机械实证的方法，转而更加注重网上交流互动中的过程性，其研究方法也由量化统计转变为各种质化研究。"（夏云，2008）

质的研究的价值和意义在于：它追求的是一种"语境化"的知识，即在事件发生的自然环境中进行研究，或者说"实地研究"，也就是从现场获取材料，把握事件的整体过程（Arksey, et al., 2007）。质的研究的结论不脱离具体的材料，在展示材料（叙事性的描述）、展示研究过程中来展示研究的结论。有时，其研究过程就是研究结论。这种"语境化"的知识具有丰富性和独特性，当然其价值也不言自明。相对而言，定量研究的优点其实就是它的弱点，它要求要具有操作性定义与测量方法，这不免会遗失很多资料的细节。另外，它要求模型指定，这不免要使理论抽象化，而丧失与现实的贴近，因此在理论发展的阶段与量表设计的阶段上，仍需要定性（质化）研究。

根据当前"社交媒体和青少年新素养研究"的现状以及质化研究的特征，笔者认为质化的方法更适合本书的研究内容。

（1）情境性。社交媒体在当下中国社会中的风靡，不仅仅是由该技术具有的功能所决定的，同时它还是一种特殊的社会现象，特别是作为"舶来品"，它是在美国特殊的社会文化背景下诞生的，之后才"移植"到中国。它之所以能在中国的社会文化背景下"茁壮成长"，是因为当下中国的社会结构和社会文化在演变过程中孕育出不同于中国传统文化的因素。对这些背景因素进行探究，也是一个互联网研究者必须思考的问题。此外，使用者采纳社交媒体的动机，以及社交媒体对于使用者的意义，是无法离开具体的环境来解释的。至于，社交媒体对整个社会结构的影响，更是需要与社会文化情境结合起来进行讨论。

（2）需要深入接触研究的对象和情境。"社交媒体和青少年新素养研究"这个研究领域尚处于初始阶段，还没有比较可靠的研究模式，人们对ICT在青少年新素养养成方面的潜能也不是很了解，对于新素养在ICT技术扩散方面发挥的作用的研究也并不全面，因此，需要深入ICT使用者的具体使用情境中才能了解更具体的情况。ICT不仅拉近了人与人之间的时空距离，更改变了人与人之间的互动方式，甚至重构了人类的心灵面，使用者的"自我"概念也因此需要重新定义。因此，以研究者自身为主要研究工具的质化研究，能"以一种更自然的方式对现象进行深入的探究，可以更接近要研究的对象和情境，特别是人们对一些问题的想法和做法，从而深入了解实际中发生的事情"（Bogdan and Biklen，1992；Cuba and Lincoln，1981；Patton，1990；Yin，2002）。

（3）经验性知识。"经验性知识"指的是研究者本人与研究问题有关的个人经历以及对该问题的了解和看法。陈向明（2000）认为："在进行研究设计的时候，我们应该问自己，在这个方面有哪些个人生活经历和观点？这些个人生活经历和观点会对研究产生什么影响？我应该怎样处理这些影响？"与其他的研究方法相比，质的研究特别强调对研究者的个人背景进行反思。质的研究认为，研究者的个人生活和工作是不能截然分开的，个人的经历和看法不仅影响其从事研究的方式，而且对研究其本身来说是十分有价值的经验性知识。具体到本研究，笔者的成长经历对本研究来说是十分有价值的经验性知识。笔者出生于20世纪80年代，正成长于互联网在中国悄然兴起的特殊时代。从2001年第一次接触网络，笔者人生中有太多的机遇和"巧合"都与互联网的使用紧密相关，这使笔者深刻体会到"互联网使用对现代人的生活和生命的意义"，特别是它促进人们社会联系的能力，同时也是互联网世代可资利用的最好的教育资源。陈向明（2007）指出："1960年以后，质的研究受到现象学和阐释学的进一步影响，研究者越来越意识到，自己与被研究者之间是一种'主体间性'的关系。"研究者和被研究者之间的理解不仅仅涉及研究者在认知层面上"了解"对方，而且需要研究者通过自身的体验去"理解"对方，并通过"语言"这一具有人类共同性的中介，将研究结果"解释"出来。只有当研究者进入对方所关切的问题领域时，"意义"才可能向研究者展现。在本研究中，笔者过去的互联网使用经验恰好为更好地理解研究对象奠定了基础，使笔者能够更加敏感地捕捉到受访者的生动故事。而笔者的"内部视角"也加深了受访者对本研究的信任和支持。

（4）在"科技与社会互动"的理论框架下，考察人们的互联网使用行为以及不同使用行为对使用者的影响。科技、社会与人之间的互动关系，"目前来看还在逐渐形塑与逐渐成形的社会演进中，它可能自成一套价值体系、可能自成一套运作模式，但当我们对这样的情境都仍处于混沌不清的情况下，就贸然以现有的知识架构、理论基础来采取量化问卷的搜寻调查时，其产生的争议问题仍是不可忽视的"（袁薏晴，2002）。从前文中对现有量化研究成果的分析不难发现，由于对社交媒体这一新传播科技的认知不足，过往量化研究在测量指标和概念操作上还略显粗糙，因此，需要通过质化研究的方式来进行一些探索性研究，以便为量化研究进一步提供参考。

在资料收集方法上，本书依据网民对社交媒体的使用行为的特性采用了三种质化研究法，即参与式观察，生命故事访谈，结构式、半结构式访谈，此处主要介绍参与式观察和生命故事访谈。

一、参与式观察

观察是人类认识世界最基本的一个方法，也是质化研究收集资料的主要方式之一（陈向明，2000）。观察法可以分为两类：参与式观察和非参与式观察。参与式观察是指观察者与被观察者一起生活、工作，在密切的相互接触和直接体验中倾听、观察他们的言行。而非参与式的观察则不要求观察者直接进入被观察者的日常活动，观察者通常作为旁观者理解事情的发展过程。虽然非参与式观察拉开了观察者与被观察者的距离，可能更"客观"一些，并且操作起来也比较容易，但是这种方法有一定的缺陷：①观察的情境是人为制造的，被观察者知道自己在被观察，可能会受到更多"研究效应"和"社会认同"的影响；②与具体场景有一定的距离，观察者可能难以深层了解被观察者的一些情况，也很难及时就遇到的疑问请教被观察者；③可能会受到更多研究条件的限制，比如听不清或者看不清。相反，虽然参与式观察容易因陷入观察的情境而难以与被观察者拉开距离，从而更容易受"主观"因素的影响，但是这种方式更符合自然的研究需要，不仅能够对当地的社会文化现象得到比较具体的感性认识，而且可以深入被研究者文化的内部，了解他们对其行为意义的解释（陈向明，2000）。显然，参与式观察更符合本书的要求，因为本书需要从一个非常自然的情境下认识中国网民在社交媒体空间中的互动情况。

具体的观察策略一般都是从开放到集中,先进行全方位观察,然后逐步聚焦。在此过程中,观察者还要注意与被观察者进行互动,选择适合的观察内容(陈向明,2000)。在本书中,笔者先是在社交媒体页面上观察哪些用户比较活跃,将焦点集中在活跃用户身上,观察他们在社交媒体空间上公开的资料内容(如日志、照片、转帖)以及他们与其他好友的互动情况(如评论他人的照片、留言或参与网络游戏),然后再选取具有典型意义的作为访谈对象。访谈结束后,再对照访谈的内容,核实其社交媒体使用行为与其自我叙述的情况是否吻合,特别是他们的使用动机和使用方式之间的勾连性。针对那些由中介人推荐的个案,笔者通常是先加其为好友,经过类似的观察过程以后再做访谈,访谈之后再通过对其社交媒体的使用行为来核实访谈内容的真实性。

李康德和普瑞索(1993)把文件界定为人造物,包括符号性的材料,如文字作品和记号;非符号性材料,如工具和家具等。林肯和古巴(1985)则认为文件包括与研究有关的书写、视像、物理等材料。在本书中的研究,笔者收集的主要是文字性资料,包括社交媒体用户在其个人空间上发表的文字(如状态描述、日志、分享的影评和书评等)、转帖后的文字评论、在他人的空间留下的评论和其他互动符号及语言。此外,社交媒体使用者上传和转发的一些音像制品也纳入笔者的研究分析范围。在本书的研究报告书写过程中,笔者严格遵守相关研究伦理。在访谈结束后,笔者会请受访者授权,因为只有对方允许,笔者才会在研究报告中使用其社交媒体空间上的内容。

二、生命故事访谈

个人生命史研究最早见于美国芝加哥学派社会学家 W. I. 托马斯和 F. W. 兹纳尼茨基发表的五卷本《身处欧美的波兰农民》。在这部著作中,他们开创了"生活研究法"。传统的研究关注的是重大政治、军事、经济事件、领导人物及其作用,但是,托马斯等人则从普通人的生活经历中发现了历史的轨迹。他们在书中试图寻求"普通人"的失业贫困、社会动荡、拥挤、无根漂泊等问题,自下而上书写历史,在书中呈现出一个个真实的个案。而这种记录与分析方法的优点就在于内容详细、生动具体。台湾教育学研究者熊同鑫(2001)认为:"生命史研究具有个案研究的特性,另一个层面而言,它是一种'新民族志'(neo - ethnography)研究的方式。生命史研究提供了人们谈论自己、描述自己经验的一种渠道(McCall and Wittner, 1990); 研究者是在以'询问'为导向的方法中,让人们讨论他们的人生,以进行资料的收集。使用生命史研究方法,研究者关注的是被研究者的过往经历。"大力推动生命史研究方法的 Bertaux (1981) 回顾当代及以前的研究指出,大部分的研究都是基于被研究者"现在可观察的或此时的特征",却没有考虑到"过去的经验和历程"的动态概念,他对这种情况表示惋惜。他提出改革的方法是"放弃科学性社会学的探索,以获得某些社会历程的知识"。

对于第一手经验资料的收集,本书采用即兴叙述——"生命故事访谈法"以理解生命秩序形成的错综复杂的途径,生命故事研究的焦点不仅是对个体行动者过往行动意向的重建,更关注行动者所镶嵌于巨观社会结构历程 (Apitzsch and Inowlocki, 2000)。

此外,由于本书所设计的新素养的能力非常多元,为了便于探究每个不同主题,而不是泛泛地收集个案的互联网生活史料,因此,本书采用的是生命故事访谈法,但笔者在访谈时针对不同个案切入的研究视角因人而异。例如"社交媒体使用与社会资本建构"对应的是新素养的"联网力"(networking);"社交媒体使用与政治新闻的意义建构"考察的是新素养中的"批判力"(judgment);"社交媒体使用与跨文化交流"考察的是年轻的留学生族群在网络空间的"协商力"(negotiation),笔者以"请你分享一下自第一次接触互联网以来,跟互联网使用相关的生命故事中最重要的片段和事件"作为访谈起始引导句。同时,结合每个个案独特的故事,针对"留学期间的社交媒体使用是如何影响你的价值、生活、行为的"等方面进行追问。这种半开放式访谈,平均每个访谈的时间为 3.5 小时,访谈的过程均有录音记录,转录为文字稿后使用 Nvivo11 软件进行编码分析。这样,不仅可以保留每个个案经验性资料的独立性和完整性,也可以通过访谈者具体和琐碎的口述,收集到丰富的经验资料。

在研究期间,笔者共对 105 位使用社交媒体的华人青少年进行生命故事访谈,其中,美国华人留学生受访者 21 个、我国台湾地区受访者 14 个、北京受访者 30 个、南京受访者 22 个、广州受访者 18 个。考虑到社交媒体对青少年的影响具有时间性,本书的受访者的年龄介于 20～25 岁,这部分受访者是从小学阶段开始接触 QQ 进行网络社交的,在青少年阶段采用社交媒体的科技生活史对其成人后的学业、职业生涯、心理健康有何影响?笔者采用生命故事访谈法,收集了大量一手资料。总之,本书所关注的是青少年(世界卫生组织界定为 10～19 岁)使用社交媒体服务时,对其身心的长远影响。

在本书的第五章，对学龄前儿童阅读数字绘本 App 的新媒体素养展开分析研究。研究设计方面，本书选择五套具代表性的儿童数字绘本 App，提供给 18 名 5～6 岁的儿童进行自主学习，研究过程采用"参与观察法"（participant observation method）和"主动访谈法"（active interview method），对儿童阅读数字绘本的使用行为进行记录。

参与观察法应用部分，笔者通过角色扮演的方式，以幼儿园老师的身份，借助阅读数字绘本进驻幼儿园，透过参与观察，收集第一手资料。在此过程中，笔者主要记录三类信息：一是记录儿童阅读数字绘本过程，注意力的变动状态，诸如个别的文字、童话、动画、声音等内容，引发儿童何种阅读行为反应，以及跨媒体的文本设计，对于儿童注意力焦点的影响；二是观察儿童能否按照数字绘本的提示，自主地进行游戏，若儿童遭遇阅读过程的互动障碍时，儿童如何寻找操作可能性，持续数字绘本的阅读行为；三是对幼儿园的儿童及老师进行访谈，了解儿童日常如何进行阅读，对数字绘本的喜好度高低，以及是否有使用数字绘本的相关经验，并要求儿童尽可能地表述阅读数字绘本的感受。

主动访谈法部分，本书对受访儿童以开放式问题进行访谈。访谈操作上，邀请儿童以"把你看到的故事画下来，讲给老师听"的起始问句，进行访谈资料的收集。共访谈 18 人，总访谈时间超过 20 小时。录音过程经转录工作后，可提供研究分析参考。

第四章 我国青少年使用 SNS 的动机和类型

本章根据 SNS 用户的使用动机、用户的网络规模、构成情况以及用户与其 SNS 好友互动的情况进行类型学分析，通过社会心理分析对 SNS 用户的采纳行为和不同使用方式背后的动因进行剖析，分析使用 SNS 对中国青少年社交网络维护和创建的影响。

第一节 我国 SNS 用户的类型

笔者于 2010 年 8 月至 2011 年 1 月，共访谈 SNS 用户 30 人，其中，女性 11 人，男性 19 人；学生 13 人，职场人士 17 人。受访者年龄为 22～29 岁。从学历上看，受访者中最高学历为博士，最低学历为高中，多数受访者为本科以上学历。从原籍分布来看，受访者来自北京、山东、湖北、四川、湖南、安徽、重庆、福建、河南、辽宁、河北、内蒙古、台湾 13 个省市。受访者原生家庭的社会和经济地位（父母职业）也有较大差异，既有普通农民、下岗职工、一般企业职员，还有民营企业家、国企管理者、国家公务员和学校校长等。在 SNS 使用时间和频率上，几乎所有的受访者每天都至少会使用其中一种，其中使用时间最长的如个案 21，他表示除了睡觉时间外，其他时间几乎都泡在 SNS 上。而有些受访者则表示使用时间的长度并不能完全代表用户对 SNS 的依赖度。例如个案 30 每天都会登录 5 次以上，只是停留时间不会太长，有些受访者认为这样的用户也是重度使用者。

笔者按照受访者 SNS 好友的构成情况、在 SNS 上的行为方式和他们各自对待 SNS 的态度将 SNS 用户划分为六种类型，即媒体平台型、媒体工具型、通过工具型、信息搜集型、寻觅知音型、资源拓展型。

1. 媒体平台型

这类用户主要将 SNS 当作个人的媒体平台、名片及推广渠道，以此对外传播关于个人的信息，展示个人形象，与广大好友展开互动，维持较高的受关注度。如个案18、个案21、个案22。此外，不管是在大陆还是台湾地区的高校，都有教师将SNS当作个人信息和教学资料的发布平台，如个案7就是一个典型代表。这些用户因为个人身份特殊，往往有一呼百应的能力，所以，SNS在他们看来也是一个"点对多"的自媒体平台。

2. 娱乐工具型

这类用户主要是将SNS当作一个消遣娱乐的工具，在这个平台上参与网络游戏、分享和消费各种娱乐信息，例如明星八卦、星座占卜、美容养颜等信息。这类用户在SNS上的互动对象不是现实生活中的人，而是各种娱乐信息和游戏。在调查中，个案4属于此类个案典型，此外，个案19、个案24、个案25都属于此类。

3. 通信工具型

这类用户使用SNS的主要目的是和亲密的好友保持联络，可以随时关注好友的动态，他们的交往行为较为封闭，通常好友数量并不多，也不会主动加其他人为好友，即便对方是现实生活中经常打交道的人。在SNS上他们即使参与游戏（如偷菜）或者送生日礼物也只是以在现实生活中关系密切的SNS朋友为互动对象。个案3、个案13、个案15、个案17、个案28为其中的典型代表。

4. 信息搜集型

这类用户并不认为SNS是重要的社交工具，他们使用SNS主要是获取更多的信息，特别是非主流信息渠道发布的信息。这类用户通常是对信息有特殊需要的人群，如个案26是在北京学习的台湾学生，在新环境中及时获取各种信息，特别是那些从官方媒体中难以获得的信息就是他"监测环境"的重要方式。在大学修读新闻专业的个案27也表示，之所以喜欢SNS并非它的社交功能，而是上面有大量的信息。

5. 寻觅知音型

这类用户使用SNS平台主要是寻觅在现实中难得的"知音"，在现实生活中"强加"给他们的社交对象难以满足他们的社交需求，特别是获得精神共鸣。因此，为了摆脱精神上的孤独感，他们试图通过SNS上的关键词，或者评论来寻觅志趣相投的朋友。个案6和个案30就属于这种类型。

6. 资源拓展型

这类用户认为拓展人脉资源是他们使用SNS的一个主要动力，当然也包括获取各种信息资源。他们使用SNS不仅仅是维持现有的社交网络，更希望拓展新的社交网络。他们在SNS使用上常常采取主动策略，他们会通过搜索的方式去寻找现实生活中不常联系的朋友，也会通过朋友的中介，或者因为共同的爱好而与陌生人结为好友。在对待信息的态度上，他们更在意的是了解现实生活中各种交往对象的生活状态、价值理念和文化品位。在受访者中这一类型数量最多，有 18 个。除了个案 1、个案 2、个案 5、个案 8、个案 9、个案 10、个案 11、个案 14、个案 16、个案 20、个案 22、个案 29，第一类"媒体平台型"和第五类"寻觅知音型"其实也属于这一类，因为这两类都有强烈的认识新朋友的意愿，但是，他们又各自有着独特的诉求，不同于一般的资源拓展型 SNS 用户。

以上分类尽管不是绝对排他的，但是这种分类方法存在着一定的问题，在一定程度上也概括了中国青少年 SNS 用户的类别特征。从社会资本测量的三个构面看，属于"资源拓展型"的 18 个受访者 SNS 的使用行为都或多或少地提升了他们的个人社会资本；而"娱乐工具型"的 4 个受访者的社会资本并没有因为 SNS 使用而提升，属于"社会资本零增长"；最后剩下的"通信工具型"和"信息搜集型"的所有受访者的社会资本略有提升，但提升的幅度有限。在后面的章节中，笔者将对此做进一步解释。

第二节　中国青少年使用 SNS 的动机

尽管现有研究成果中已经大量讨论过人们使用 SNS 的动机，但是这些研究大多基于量化的问卷调查，是研究者主观构造问项，多少带有个人的主观倾向。在本书的研究中，笔者让受访者讲述自己的使用经验，然后从这些具体和复杂的经验中展示他们真实的动机。

一、多元信息获取

基于传统媒体平台的信息发布存在双重局限性：一是由于版面资源、时段资源有限，加之传统新闻文本对信息加工的规范，大多数发布出来的信息往往是被发布者认定的"可公开重点信息"。这些信息只提供了事件的"概要"和拥有表达机会的一部分人的观点。二是信息发布行为在总体上是单向的，缺少多元、立体的交互。即使是一个非常重大的事件，传统媒体也只能开发出"广阔的接受空间"，而很难维持"广阔的讨论空间"。互联网的出现深刻地改变了人们对社会事件的接受和参与方式（胡百精，

2010）。继 BBS、博客之后，SNS 也逐渐成为人们获取多元信息，特别是多元信息价值观的重要渠道。

互联网最好的地方就是提供了一种方式让人们可以接触一些普通用户的真实想法，早些年只有报纸、电视、广播这样的大众传媒，你不可能知道这些主流价值之外的普通人的真实想法。有了互联网以后，人们还是一定程度上获得了自我表达的权力。所以，当时博客出来以后，几乎每个人都写博客，他们都想让别人知道自己的观点。这就是从被动接受到主动表达的一个转变。跟专业机构提供的新闻报道相比，这些转帖信息更真实地反映了社会。（个案1）

事实上，自互联网在中国被采纳以来，它就逐渐成为现实社会的一个晴雨表，"网络中的信息和网民的言行，在一定程度上反映了现实社会的舆情与舆论。作为现实社会的一个构成部分，网络社会本身也在形成自己的舆情与舆论"（彭兰，2010）。随着 SNS 在中国网民中的普及，它在网络舆情的形成和发展中也开始发挥越来越重要的作用。因此，SNS 作为一个新的公共话语空间，不仅给普通大众参与社会公共事务提供了一个相对开放、平等的渠道，同时也成为网民监测环境、感知社会现实的一个重要渠道。

二、自我形象塑造

自我暴露（self-disclosure）的意思是向别人讲心里话，坦率地表白自己、陈述自己、推销自己，即一个人自发地、有意识地向另一个人暴露自己真实重要的信息，笼统地说，就是"指个体把有关自己的个人信息告诉给他人，与他人共享自己的感受和信念"。许多心理学家认为，使真实的"自我"让至少一个重要的他人知道和了解，具有这种能力的人在心理上是健康的，是自我实现的个性所必需的，更是建立亲密关系的前提条件。但是，太少或太多的自我暴露会引起对环境适应方面的一系列问题。一个从不自我暴露的人不可能与其他人建立密切的和有意义的人际关系。但是，习惯于喋喋不休地向他人谈论自己的人，也会被他人视为不适应、只顾自己、自我中心主义者和病态者。社会心理学家认为，理想的模式是对少数亲密的朋友做较多的自我暴露，而对其他人做中等程度的暴露。研究指出，自我暴露的决定因素既与个人有关也与社会有关。种族、性别和文化因素都是主要的。例如研究表明女性之间对他人暴露自己要比男性之间高,而且女性更倾向于要求他人协助其自我暴露。另一个研究者发现美国人倾向于在一个广阔的社会情境中展示自我,而来自集体主义文化的中国人和日本人自我暴露的范围则非常有限,在亚洲文化圈中那些不爱表达的人反而被认为是诚实可信的,这便是社会文化因素的影响。当人们与自我暴露水平较高的个体交往时,最有可能进行较多的自我暴露。人们往往会回报或模仿其他人所欣赏的自我暴露水平。社会心理学的研究告诉我们,人际关系由低水平的自我暴露和低水平的信任开始。当一个人开始自我暴露时,这便是信任关系建立的标志。而他人以同样的自我暴露水平做出反应,就成为接受信任的标志;这种自我暴露往复交换,直到双方达到满意的水平为止,于是人际间的亲密关系就逐步形成了。从社会心理学角度看,自我暴露是发展和维持人际关系的重要方面,人们是在不断暴露自我的过程中互相认识和接受对方的。从心理健康角度看,自我暴露有助于减少与他人的疏远,抒发郁积的情感,达到振奋精神的作用(俞国良,2006)。

此外,SNS 也是网络上继个人主页、博客之后,个体进行自我印象管理的一个重要平台。SNS 用户与过去的博主一样会注意自己在博客中的表达内容及方式,并试图通过这些来传递自己认为理想的个人形象,以获得他人和社会的赞同。

> 我觉得我是通过我的一个媒体(微博)去传递一个声音的,就是"我是一个什么样的人"。我没有时间跟所有人坐下来聊一聊,"我是一个什么样的人""我喜欢什么样""我不喜欢什么样""我希望你知道我喜欢什么东西"等。那通过我的这个媒体,我觉得我在用很碎片化的方式把我的喜好(表达出来),或者做关于我个人的白描。你可以通过我的微博来真实地看我是一个什么样的人,但也有可能是以虚假的方式,就是我会刻意地去做。那大部分就是在我的生活中,能看出我是一个什么样的人。然后我会提供一些信息,以供参考,需要跟我有什么样的互动,跟我有什么样的交流,都可以直接联系我。(个案 5)

> 不管是国外的 Facebook、Twitter,还是我国的新浪微博,都是 Web 3.0 的应用。这种东西我觉得更多的是一种满足自我展现的需求。当然,名人就不说了,他需要以此来维系自己的曝光率,以及大众对他的关注度等。另外,还有一些普通人发微博,这个其实也是一种 SNS,也是想让周围圈子的朋友知道他现在在做什么或者有什么感想,他发

微博就是希望别人知道，而且最好是有一些反馈和跟帖。我觉得微博更个人化一些，是一种实现个人展示，满足个人对外发声音的这种需求。（个案10）

除了照片、日志、记录等常见的个人形象展示功能，开心网还开发了"第一印象""知我多少""真心话"等功能以辅助大家更深入地展示自我的内在世界。事实上，被最多人采纳和喜爱的"转帖"功能中也蕴藏着"自我形象建构"的动机。

比如××教授，他是中国数据库专家，我大学时上数据库课用的教程都是他编写的，他对我影响很深。再比如最近刚过世的××教授，他是一位很受争议的学者，他的很多观点都受到了其他学者的批判，但是我觉得他的观点和我的价值观是一致的，我认同他这个人。我把他的文章上传到我的网络空间，我想让更多的人了解他，其实也是想让朋友知道我的价值观。（个案1）

当然也有一些 SNS 用户是通过不断增加好友数量或粉丝数量来展示自己的人气的。

最活跃的人会有好几个账号，就是说他会注册很多账号，这是真正玩这种东西的人。然后就要看他怎么玩了，这种分账号的是因为他添加的好友人数超过了上限（一个账号最多只能加 999 个人）。他应该就是那种更看重所谓人气的人吧，他希望更多的人认识他，然后以这种方式分享资源。怎么说呢，应该就是以卖弄自我的这种方式得到一种满足吧。（个案11）

尽管在个人形象塑造上 SNS 与之前的个人网页、博客异曲同工，但是在传播效果上却是有过之而无不及。

我是最早的一批博客玩家，我觉得我是个网络发烧友——网络上流行什么我就开始玩什么。因为我是新闻传播院校出生的，所以博客我接触得也比较早，后来发现其实博客就是你经营的个人"读者文摘"，然后你会发现其实关注你的人是有限的，没有那么多人对你有兴趣，你对大多数人来说不是那么重要，有的时候不是很有成就感。于是，你就想拥有一个平台，这个平台能够把你每天的感受，用文字记录下来；把每天的经历用图片、视频记录下来。如果你有这么一个社交平台，尤其是熟人的一个社交平台，大家就会关注你——每天有一个很简练的提示框，让你知道这个人每天都经历了什么、写了什么。（个案14）

校内网的这种推送功能符合人的一种基本的天性，即人是有懒惰的天性的。除非是被逼着做某一件事情，否则当你有很多选择的时候，你又何必去做一些未必有很好效果的事情呢？传统的博客，虽然也有视频、转发文章的功能，就像一间一间的房子，你必须进入每一间房子里，才能看到发生了什么变化。但是，在校内网上，"新鲜事"的功能非常强大，朋友的所有新的变化都在一个页面上展示出来，这就大大促进了彼此的交流。（个案26）

SNS使个体的自我暴露和自我形象建构具有更精准的诉求对象，同时，它的推送功能也极大地激励了用户自我形象建构的行动，并强化了传播的效果。通过SNS向他人展示，或者建构自己的网络形象可以帮助个体吸引"好友"关注，是维护和加强双方"友谊关系"的重要步骤。

三、"强连带关系"的维护

随着信息传播科技的发展，人们越来越多地依赖于电信技术与外界保持联络。据阿伦森所说："电话是人们适应都市生活的工具。在都市中，家庭电话的功能是减少孤独和焦虑、增强安全感，以及维持家庭和友情团体之间的凝聚力。由于流动和地点的变换，家庭和朋友们出现了地理位置上的分散，电话则弥补了住在郊区的不足。"（Pool，2008）继电报、电话之后，互联网成为一种重要且便捷的社会联结工具。皮尤研究中心（2006）发现：互联网的诞生不仅没有与人们的社交联结冲突，反而是无缝地契合了人们亲身接触和电话联系的社交网络。本研究的受访者中，除了个案24，其他人都表示，"跟朋友联络"是他们使用SNS的重要动机之一。

就是关注一下平时见不到面的朋友的状态呗，了解他们的生活现在有没有一些跟你以前认为不同的一种变化。（个案11）

我妈妈也在用（校内网）啊，所以我就希望把自己平时日常生活的一些点点滴滴记录下来，让她以及其他很多关心我的朋友能够时时刻刻看到最鲜活的我。（个案18）

现在女生住西边、男生住东边，平时走在校园里从来碰不到我们班的同学，就算碰到了也只是互相打个招呼。去年还没有那么强的需求，因为当时同学们还在一起上课，现在既不一起上课，又没有住在一起，所以大家的关系变得很冷漠。我们发现在校内（网）可以找更多同学的消息，而且还很方便，自然地，它很快就替代了其他的网络工具。我觉得那段时间（2008年初）其实是大家最开心的时候，为什么呢？你发现了一个很新的、能够完全满足你需求的东西。（个案30）

虽然开心网只是一个网站，但它和现实生活中的人际交往相似，只是它是借由互联网来支撑的。我们现在在北京都住得很远，我不可能为了一件小事而从东边跑到西边。现在有了开心网，很多事情我直接通过开心网就能跟朋友沟通。比如说，我马上要去西安了，我就在开心网"我的状态栏"上写我的行程，包括我每次回家都会在"我的状态栏"上写"离京"，这样我的朋友就知道我的动态了。我不需要一个一个通知他们，以免他们找不到我而乱猜想。另外，我会把自己愿意跟别人分享的信息以及经历、心情感受写在上面。这主要还是想跟别人互动，看看朋友们的生活发生了什么事情。这种方式跟同事们见面打招呼、发短信问候是一样的。比如说，同学过生日，我在开心网上送她一个蛋糕，我觉得跟现实生活中送一个蛋糕感觉是一样的。它对改善我在现实生活中的社交是有帮助的。（个案1）

可见，SNS有利于帮助用户潜在地减轻隔绝和不安的感觉，这也是SNS在全球获得追捧的重要原因。正如阿伦森（1971）和鲍尔（1968）所言："（通信技术）把城市的生活空间去中心化了，使其成为'社会隐私网络'的母体，产生了'心理上的邻居'（psychological neighborhood）。"但是，与电话、网络即时通信工具、网络校友录等沟通方式相比，SNS在日常交流方面又有什么特点呢？

现在这种SNS，如人人网、QQ，就是你随时可以关注你的朋友或同学的最新动态，而校友录更像是一个记事本，它只显示你关注的朋友或同学在这儿、他的地址是什么、他的电话号码是什么,对于具体在做什么、在想什么、平时有什么困难或者是哪得意了,这些你完全不清楚,要想了解朋友或同学的近况就需要通过打电话与他聊天。但是,在现实生活中我们实际上没有这种心情,专门给某一个朋友或同学打电话与他闲聊。(个案11)

我就是想说,在这个世界因为有了SNS,我的朋友、我的亲人都变得更加近了。举个例子,我有一个最好的朋友,他现在在美国,我俩从小学到中学,感情一直特别好。但是,最近我觉得我们的感情实际上并不是很好,为什么呢?因为他在美国不上网,不用MSN,也不用QQ,而且我给他打电话并不方便。而他会过一段时间给我打一次电话,然而给我打电话的时候,有时可能我不是很方便,有时可能我的心情不是很好。这就导致他认为,我好不容易给你打一次电话,你却不是很想跟我交流。最后他就跟他太太抱怨我说,你看我最好的朋友,我这么困难他都不帮助我,是不是?这就是他的感觉。这时如果挂着MSN或QQ,或者是SNS,"我的感觉是什么?""我希望的情况是如何?"我们就可以随时随地进行沟通。另外一个例子,刚好相反。我还有一个很好的小朋友,她在法国学钢琴,其实我们基本上不打电话。但是我经常在QQ上与她沟通,只要问她几句,如你现在情况怎样?她会把自己的照片、自己的情况都贴到QQ空间里。说实话,我对她所有的生活都是了解的,当然她对我所有的生活也都是了解的。实际上,我觉得我们俩关系还是挺近的。(个案23)

在QQ、MSN后期会发现大家有时候在聊天的过程中,会不断地找话题,每天要去找你关注的事情与之交流是件很费劲的事情。大家都很想通过一个平台知道我们班的人每天都在关注什么,今天看了什么:一张图片也好、一段视频也好,你觉得如果有这样一个平台,让大家去分享,然后你再去跟帖、去留言……这肯定是一个比较有意思的交流工具。(个案14)

除了即时信息的沟通,SNS还能通过转帖、投票等综合分享行为,集集体讨论和自我暴露功能于一体的沟通方式来促进自我与他人的沟通和理解,这大大提高了交流的效率和效果。此外,这些共同价值和态度的形成,也使人们易于相互合作、信任、理解并产生共鸣。正如 Nahapiet 和 Ghoshal

（1998）所言："网络内的成员对于其所讨论的事物、看法与解释越一致，将越有助于问题的讨论、沟通、协助以及知识分享，进而产生较高的社会资本。"

> 我可能比较愿意和熟人分享一些我喜欢的东西，因为我觉得这样有助于彼此的交流。为什么？比如说，你和你的高中同学离得越来越远，是因为你们之间没有共同的话题和经验了。但是，你希望你和你身边的人，一定是志同道合的，也包括兴趣上的相似，所以你希望和你的好友分享你的发现，如果正好他也很喜欢的话，我觉得以后彼此间会有共同的话题，也是有助于彼此间的交往的。（个案3）

除了信息共享，还有不少用户表示，非常喜欢SNS上的生日提醒和节假日送虚拟礼物的功能。尽管有些人认为，这些虚拟礼物没有什么实质意义，但这些用户认为收到朋友赠送的虚拟礼物的感受和现实礼物是一样的，他们认为朋友也会有同样的感受。个案26对于人际关系的认知恰好道破了其中的"天机"。

> 我认为，人际关系只是需要一种联系的感觉，达到一种功能——至少你还记得我，我还在你的联系人名单里，人际关系的线没有断。必要的时候，这条线可能还用得着。（个案26）

四、"弱连带关系"的创造和强化

众多研究都强调了在网络上建立的"弱连带关系"的重要性，因为它们往往能够发挥"架接性社会资本"的功能。SNS能够支持松散的社会联系，允许用户创造和维系更大的、更分散的、更异质的社交关系并从中获取潜在的资源。Donath 和 Boyd 的研究（2004）表明，SNS可以大大增加用户的弱连带，因为这个技术不仅降低了建立弱连带关系的成本，而且其强大的交友功能使用起来也非常方便。

> 有了互联网这个工具，从某种程度上扩展了交流的对象。因为互联网这种交流平台没有物质上的限制或者成本，可能你就会觉得更容易去扩展交流的对象。比如我之前在做服务平台的时候，认识了一些

律师事务所的人，可能当时因为有工作上的交流，所以就加进去了。后来也与一两个一起在网上聊聊，这种只有在网上你才会与之持续保持交流。如果真的靠电话，或者写 E-mail，都不太可能持续交流。其实，这种网上的交流通信，它就是把交流的门槛降低了，在这上面交流你不会觉得特别的刻意或者正式。因为哪怕只是写个邮件，给人的感觉好像也是有目的的，毕竟你不会为了聊天写个邮件或打电话给我。（个案 10）

我在网络上的朋友很多，但是都基于一个熟人圈子。比如说，新认识一个朋友之后，以前我们可能只是留个手机号，现在可能顺带留下 QQ 或 MSN，然后上网之后，你会想着上开心网去搜他，然后把他加上。在一个人和人联系已经比较少的现代社会中，你还是可以通过虚拟世界找到这个人的，就是说哪怕只是一面之缘的人，或者说你朋友的朋友，然后在虚拟世界进行交流。有些人会一见如故，觉得与之非常投缘，所以你就会想加他，你就会通过网络关注他的一些成长历程之类的，也就是通过他写的文字知道他是什么样的人。（个案 14）

与电话相比，SNS 最大的一个特点在于它方便了人们与关系不是那么密切的"弱连带关系"的联络。因为人们通过电话和不是那么熟悉的人沟通时，通常都会有一种莫名的压力，这样一来借助电话联络的朋友往往是关系密切的"强连带关系"，但是有了 SNS，人们就可以和过去在物理上及心理上都有一定距离的朋友重新建立"远距离的亲密感"。不管是在美国，还是在中国，SNS 被大学生采用的一个重要原因就是可以让身在异地求学的大学生方便地和以前的高中同学联络。

SNS 服务不仅将人们的线下关系链复制到了网络空间，让个体不仅能够以较低成本维持、强化原有的强连带关系和弱连带关系，更重要的是还能借助朋友的中介，与其他人的关系链交互而增强了弱连带关系网。

一个单位的同事，可能只是听说过我，当同事看到他的好友跟我是好友时，就会主动要求加我为好友，而我一看都是同事，自然也会加他为好友。通过这样的方式还可以多认识几个同事挺好的。开心网最有意思的是，可以通过一个人找到另外一个人。有些同事平时几乎天天见面，但因为以前不熟悉，所以见面就跟不认识一样。但是，在开心网上成为好友以后，大家在网络上熟悉了，于是在现实生活中，

彼此见面也会打招呼了，也更容易相处了。（个案 1）

这些受访者 SNS 的使用经验也呼应了 2006 年皮尤研究中心发布的一个研究结果：网络用户比非网络用户拥有更大的亲密朋友圈，并从中获得帮助。

五、消遣娱乐

娱乐是 SNS 的一项重要功能，即使不属于前面所列举的"娱乐工具型"用户，一般用户基本上都认同 SNS 在自己生活中所扮演的提升娱乐生活品质的角色。

（使用 SNS）我觉得这也算是一种娱乐方式，一种生活方式。（个案 1）

事实上，像开心网这样的 SNS 网站最早的定位就是提供一个给用户玩游戏的空间，很多用户也是因为被这些有趣的游戏所吸引而注册的。个案 4、个案 8、个案 12 都是被身边玩游戏的朋友带进 SNS 世界的，像这样的用户数量非常多。

朋友要"偷菜"，忽然发现偷的菜很少，便以强迫形式逼我上开心网，于是我便注册了。他们帮我种菜，种完菜以后，他们再乐滋滋地去偷。每天上班他们的第一件事就是上网，把我们这些人的名字写在小便签纸上贴在电脑旁边，比如白菜还有几天熟，鹿多长时间会长大……有一张"偷菜"工作表，然后在手机定点提醒，该偷这个人的菜了！（个案 4）

我最早注册开心网是用来玩游戏的，开心网上面的游戏挺多的，这些游戏当时玩得还挺火热。我玩过"买"同学回来干活的游戏，后来，还玩过装修房子、餐厅之类的游戏，农场比较复杂我没玩。餐厅游戏我玩的时间比较长，这个游戏就是不停地刷，只有这样才能把我的餐厅装修完。（个案 12）

除此以外，SNS 为用户提供了很多分享功能，用户们可以非常方便地把自己喜爱的各种视频、音频和图文信息转发给自己的好友。因此，上 SNS 空间去浏览这些娱乐信息也是用户们喜爱 SNS 的一个重要原因。

> 在日常生活中，我们会有许多压力，需要找一些渠道去舒缓，需要找人去交流……这个跟那种纯粹在网上打发时间的人有很大的不同。而我则需要通过一些方式，例如通过开心网上朋友分享的一些视频来放松一下、娱乐一下。（个案 10）

尽管媒体关于网民上 SNS 玩游戏引发各种社会问题的报道很多，也有不少人提出靠游戏来维持 SNS 的关注度是远远不够的。但是，还是不能忽略在现代社会，这些生活压力日益增大的族群们希望借助 SNS 上丰富多彩的娱乐活动来放松心情的需求。SNS 上提供的各种娱乐功能，一方面可以让用户通过情感的宣泄来缓解内心的紧张，减少忧虑，不断增强自我的抵抗能力和调节能力，以应付现实；另一方面，还能让互动双方在游戏和娱乐过程中进一步产生"远距离的亲密感"，从而维系或巩固双方的情谊。

> 最早用开心网就是觉得好玩。同事邀请我加入开心网，其实当时我并不是很想加，但是因为人家那个圈子都在用，你要想融入那个圈子，你得尝试性地玩一玩。成为开心网用户以后，我就开始玩"奴隶买卖"游戏，被人买来买去。起初上开心网的时候，就那么几个好友，而且都是一个办公室的同事，没什么意思。后来，我就开始邀请关系特别好的朋友，让他们也加入开心网。我在开心网上的好多朋友都是我邀请进去的，然后我就可以"买他们折磨他们了"。我觉得平时两个人没有往来，也没有电话联系，但是，在网上天天买来买去，这对巩固两个人的关系也很好。（个案 8）

在过去的 30 年，娱乐作为对一个人接触特定媒体的动机，一直是传播研究的核心。最近的研究也开始涉及享受新的和互动的媒体娱乐形式，如视频游戏和社交媒体，对此学者们提出了网络环境中娱乐体验的理论模型。这些新的娱乐模式超越了对娱乐的纯粹享乐主义的观点，从而也增添了非享乐主义的成分（Reinecke, 2010）。正如个案 8 所言，社交媒体上的娱乐活动（如开心网上的偷菜和买卖奴隶的游戏），既为 SNS 用户提供"感知自我效能，积极自我呈现和身份管理关系维护"的机会，也让 SNS 用户享受到在线使用时的便利。

六、社会化与认同感追寻

社会学研究表明:"个体并非天生就是社会中的一员。个体与生俱来就带有一种社会性、群居性的倾向,而且会逐渐地变成社会的一员。因而,在每个个体的生命中,有一种时间序列,个体会被引导着参与社会的辩证过程。在这一过程中,无论他人和我的主观过程是否一致,他人的主观性必然会在某种程度上作为客观存在为我所得,并且变得对我具有意义。"(Berger, et al., 2009) 如今 SNS 正成为网络时代人们参与社会辩证过程的一种渠道,这也是 SNS 用户们热衷转帖的一个原因。

> 我喜欢看转帖后面各种观点的百分比情况,因为它毕竟在某种程度上反映了社会的舆论,进而也反映了这个社会的真实状态。我很想知道大多数人是什么观点,但是,我还是尊重自己的价值观,我不会因为大多数人坚持 A 观点就改变自己的立场去迎合他们。当然,我也想判断自己的价值观跟其他人的价值观是否相悖。如果是一致的,我就会相信自己是对的;如果不一致,我就会反思,到底是我出了问题,还是别人出了问题。我觉得有些时候主流价值观不一定是对的。我觉得对自己的价值观进行判断很重要。在开心网上看转帖成本很低,不需要特别去搜索,我就能找到一些实例来做判断。(个案1)

社会既是客观现实,也是主观现实(Berger, et al., 2009)。个案1的观点正好反映了 SNS 用户希望借由好友的转帖内容来监测环境,感知社会"主观现实"的心理需求。在这个转帖过程中,用户还可以与其好友进行观点的互动,从而展开持续不断的相互认同,这是他们相互参与彼此的生活的一种重要方式。

> 我觉得转帖互动性比较强。我觉得很多人在网上发的帖子是比较有现实意义的。很多观点都可以互动,你可以看看这些观点是否符合自己的价值观。比如最近的"挟尸要价"的照片,我发现很多人的观点跟我不一样,我就特别注意看了一下。由于新浪的评论不能互动,因此我发表的言论,很快就被后来的言论给"淹没"了。我没法看到我的观点跟多少人相同。但是,在开心网上,我点了一个观点以后,就能看到有多少跟我保持同样观点的人的比例,这种感觉就比单纯发

表评论要好许多。我觉得思想独立的人，是值得交往的。通过转帖中朋友的评论和观点的支持，我可以更了解一个人，然后判断这个人是否值得交往。其实，这种方式和聊天是一样的，通过对同一个事件的转帖、发表评论也是一种思想的碰撞，然后交流就产生了。这个东西很微妙，是不能用一般的语言和对话来表达的。（个案1）

由此可见，SNS用户这些看似随意、便捷、低成本转帖行为的背后，其实隐藏着需要深刻讨论的社会学和心理学的议题。提出"第三空间"概念的雷·奥登博格（1999）指出："在第三空间的对话可以发展人类的友谊和对社会的理解。这种友谊可以满足人类对'亲密关系和归属感'的需要。"此外，在第三空间里"同情和幽默"是丰富人类生活和生命的"精神补药"。在早期，奥登博格将咖啡厅、书店、美发沙龙和酒吧都视为"第三空间"的载体，而在数字时代，奥登博格也与时俱进地将虚拟交流纳入"第三空间"的范畴。他认为，网络论坛、博客、社交网站、网络聊天室，甚至即时通信工具、短信和电子邮箱所有这些有利于交流和社会交换的网络应用工具都可以创造"第三空间"，从而帮助使用者发展社交网络，累积社会资本。显然，SNS如今也成为都市人新的"第三空间"。

其实早在人人网、开心网出来之前，我们都还在玩校友录和QQ。当时我有种想法，我们这些不同专业、不同学校的人通过个人用户名把自己的生活拍成照片，如今天我在食堂吃了些什么东西，全部把它写下来，然后上传到网上。你可以去关注，看他每天的经历。我觉得如果以这种状态，持续地交流三四个月，这是很有收获的。我当时想如果把这个平台做出来，应该会有很多人参与其中……我觉得大家应该会比较喜欢关注一些学生时代读书很厉害的人，比如他们现在都在干什么，他们的感情经历是怎样的，等等，他们的工作经历是怎样的，所以需要有这么一个平台让大家去交流。后来不到两年这个平台就有人做出来了。我觉得我的思想还是很超前的。（个案14）

个案14对SNS的超前设想说明，SNS正是因为满足了人们，特别是都市人群内心强烈的社交欲求才获得大家的青睐的。在现代社会，人们的社交欲求随着生活范围的扩大，不仅没有降低，反而正在逐渐提高。一些新的需求也随着信息传播技术的革新而被激发出来。

网络社交对我而言并不是一个理想的状况。前面我们说过，人与时空最理想的关系是什么？假设坐在今天的咖啡馆里，最理想的关系是，里面坐着的大多数人是与我志趣相投的朋友。我想表达的是现在与我拥有同一片时空的人，其实，他不是与我志趣相投的人。而与我志趣相投的人在另一个时空里。二者是不能重合的。所以这就是我为什么在校内网上寻找一部分认同来证明我生活在这一片时空。然后，同时我要到豆瓣上寻找，或者到其他平台寻找能证明我的兴趣以及我的灵魂在另一片时空里。如果这些能重合就太好了。（个案 30）

个案 30 是一个典型的追求精神生活的"后物质主义者"，他认为，他在现实生活中的朋友是客观世界强加给他的，这些人虽然重要，但是他还需要一些有共同品位的朋友，后者却往往和他不在一个时空里。于是，个案 30 开始通过各种网络平台来寻找"志趣相投"的朋友。这种寻找知音的过程，其实也是一种次级社会化的过程。因为品位的形成往往有其历史性和社会性的长期建构，一个人的品位则来自他/她的社会化过程（罗家德，2005）。

为了成为社会的一员，个体都需要经历社会化的过程。初级社会化（primary socialization）是个体在孩童时期经历的最早的社会化，通过它，他才得以变成社会的一员。由于社会化永远也不可能终结，它所内化的内容面对着持续不断地对它们主观现实的威胁，因此每个个体都需要不断地进行次级社会化。次级社会化（secondary socialization）则是任何随之而来的引导一个已经社会化的个体进入其所在社会客观世界中新的部分的过程。在次级社会化过程中，"个体不但在其整体上将自我与它的现实之间保持了距离；个体也在专门角色的部分自我与它的现实之间保持了距离"（Berger, et al., 2009）。以个案 30 来说，他寻找"志趣相投"的朋友的目的一方面是获得认同感，另一方面则是保持和现实世界的距离，或者如他所说抵制"大众文化"的侵蚀，保持自我的独立性。而社会化本来就不只是获得共性，即获得社会认可的心理与行为方式，还包括个性的获得和人格的形成（俞国良，2006）。

事实上，品位是一个人对社会结构的感觉，也是消费社会中社会结构的外显表现方式。一个社会群体会透过社会化过程将其文化符号——品位——传达给其成员，因此，在不同群体争取社会资源甚至支配地位时，品位变成被高举的大旗，是成员相互认同的标志，靠消费行为传达出来的信息，人们很快就可以找到谁是"同志"，谁是"敌人"（罗家德，2005）。

因此，SNS上用户的各种分享行为背后其实都或多或少地隐藏着"表达个人品位，寻找认同"的动机。大部分受访者都表示，尽管SNS上的转帖行为非常便捷，但是他们转发的内容都是经过自己慎重"把关"的。

> 我觉得网上有些内容不值得传播。也就是这个内容我看过以后，认为确实值得传播的，那我就会将其分享给大家。我个人不太愿意什么都分享，但是我收藏的信息挺多的。收藏的信息就是各种各样的我认为有意思的内容。我认为，校内网应该是展示个人最精华内容的平台。（个案9）

除了志趣相投，由于众多社会精英人士也逐渐进入SNS空间，他们既可以通过与同僚互动来展开社会化过程，也可以实现其"加速成长"的梦想。

> 现在，社交网上还有一个比较大的版块，就是青年导师。也就是一些像李开复一样的风云人物，他们扮演着青年导师的角色，不断地告诉青年人在大学应该做什么、谈恋爱的时候应该怎么样去把握自己、读书的时候要选择交哪些朋友、某个领域你要关注什么……其实，对于这些内容大家的关注程度是很高的，而且转载率也是很高的。这说明什么？大家其实都有那种想成长或者快速成长的愿望。（个案14）

结　　语

本章从受访者的SNS好友构成情况、在SNS上的行为方式和他们各自对待SNS的态度，将SNS用户划分为六种类型：媒体平台型、娱乐工具型、通信工具型、信息搜集型、寻觅知音型、资源拓展型。从社会资本测量的三个构面看，属于"资源拓展型"的18个受访者的SNS使用行为都或多或少地提升了他们的个人社会资本；而"娱乐工具型"的4个个案的个人社会资本并没有因为他们使用SNS而提升，属于"社会资本零增长"的群体；最后"通信工具型"和"信息搜集型"的所有个案的个人社会资本略有提升，但提升的幅度有限。本书研究的重点是"资源拓展型"，并对这个群体在SNS上拓展资源的动机、方式以及效果进行分析研究。

基于受访者SNS采纳过程的经验性资料，笔者总结出中国青少年采用SNS的主要动机如下：

（1）多元信息的获取。由于SNS提供了一种让人们可以接触到普通大众真实想法的平台，因此，越来越多的青少年将SNS视为他们"监测环境"和表达意见的新通道，SNS在网络舆情的形成和发展中也开始发挥越来越重要的作用。

（2）自我形象塑造。SNS是网络上继个人主页、博客之后，个体进行自我印象管理的一个重要平台。与过去的博主一样，SNS用户会注意自己在SNS上的表达内容及表达方式，并试图通过这些来传递自己认为最理想的个人形象，以获得他人和社会的赞同。SNS使个体的自我暴露和自我形象建构具有更精准的诉求对象，同时，它的推送功能也极大地激励了SNS用户自我形象建构的行动，并强化了传播的效果。通过SNS向他人展示，或者建构自己的网络形象是帮助个体吸引好友关注，从而维护和加强双方友谊关系的重要步骤。

（3）"强连带关系"的维护。随着信息传播科技的发展，人们越来越多地依赖于电信技术与外界保持联络。SNS潜在地减轻了隔绝和不安的感觉，正成为人们适应全球化生活方式的一个新工具。在本书中的受访者中，除了个案24，其他受访者都表示，"跟朋友联络"是他们使用SNS的重要动机之一。除了即时信息的沟通，SNS还能通过转帖、投票等综合分享行为，集体讨论和自我暴露功能于一体的沟通方式来促进自我与他人的沟通与理解，这大大提高了交流的效率和效果。SNS上的生日提醒及节假日送虚拟礼物的功能使人们时刻保持和他人联系的感觉，这是关系资源维护的一个重要基础。此外，这些共同价值和态度的形成，也使人们易于相互合作、信任、理解并产生共鸣。

（4）"弱连带关系"的创造和强化。SNS可以大大增加用户的弱连带，因为这个技术不仅大大降低了建立弱连带关系的成本，而且其强大的交友功能使用起来非常方便。与电话相比，SNS最大的一个特点在于它方便了人们与关系不是那么密切的"弱连带关系"的联络。SNS服务不仅将人们的线下关系链复制到了网络空间，让个体不仅能够以较低成本维持和强化原有的"强连带关系"和"弱连带关系"，更重要的是借助朋友的中介，与其他人的关系链交互以增强"弱连带"关系网。

（5）消遣娱乐。娱乐是SNS的一项重要功能，即使不属于前面所列举的"娱乐工具型"用户，一般用户基本上都认同SNS在自己生活中所扮演的提升娱乐生活品质的功能。尽管媒体关于青少年上SNS玩游戏引发各种社会问题的报道很多，也有不少人提出靠游戏来维持 SNS 的关注度是远远不够的。但是，还是不能忽略在现代社会，这些生活压力日益增大的族群们希望借助 SNS 上丰富多彩的娱乐活动来放松心情的需求。SNS 上提供的各种娱乐功能，一方面，可以让用户通过情感的宣泄来缓和内心的紧张，减少忧虑，不断增强"自我"的抵抗能力和调节能力，以应付现实；另一方面，还能让互动双方在游戏和娱乐过程中进一步产生"远距离的亲密感"，从而维系或巩固双方的情谊。

（6）社会化与认同感追寻。SNS 正成为网络时代人们参与社会的辩证过程的一种渠道，这也是 SNS 用户们热衷"转帖"的一个原因。SNS 用户希望借助好友的转帖内容来认识"主观现实"。在转帖过程中，用户可以与其好友进行观点的互动，从而展开持续不断的相互认同，这是他们相互参与彼此生活的一种重要方式。除了与现实生活中的朋友进行"相互认同"的互动，还有 SNS 用户表示，希望通过 SNS 超越时空的局限性认识"志趣相投"的朋友。由于众多社会精英人士也逐渐进入 SNS 空间，他们不仅可以通过与同僚互动来展开社会化过程，还可以实现其"加速成长"的梦想。

第五章　影响青少年接触和使用 SNS 的因素

社会学和传播学的大量研究已经证明，非正式社会网络正在创造新知和传播新知的价值（罗家德，2005）。彼得·什托姆普卡（2005）也指出："我们必须认识到，人们总是以与许多人互动的方式在行动，抑或在许多人的影响下行动，这些人组成了他们的伙伴圈子或'重要的他者'。所以，他们的行动是那些数不清的影响且非常复杂的结果。"在本章中，笔者将从受访者的开心网、人人网和新浪微博三种 SNS 平台的采纳过程和他们各自的使用方式出发，分析在中国多种社交媒体并存的情况下，中国青少年用户对 SNS 的接触和使用。

第一节　使用者对 SNS 的采纳和依赖度的影响

一、SNS 平台采纳过程中的"意见领袖"

传播学中的"两级流动传播理论"指出："来自媒体的消息首先抵达意见领袖（opinion leaders），接着，意见领袖将所见所闻传递给同事或接受其影响的追随者（followers）。"（Lazarsfeld, et al., 1955）而两级流动传播的过程在 ICT 的扩散过程中也被多次验证。在本书的研究中，笔者调查发现，人际关系在用户的 SNS 采纳过程中发挥着最为关键的作用，几乎所有的受访者都表示自己是受朋友影响而成为开心网、校内网或新浪微博的注册用户的。

我是 2008 年开始用开心网的，最开始使用的是校内网。2007 年我的同学推荐我使用校内网，通过校内网可以找到一些同学的信息，个人感觉还挺好玩的。（个案 1）

> 我使用人人网是因为我收到好几个人发出想要在人人网申请加我为好友的邮件。就是因为他们的邮件，所以我就注册了。（个案 2）

> 我注册校内网是在大一下学期，那个时候不是由我自己注册的，而是同学帮我注册的。宿舍的同学，以及宿舍对门的同学告诉我，你知不知道有这么一个地方非常好玩，但是，你要去注册，那样你就可以在上面找到很多同班同学，于是就帮我注册了。（个案 20）

事实上，在中国内地，或许在世界上其他国家和地区也有类似的情况：互联网的各种应用方式并不是像报纸、广播、电视有专门的宣传推广渠道，大多数网民的各种网络应用采纳活动都是受现实生活中人际关系的直接影响的。如个案 30 接受 QQ 的过程就是一个典型。

> 高考之后，我在家没事做，于是就去了一个我特别要好的朋友（从小玩到大的男性朋友）家玩。他帮我申请了一个 QQ 账号。因为那个时候我们都还没有手机，所以，从那以后我就开始用 QQ 了。（个案 30）

格兰诺维特（1973）指出，在社会生活中，参与者彼此间的信息并不是完全对称的，"进入的快捷方式"使有些个体能够知道有价值的信息，此时，与这些拥有特殊"资源"的人进行私人接触可以使你成为及早知道的人之一。

开心网在较短时间内不仅被广为流行且赚足了眼球，而且网站本身几乎没有花一分钱进行广告推广，在其他网站也基本上没有广告链接，而是完全依靠"病毒式"营销进行推广：MSN 的用户主要为白领，通过与 MSN 合作，开心网获得了 MSN 的用户数据。用户在开心网上注册之后，MSN 就会自动发送邀请链接给其 MSN 好友。有时候，MSN 用户会在一天之内收到好几十个链接，邀请其进驻开心网，直到 MSN 用户最终注册。一旦注册，就会自动成为下一个传播节点。这就是爆炸式的病毒传播。

"病毒式"营销传播在成就了开心网之后，成为互联网创新产品推广的后继的法宝。在 Web2.0 时代，ICT 产品的开发者已经越来越清楚地认识到产品使用者自身的社会关系网络对产品的推广所具有的价值。

二、SNS 采纳时间与社群影响

关于意见领袖的研究结果表明：在很大程度上，谁领导，谁追随，已经由所考虑的事物本身决定了，如在购物方面，意见领袖通常是生活在大家庭里的年长女性，而在决定时尚和看电影方面的意见领袖往往是年轻的未婚女性（Severin，2000）。

因此，开心网在复制 Facebook 的模式时，巧妙地找准了切入点，通过对"六度空间理论"的准确把握，依靠 IM 和 E-mail 进行病毒式传播，选择互联网、传媒、广告、影视等"人际互动"比较强的行业，以这些行业从事市场、公关、销售的人员为突破口，辅助以口碑传播，使得开心网在短短几个月内风靡于网络世界。

事实上，校内网的传播也有自己独特的策略。

> 我觉得在2008年初那段时间其实是大家最高兴的时候，为什么呢？因为你发现了一个很新的、能够完全满足你需求的东西（校内网）。同时，它还集中了几所很知名的学校，如人大、北大、清华、北师大，以及厦大等。它并没有选择那些三本职业技术学校。（个案30）

> 我是大一下学期开学注册（校内网）的，很奇怪我注册没多久，就有一个以前小学的同学，他居然问我，你是不是以前在成都市××小学读书的那个某某某，我说是啊，他说我就是那个马某某，天呀，太惊讶了。我那个时候觉得特别地震惊，就开始疯狂地在网上搜一些记忆中的名字，然后发现刚开始校内网的用户不是特别多，但是，它发展速度非常地快，后来，慢慢地很多人就能找到了。尤其是我的死党，由于我搬家了，之后她也搬了，而且我们俩的电话全换了，就再没联系过。后来我就在校内网上找到她了，她说她是大三开始上校内网的，其实比我晚很多，因为她在成都读书。（个案20）

从个案30对校内网认知态度的变化和个案20在校内网上搜寻记忆中的名字的过程，我们可以看到校内网在中国不同省份扩散的轨迹，从最早它出现在北京的重点大学，然后扩散到其他省份的重点大学，接着再扩散到国内普通大学。在这个过程中，使用者个人所处的社群在 SNS 扩散的过程中发挥着重要的作用。

前一节中所提到的"意见领袖"只是帮助使用者了解 SNS 的存在，而使用者所处的社群如果从整体上形成一股强大的势力，就会让使用者完全无法抵制 SNS 的诱惑而被这股潮流席卷。从北京用户个案1和武汉用户个案24的采纳过程中，不难发现，SNS 使用者所处社群的 SNS 使用情况直接影响着其对 SNS 的采纳行为。

> 我觉得开心网流行的地方不太一样，北京和上海的用户群体比较大，我发现我的好友基本上都是北京的，我觉得开心网的传播就跟传染病一样，都是在熟人圈中开始传播的，开心网上的好友圈基本上也是日常生活中接触最多的群体。（个案1）

由于开心网在北京和上海被采纳程度很高，因此，开心网的用户能在其最流行的时期迅速加盟，而身在武汉的个案 24 却只能在开心网流行一年之后，才通过上海的朋友推荐成为开心网用户。

> 2009 年，我的一个在上海工作的朋友来武汉看我，她问我用不用开心网，我说不知道那是什么。她很惊讶，说在上海很多人都在用，你得赶紧用上。然后她在离开武汉前教我注册开心网，还介绍了上面的一些功能如何使用。我就是这样开始用开心网的。（个案 24）

三、SNS 黏着度与社群影响

在解释媒体和受众的关系时，"社会行动媒体研究"认为，群体是按照其所共享的意义来对媒体内容加以阐释的，群体成员以相似的方式使用媒体，通过互动的方式共同形成对媒体信息的意义。"节目或信息的意义从来不是以个人化的方式——而是以集体的方式——建立起来的。它是一个小组、群体或文化传统的组成部分。这就意味着，当你加入某个群体（不管是以出生还是以会员的名义），便自动接受了该小组或群体正在进行中的行动和意义。你的行为会以某种方式影响该群体，改变其行为或意义。但是，在任何一个特定的时段内，你的行为所产生的结果都跳不出小组或群体的范围。"（Littlejohn，2004）

格兰诺维特指出："人做任何决定的时候都有其外在的社会结构存在，其决定也深深地受到个体在社会结构中所处位置的影响，受到整个社会价值的制约。人的互动行动不止于理性的博弈，而更在于社会结构的影响。"同时，他还认为："人并不是在片刻之间权衡当时各种形势，考量自己的需要，以所知的情报做出理性的决定。他往往会不断地与别人互动，不断地修正自己对形势的观察，所以任何决定都是在一个动态的过程中做出来的。

两人互动不止，再求两人间的均衡，更在于非理性的交互影响和情感因素。"（罗家德，2005）在 SNS 的使用过程中，用户的使用方式也深深地受到其所在社群的影响。

> 其实是因为身边逐渐有人使用这个东西，一开始也就是觉得好玩，学校里突然好多人都在用这个，然后也就跟着玩了。（个案 11）

研究"创新的扩散与普及"的罗杰斯指出，新事物传播过程中主要有四个元素：①待推广的新事物；②透过某渠道；③历经一段时间；④在某一社会体系内人们之间的传播。关于社会体系部分，是指新事物发生的所在，因此它有一定的范围。一个体系含有结构，该结构乃指体系内各单元间有模式可循的一种社会网安排，它给予体系内的个人行为稳定性与规律性。体系内的社会与传播结构，能促进或阻碍新事物在体系内的扩散（罗家德，2005）。因此，影响用户个人对 SNS 的黏着度的因素主要是 SNS 用户所在社群对 SNS 的态度和参与程度。

> 在应用网络的过程中，实际上是你与大家很重要的互动过程。比如说，获取信息，对我而言，可能浏览网页就够了，为什么我还要涉及其他网络应用呢？之所以涉足其他网络应用是因为很多人都在用，如果我不用的话，就被自动隔离了。（个案 9）

当社群成员都在采用并深度使用 SNS 时，身为网络成员的个体也会对 SNS 产生深度依赖，正如他们所言的"上瘾"。而当所处社群缺乏稳定的 SNS 使用行为时，其网络成员自然不会"上瘾"。例如个案 24 认为，由于她生活在武汉的朋友圈普遍将开心网当作游戏平台，其开心网好友有一半是陌生人，而剩下的熟人中也未必是关系密切的交往对象，因此，她对开心网的依赖度很低，尽管之前她每天使用开心网的时间超过 8 小时，但是也会一个月都不登录。

第二节　使用者对 SNS 服务平台选择的影响

从技术层面看，人人网、开心网和新浪微博的差异并不是很大，但是，不同用户对不同平台的评价差异却很大。事实上，使用者对不同服务平台的评价大多都不是基于技术本身，而是基于其平台上互动对象的行为。不过，也正是因为中国同时具有开心网、人人网和新浪微博的服务，而不是 Facebook 一统天下，所以，可以更为清晰地看到，使用者之所以会依赖某一个服务平台，主要是因为上面维系着特定的交往群体。一旦交往对象改变，使用者选择的服务平台也随之改变。QQ 的使用就是典型的个案，尽管它的功能更强大、更稳定，但是因为 MSN 在大多数办公场合被采纳，所以，当学生群体步入职场后，QQ 逐步被 MSN 替代。而使用者 QQ 上的好友多半是中学时代的同学，当他们逐渐成长，进入大学，步入职场以后，生活圈子慢慢产生变化，之前的那些中学同学和自己的真实生活越来越远，心理距离也随之拉大，这类使用者也就自然地开始摆脱对 QQ 的依赖，转向新的沟通媒体。

> 现在 QQ 的使用率在降低，之前上 QQ 的一个很大的原因就是想找人说话，但是现在都改在微博上说了。QQ 也只是偶尔挂一下，看看谁在线。因为 QQ 上的朋友主要局限于初中或高中同学，和这些同学其实有断裂。(个案 22)

一、人人网：安全、稳定、高品质的校园用户群

人人网原名校内网，成立于 2005 年，2006 年千橡收购校内网，并将其与千橡旗下校园社区 5Q 整合。人人网刚建立的时候一个最重要的特点是限制具有特定大学 IP 地址或者大学电子邮箱的用户注册，这样就保证了注册用户绝大多数都是在校大学生。用户注册之后可以粘贴自己的照片，撰写日志，签写留言等。该网站鼓励大学生用户实名注册、上传真实照片，让大学生在网络上体验到现实生活的乐趣。2009 年 8 月 4 日，千橡集团在校内网发布消息，"为了给校内网带来一个更长远、更广阔的发展前景，我们

需要割舍对校内品牌的依恋之情，去积极地、勇敢地创造一个更伟大、更具延展性的新品牌，一个广大用户心目中的至爱品牌"，将旗下著名的校内网更名为人人网。

尽管校内网更改名字的目的是创造一个更加具有广阔性的社交网站，让社会上所有人都可以来到这里，从而跨出校园内部这个范围。但事实上，人人网要想摆脱当初使该网站获胜的受众定位远比想象中困难。本书研究调查发现，使用人人网的用户基本上都是在校学生和教师，他们之所以喜欢人人网就是因为其独特的校园文化能提供安全、稳定、高品质的社交网络。个案 13 对人人网的评价就是一个典型代表。

> 我觉得开心网跟人人网的趋向很不一样，开心网它就是开心，简单地说，就是幽默。开心网上大部分内容是八卦，就是大家图个乐子。人人网最开始是从校内做起的，我觉得学生接触的东西，更多的是知识性的，所以会有大篇大论的文章。但是，开心网现在越来越转向微博的形式了，字数越来越少，图片越来越多，搞笑和八卦的越来越多。我认为可能是工作的人压力比较大，所以需要看一些简单的内容，来疏解一些压力。学生分享的是一些关于理想、人生的内容比较多。因为他们可能处于转型期，很多问题还需要去思考，关于思考的、励志的内容比较多，而且比较长。所以我更喜欢上人人网。（人人网）因为现在用得比较多的是"80 后""90 后"，看看他们整体对这些问题是一个什么样的态度。因为我比较关注社会发展方面的问题，另外也是身份的缘故，可能将来会做相关的研究，所以也比较关注。就是中国最年轻的这一代人，最睿智的，或者说最新锐的一代人，他们对新问题的看法，有的时候我会出于一个旁观者的身份来观察。（个案 13）

除了学生用户，如今人人网上教师用户也越来越多。正是因为校内拥有这样单纯和稳定的校园用户群，所以校内网的用户往往很容易结识同在校园的新朋友，他们的好友通常都多达数百人，这些人也很容易从网上走到网下。

> 校内网确实可以认识新的人，我也有过那种在现实生活中完全没什么接触的人，但是在校内网上踩过几次，然后大家相约出来吃个饭这样的情况，所以校内网是一个潜关系平台，就是扩大我认识的人，互相踩、互相聊天，从完全不认识变成有过一面之缘，然后一个偶然

的契机就变成可以一起聊天一起吃饭的朋友了。(个案22)

正如千橡集团所认识到的,校内网的学生用户一旦毕业离校后就开始纷纷转为开心网用户。这一观点在本研究的调查中也得到部分采访者的证实。但是,更改名字并不能从根本上解决问题,最关键的还是在于在个体成长的不同阶段,他们需要不断构建不同的社交网络来满足自身在不同发展阶段的需求。

二、开心网:卓越的娱乐、互动功能及庞大的职场用户群

开心网是中国著名的社交网络服务网站之一,于2008年3月,由北京开心人信息技术有限公司创建。该网站主要提供照片分享服务、在线聊天服务、音乐分享服务、网络存储服务、博客托管服务、互动游戏等。根据Alexa的统计,开心网的访问量已经进入中国网站前10名。开心网的用户大多数为职场用户,因此,大多数人都是受同事影响而使用开心网的,其中也包括到职场实习的在校学生。个案16和个案28都是受实习单位的前辈影响而加入开心网。

> 我是在新华社注册开心网的,因为当时在新华社实习,是在我大四那一年的下半年。当时发现社里的人都很喜欢用开心网,大家就是一个圈子。于是他们就说,你也注册一个吧,然后我们互相加为好友,我觉得挺好的。大概也就是2009年上半年,我开始接触开心网的。(个案16)

> 那时候在央视实习,我身边的那些指导老师都在用开心网。我当时也是想通过这个方式跟他们加强联系的,我就是想上去看看别人的信息,所以注册了开心网。但是实习结束以后,跟这些工作人员联系也不多了,而且我发现我身边的同学和朋友还是用校内网的比较多,我就渐渐减少了开心网的使用频率,我最后一次更新状态应该是在半年前吧。而校内网我最多两天就更新一次状态,因为这段时间要期末考试,所以我有两三天没有更新状态。(个案28)

开心网与其他SNS的一个最大的不同特色就是娱乐和互动功能的开发实力。除了最常见的上传照片、写日志、上传视频和音频等早期博客或个

人主页的功能,开心网在增强用户之间互动性上也能推陈出新。例如转帖功能,只有开心网在转帖下方可以选择个人的评论观点,如果用户个人有不同的观点,也可以在转帖下方标明。这样一来,用户不仅能看到相关的事实信息,也可以看到对同一事件其他人的不同观点,以及该观点在普通用户中的分布情况,特别是自己的好友对该事件的看法。这种对信息的整理和意见的汇集正是开心网获得用户青睐的重要原因。

开心网主要是通过一些互动游戏来吸引用户的,比如一开始的游戏抢车位、做奴隶、养宠物之类的。但是,我觉得这个方式很难持久。很多人玩一段时间,新鲜感过了就不玩了。比如抢车位、钓鱼现在都没什么人玩了。我一开始也喜欢养动物、偷菜游戏,觉得挺好玩的。我平时都是8点上班,比一般人上班早,那时候网速也很快,所以,一上班就开始去别人的菜地看看,迅速把别人的菜全偷走。不过,我现在也没兴趣了,既不种菜,也不偷菜了。我发现这些游戏是有时效性的,老是靠开发新游戏缺乏持久性,我觉得开心网要聚拢人气。现在觉得有意思的主要是"转帖"。有些帖子很有意思,值得转发。还有就是看同学发的个人信息。我觉得它挺像一个记事本、便利贴,有些人忽然遇到什么事,有什么感受就随手写下来。比如上午遇到了什么事情,挺有意思,就写下来分享一下,让别人看看好玩不好玩。有些同学心情不好,也会在上面留一个,然后就会引起很多人回帖,挺有意思的。感觉大家就是把开心网当作信息交换和互动的工具。这个方式还是比较好的。(个案1)

开心网上的服务特性,使用户有了自己独特的使用方式。例如个案23就表示,使用新浪微博的时候从来不会专门去看某个好友的页面,但是会隔一段时间上开心网去踩踩关系密切的好友的空间,看看他们有什么新变化。因此,有些受访者表示,其实开心网比较类似于朋友家的客厅,可以偶尔上来坐坐。

三、新浪微博:名人的"零距离接触"与"异质"的信息分享

新浪微博是由新浪网推出的,能为大众提供微型博客服务类似 Twitter 的网站。新浪微博于 2009 年 8 月 14 日开始内测。用户可以通过网页、WAP(Wireless Application Protocol,无线应用协议)页面、手机短信或彩信发布

消息或上传图片。与 SNS 网站最大的不同在于，新浪微博的桌面是与智能手机相结合的，用户可以随时随地将自己看到的、听到的、想到的事情写成一句话，或发一张图片，通过电脑或者手机随时随地分享给朋友。新浪微博采用了与新浪博客一样的推广策略，即邀请明星和名人加入，并对他们进行实名认证，认证后的用户名其后会加上一个大写字母"V"，以示与普通用户的区别，同时也可避免冒充名人新浪微博的行为，但新浪微博功能和普通用户是相同的。目前，新浪微博的邀请重点转向了媒体工作者。

（我）现在在用微博，从 2009 年 10 月份注册微博，（我）算是一个重度使用者，估计一天要登 20 次，现在只要没事我就会登录微博看看别人说了些什么。它是资讯和信息的来源平台，一方面是自己在这方面找到了很稳定的信息来源，他们都在不停地更新我很感兴趣的信息。另一方面是有七八十个朋友在这上面，形成了比较稳定的交流圈子吧。就是在这上面找到了很多同学和朋友，然后大家也会在这个平台上进行交流。它不像校内网的状态，校内网的状态可能几天一更新，微博这个平台上大家记录的是自己的心情，自说自话的氛围多一些，这样你就能更准确地知道别人都在干什么，让我对这个平台很偏爱，而且我自己也是一个比较有表达欲的人，所以在这个平台上我的话很多。（个案 22）

微博分享的含义会比博客大，所以从发微博的那一刻，你的信息不仅是给自己留纪念，而且是给其他人看的，你会希望其他人看到并与你进行互动，虽然有个别的微博内容，你不一定希望别人能看得懂，但是你至少不介意与别人进行互动。所以它的这个属性更强一些。（个案 5）

与人人网、开心网一个最大的不同是，在新浪微博上添加好友不需要通过对方的验证，而且不用像前者那样必须使用实名，用户可以选择匿名的方式。这样一来，在新浪微博上的社交就更加自由和开放，用户不仅可以建构出异质性的社交网络，获取异质性的信息资源，也无须因实名限制而"谨言慎行"。

网上有很多一面之缘的人，比如师弟、师哥、师姐这类关系，你以前在学校可能听说过他的名字，你们就在校内网成为好友，然后互相踩过一两次，就知道彼此了，但是你不会去要对方的电话号码，而且在生活中你们是没有交集的。在微博这个平台上就不一样了，就是很多完全不认识的人，你并不知道他是哪来的。可能只是因为说了一句你比较感兴趣的话题，而你也发表了意见，所以就觉得可以和他们聊天，可以互相探讨一些问题，在这个平台上，有一部分人是你完全不认识的，在现实生活中，也没有任何联系的人，只是因为兴趣相投，所以你们才连接到了一起。（个案22）

当然，也正是因为新浪微博的开放性，使得互动双方的关系维护变得不是那么重要。正如个案30所言，"在微博上你不是一个人。人与人之间的联系完全是基于信息"。而个案21则明确指出，在开心网和人人网上或许是以"关系为王"，但是，在新浪微博上还是以"内容为王"。

> 开心网、人人网，其形式基本上都是趋于封闭的，微博是开放的，如果对我的微博内容感兴趣，你可以不经过我的允许，就能关注我。反之，如果对我的微博内容不感兴趣，你可以选择不再关注我，不需要经过我的允许。但是，开心网就需要经过许可，你才能加他人为好友，QQ也是。我认为，新浪微博是开放的。可能也有一部分人上微博就是为了找明星，但这个不是最主要的，我个人感觉最主要的还是为了浏览信息。在浏览信息的过程中，形成的一些新的关系，也可能会强化一些老的关系，但这些也不是最重要的，最重要的还在于要了解这个信息，如果他是一个我不认识的人，而且他的微博也没有更多有价值的信息，我就不会关注他了，所以在这里内容比关系更重要。（个案21）

因此，正如个案2所言，即使在新浪微博上可以和一些层次更高的人建立联系，但是双方的地位仍然是不平等的，相较人人网和开心网，在新浪微博上更难找到真正的朋友的感觉。

> 新浪微博可能有点像新闻平台，就是满足你对社会上或你圈子里的人的求知欲望。我发现新浪微博是一种围观效应，新浪微博上不是业界的名人就是社会上的名人。即便你可以加对方为好友，但你在新浪微博上的层级是比这些人低的。（个案2）

本章分析了个体现实生活中的社会资本对其接受、参与和使用 SNS 的影响。

首先，SNS 在中国普及的过程中，"意见领袖"发挥着最为关键的作用，几乎所有的受访者都表示自己是受朋友的影响而注册成为开心网、校内网或新浪微博的用户的。"病毒式"营销传播在成就了开心网之后，也成为互联网创新产品推广的后继的法宝。在 Web 2.0 时代，ICT 产品的开发者已经越来越清楚地认识产品使用者自身的社会关系网络对产品的推广所具有的价值。除了"意见领袖"，SNS 使用者所处的社群也在 SNS 扩散的过程中发挥着重要的作用，社群的影响也最终影响用户对 SNS 的依赖度。

从技术层面看，人人网、开心网和新浪微博的差异并不是特别大，但是，不同用户对不同服务平台的评价差异却很大，事实上，使用者对不同服务平台的评价大多都不是基于技术本身，而是基于其平台上互动对象的行为。不过，也正是因为中国同时有开心网、人人网和新浪微博服务，而不是 Facebook 一统天下，所以，可以更为清晰地看到，使用者在现实生活中的社交网络对他们的 SNS 采纳和使用行为具有影响。使用者之所以会依赖某一个服务平台，主要是因为该服务平台维系着特定的交往群体。一旦交往对象改变，用户选择的服务平台也随之改变。本章从用户的体验出发，分析了中国最热门的三大 SNS 平台——人人网、开心网和新浪微博，在社会资本创造上各自的优势和劣势。

第六章　SNS 使用对青少年社会资本累积的影响

本章从社会资本的理论框架出发将访谈资料进行了分类：社会资本提升和社会资本"零增长"。一方面，从社会资本提升者的资料中分析 SNS 使用行为是以何种方式提升用户的"社会资本"；另一方面，则从社会资本"零增长"的访谈资料中分析哪些因素阻碍了这些用户的"社会资本"提升。

为了保持个案内部结构的完整性，真实、全面地展示 SNS 在个体社会资本累积上所发挥的作用，同时也是为探寻用户创造性地使用 SNS 的动力来源和发展过程，笔者在分析 SNS 使用与社会资本提升的方式和原因时采取了个案取向分析法。笔者选取了 5 个典型个案，从他们最早的互联网使用经验到如今成为 SNS 深度用户的历程展开分析，特别是 SNS 对个体社会资本创造的价值。

第一节　SNS 使用与青少年社会资本的提升

一、"孤独感"的降低与关键词"朋友"的情感支持

无疑地，当代网络科技与移动科技的发展，确实为个体提供了在日常生活中摆脱孤独的各种可能性工具。身处 21 世纪的人类，可以轻易地使用手机和各种网络通信软件，跨越空间的距离，即时联系熟悉的亲友；在感到寂寞时，也可以随时登录虚拟网络聊天室或网络游戏空间，经由虚拟的互动，填补烦闷的情绪。但是，选择不与人联系的行为是一种什么样的状态呢？随着中国从工业社会走向后工业社会，人与人之间的联系越来越密切和频繁，除了必要的社会活动，其他时间"憋在屋子里不出去社会交往"的宅男宅女也越来越多，这些"宅男宅女"是不是真的没有人际交往的内在需求？个案 6 的微博使用行为恰好展示了一个"宅男"使用 SNS 的方式。

个案6出生于山东农村，高中毕业后考上了山东一所普通大学，大学毕业后参加了两次硕士生入学考试，最终考取北京一所国内顶尖大学的硕士研究生。在北京读研期间，他就在一家知名互联网公司实习并顺利就业。但是，这份令人艳羡的工作并未使他满足和停步，他内心有着一个更大的梦想——赴美留学，接受国际上最好的专业训练，成为一名优秀的财经记者。

为了能专心学习，考取满意的GRE成绩，个案6瞒着父母和大多数朋友，辞掉了从事5年的工作，开始了"宅男"生活中。在这段近4个月的"宅男"生活中，互联网，特别是新浪微博成为他与外界联系的唯一渠道。

> 我在准备GRE这段时间，除了背单词、做题，主要就是泡在微博上，看看关注的内容：每天起床第一件事就是打开电脑，看看有没有评论，有没有转发，有没有更新什么的。

个案6认为，"孤独"和"焦虑"是他使用新浪微博的首要动机：

> 因为我一直是在家复习GRE，所以我很少出门，与人交流的时间也很少，如果有什么牢骚、感触，或者是有什么特别想告诉别人的事，但又不适合打电话告诉朋友我今天做了什么事。我不会因为今天在谁家吃了一顿饭而打一个电话告诉我的朋友。但是，我可能会在微博上写一句，今天去双井了，或者今天看一个小孩怎么着了……我觉得微博就是一个弥补，或者是说，正是因为现实生活中缺乏交流，与人沟通，所以才使我把所有的精力都放在微博上了，把所有的与人交流的这种欲望都通过微博发泄出来了。
>
> （每天早上一起来就打开微博）是一种焦虑吧，没有人与我交流。理智上知道我可以马上回归社会，一点没有问题，但是，在感情上，我心理上却一直有种焦虑的感情存在。我的室友每天下班回来后就去打游戏，我们基本上没有什么交流，因为他知道我在学英语，所以他不会打扰我。基本上我是以隐士的状态在学习，所以每天早上起来最渴望的就是能够与一个人对上话，不管是口头的或者其他什么形式，比如说，昨天晚上我临睡前发了微博，看看有没有人给我评论。此外，我还会关注一下，我所关注的人今天有什么好玩的事之类的。
>
> 假如，我今天背单词背得比较烦了，我会发一条微博，而我并不想让我的大学同学看见，我只需要一个陌生的网友回帖跟我说："是

啊，我也背得很烦！"这就够了。

在个案6看来，自己孤独和苦闷的时候，能感受到远方另一个陌生的"同类"也有着同样的情绪，这样就够了。可见，对于卡内基梅隆大学的Robert Kraut教授的研究团队在1998年的研究结论，"因为网络沟通者之间不能进行现实接触，所以这种网络空间纽带并不能解决孤独和压抑"是值得商榷的。

个案6辞职前就有一个新浪微博账号，但是上面都是认识的同事，包括自己的上司。当他发现所有的同事都开始关注他的新浪微博以后，过了两三个月，他新注册了另一个账号。个案6当"宅男"期间用的新浪微博账号正是这个新注册的账号。

> 我现在关注的大学同学真的比较少，新浪微博与QQ的功能是完全不一样的。QQ或者MSN上我所有的好友都是分门别类的，如大学同学、高中同学，还有同事，基本上所有的好友只有一小部分是在如出差时认识的世界同仁，还有一些工作中有过合作的媒体之类的联系人，除此以外，纯粹的网友比例是很少的。所以说QQ和MSN上的人80%以上都是认识的人，但是微博上我认识的人很少。就是我线下的朋友，比如说，我大学同学、研究生同学好像都没有。
>
> 新浪微博每个人都有10个关键词，我新注册的微博上的好友有一些是根据关键词加的，包括GRE这个关键词。现在使用的不管是QQ，还是新浪微博感觉比较理性。需要说明的是，我关注这个人，首先要有共同的关键词、共同的兴趣。比如说，我关注网球，如果我看到一个人，同时关注网球和GRE，那么我关注他的可能性有90%。也就是我关注陌生人的前提是有共同的兴趣爱好。这样大家才可能聊到一块。如果有陌生人关注我，但我并不知道他的兴趣，这样的人我不会关注，即便他关注了我，我也不会去关注他。
>
> 我现在关注的人有一半以上是一些知名的媒体人、网球方面的专家，还有新东方留学的老师，再就是少数几个认识的朋友。

个案6拉开与现实生活中身边真实朋友的心理距离，通过"关键词"认识新的朋友，这正印证了前文对现代社会人际交往活动转变的描述："从某种程度上讲，互联网代表了一种具有潜能的技术，它将自愿的社会联系推向了新的从未梦想到的高度——人们可根据任何一种共同的兴趣在全球范围内选择与人交往,从禅宗到埃塞俄比亚烹饪,不再受所处的地理位置所限。"经济成长与技术的发展加速了传统与义务受到破坏的情势,剧烈地改变偏好仰赖与近邻进行社会互动的相对成本效益。当"近邻"无法满足个体的生活和情感需要时,他们自然就会转而把目光放在"远方的特定个人"上。

新浪微博的使用不仅帮助个案 6 建立了大量"弱社会连带",还为他的社交网络嵌入了很多异质性的社会资源,例如他之前不容易接触到的 G 友。其实,早在个案 6 考研时,他就开始有意识地利用互联网上的各种考研论坛搜集资料,以及认识同专业的研友来获取各种信息。在 GRE 的备考过程中,互联网,特别是微博的使用再次发挥了作用。

> 比如说考 GRE,我上新东方那个班有一百五六十个人,能够认识的也就是坐在自己座位旁边的两三个人。但是,一旦有人建立了一个班级群,如果我加入这个群,并在这个群里发言,这样我会认识坐得离我很远的、且见面后我不会跟他打招呼的同学。通过这个群与他交流,给他一些资料,或者跟他讨论一些问题什么的。经过网上交流以后,在线下我再见到他时可能会跟他就像见过面的那样交流,这种情况很多。
>
> 有一些考 GRE 的朋友虽然没见过面,但是我们都知道彼此考 GRE 的时间。我们就是通过微博认识的。我们相互间也会发一些信息鼓励对方。因为微博一方面是一些实时消息的发布,另一方面是个人发布的生活琐碎的内容。比如说,背 GRE 的时候感觉有情绪上的波动,我会发一些牢骚。当网友看到我的牢骚时,他会对我的牢骚进行评论,然后我会回复他的评论,这样来往好多次。再就是对网球的一些关注,我的这几个好友好像也是考 GRE 的。我主要关注的是一些比赛,比如有个网友转发一些关于网球比赛的消息,然后我会评论,他也会回复我的评论。

在 GRE 备考过程中,作为宅男的个案 6 获取备考信息和情感支持几乎都是通过互联网,特别是微博。这样的经历也再次反驳了 2003 年普特南在英国的 Leverhulme 剑桥讲座中提出的论点——互联网不但无法打造社会资本,而且也被证实最终只是一种黏着性社会资本,让人们只与在极细微、狭窄的想象意义上,和有共同兴趣的人们(不只是与其他喜好追风车系的车主,而且更是只与喜好 1959 年出产的追风车系的车主)相互认识与联结(Halpern,2008)。

此外，个案 6 还通过各种分享行为来促进自我与他人的沟通和理解。

> 我还有比较强的一面，就是展示。比如我现在正在看一本书，我想让人知道我心里一时的感触，但是，这种感触如果说出来，在日常生活中会显得比较肉麻。怎么说呢？我不会跟某某去说我看了一句歌词特别感动之类的话，但我会在微博上发帖，如果我的朋友或者是网友们确实也有同感的话，他们会有回复，即使没有同感，我觉得起码也会把我的这种感触抒发出来。
>
> 我的另一个兴趣，就是将书中的一些哲理、名言用键盘把它敲出来，我觉得现在网上发布的内容，手工敲的比较少吧。……当我读到一句特别有感触的话时，我希望我的这种感触能够让其他人也知道，或者让其他人也有所感触，这是我比较自豪的一件事情。

人们通常认为，"宅男"都是"内向，不善于表达或不愿意表达自我"的，但是个案 6 却认为在新浪微博上"把自己对生活的感悟表达出来"是一件很重要的事情。可见，个案 6 对 SNS 使用行为并不同于一般"空虚者"——打发时间式，个案 6 的使用行为还包含一种自我价值传播的动机。这种价值传播行为在本书中研究的其他受访者身上很少发生，大多数的转帖者都表示自己非常喜欢与人分享信息。本书中研究的访谈资料同样也显示，他们的转帖行为大多是随手将自己接收到的信息转发出去，只有极个别人才会有这种"有意识""创造性"地主动传播行为。Nahapiet 和 Ghoshal (1998) 强调："网络内的成员对于其所讨论的事物、看法与解释越一致，将越有助于问题的讨论、沟通、协助及知识分享，进而产生较高的社会资本。"个案 6 的这种分享行为实际上在自我暴露的同时，也隐含着一种"寻找知己"的潜在欲求。据此可知，个案 6 的分享行为在促进自我与他人沟通和理解的基础上，蕴藏了提升其个人社会资本的潜在可能。

因此，个案 6 新浪微博的使用经验正好印证了 Katelyn McKenna 和 John Bargh 的研究结论：在某些情境下，互联网正使很多人拥有越来越多的社会联结。而且互联网可以帮助使用者降低疏离感和孤独感，扩大了他们的社会交往圈，从而减少了抑郁症，这显然对社会资本的提高有极大的影响 (Katelyn, et al., 2004)。

不过，个案 6 也认为现实生活中的朋友仍然是微博上的关键词朋友所不可取代的：

特别难过的时候，我会找现实生活中的朋友去聊天，或者是去吃饭来发泄这种压力。发泄压力网上肯定是解决不了的，所以我必须要找我认为是百分之百信任的人去跟他聊天。

二、不同社交平台的"自我呈现"与关系理性的"精致化"

从功能上看，尽管校内网、开心网和新浪微博差异并不大，但是笔者却发现，不少受访者都表示自己在同时使用两个，甚至三个社交平台。不过，有些受访者表示，尽管同时拥有多个账号，但是自己还是更偏向使用一个社交平台。其中也有像个案 2 一样非常活跃的同时使用三个社交平台的用户，那么个案 2 是如何使用这些工具与自己的社交网络沟通的呢？为什么她需要选择这样一种方式使用 SNS 呢？

我在新浪微博、开心网和人人网这三个网站上所表现的状态，是根据我日常生活中接触的三个不同的圈子而有所选择的。当然，我觉得我用这三个网站的目的既不是增强我的人际联系，也不是了解什么新闻，只是以娱乐为目的去用它。但是，我发现在以娱乐为目的使用这三个网站的时候，其实我是以从高到低以及社会等级结构的方式，并采用不同的人格来展现自己的。

我在新浪微博上加的一些人，属于学界、业界的，都是通过学术会议、学术连带关系认识的。开心网上的，是在大学期间认识的、交往比较深的朋友。而人人网上的，是在工作关系中认识的朋友，但是现在已经没有工作上的合作了，或者是社会上认识的朋友。这些人大致知道你是谁，也知道你是干嘛的，但是基本上是跟你没有利益竞争的人。

可见，个案 2 在 SNS 使用过程中，已经非常理性地将各种社会关系进行了分类，并分别通过三种不同的社交应用平台进行网络的资源维护。

社会心理学研究表明：社会关系是一张网，而个人是网中的节点，每一个节点就是一个角色。一个人在社会中从事的职业、活动愈广，发生的社会关系愈多，其社会身份、地位也愈多。个人角色的复杂性充分表明，现实生活中的人的确是一切社会关系的总和，每个人都是由社会关系决定的各种身份位置的综合体。角色规范与个体在一定社会关系中所处的位置紧密相关，并成为调节行为的重要控制器（俞国良，2006）。个案 2 之所以采用这样一种罕见的 SNS 使用方式与其家庭背景和成长经历是分不开的。

个案 2 出生在北京，父母在北京都有较好的人脉资源。正如林南（2005）所言："那些在结构中初始位置相对较高的人们，显然拥有更多的优势。初始位置或许是继承父母亲，或是由个人的成就所取得。一旦初始位置定位，位置的特定占有者便依循规范性的互动模式将本身与其他类似或较高的位置联结起来。初始位置越高，其占有者便更有可能取得更高价值的资源。"个案 2 从小就读名校，在国内某知名大学读完本科以后，又非常顺利地申请到了英国名校的硕士学位。回国以后，个案 2 先后在国内几家知名媒体公司工作，因为喜欢读书，最后个案 2 再次回到学校攻读博士学位。这就是个案 2 从她的原生家庭和教育经历中获取的比一般同龄人更多的社会资源的机会和社交的技能。

> 我觉得那会儿整个中学期间，起码在北京，电脑和互联网已经比较普及了。小时候使用电脑的经历，其实一开始是玩游戏，而且那会儿网络游戏还没有普及，正好是台湾的一款游戏——《仙剑奇侠传》在大陆特别风行，我觉得那个年代，玩 RPG 游戏其实是人际沟通的一种方式，在课间与同学之间的所有话题都是围绕电脑游戏展开的。其实我真没觉得这个游戏本身有什么特别好玩的。但是，为了建立一种人际关系，对这个游戏的各种细节、怎么闯关、如何修改程序好像我都比较熟悉。也就是说，对于电脑我最初记忆，就是通过游戏，进行的一种人际互动模式。

由此可见，个案 2 在中学时期就已经认识到对互联网新技术（应用）的采纳是她建立和维持人际关系的一种有效方式。

> 我觉得整个本科期间我跟电脑的接触，基本上就是处于一种娱乐的状态。我跟电脑的接触，和正经的事、学习相关的事，是我大四时要申请出国留学的时候。我记得那会儿应该是第一次用互联网申请出国留学。当时整个大三、大四我都在关注英国各个大学的网站。对他们有些网站上发布的一些关于申请出国留学的参考资料进行下载对比。
> 那会儿很多同学也在申请出国留学，但有些人可能英语不是特别好。于是他们通过中介去申请，反正我对中介的工作态度是比较纠结的——他们写的申请材料比较差。因此，只能申请到国外一些二流的大学。在互联网上通过对各个高校的模式的研究，我完全是靠自己申

请到比较一流的大学的。这也是我使用互联网的功能从娱乐向学术工作的一个转变。

由于我发现在网上，某电视台的 A 栏目非常火。因此，（硕士）毕业之后，我的第一个工作单位就是这个电视台的 A 栏目组。

从个案 2 申请出国和求职的经历看，拥有优势"亲属连带"社会资本的她，也同样善于利用互联网创造新的社会资本。而在这个电视台工作的经历让个案 2 更深刻地意识到互联网的强大力量。

我觉得中国的任何一种商业媒介想要创造影响力，必须先从创造网络影响力开始。你要按照以前的营销模式，也就是说，不管你去造多大的声势，如果没有网络新闻门户网站头条新闻的支持，是肯定不能创造网络影响力的。这是我工作期间的一个感触。

与此同时，SNS 的普及让个案 2 渐渐认识到这并不只是一种娱乐工具，也不仅是一个信息分享平台，它还具有社交的功能。

我觉得网络可分成两种，一种是能满足你个体需求的互联网信息平台。还有一种就是人际关系的互动，我觉得这种互联网对我的人际关系的互动，主要是在社交类网站普及以后的一种行为。比如说，我们的社交圈原来可能认识很多人，但是，保持长期联络的人是非常少的。我觉得像开心网、人人网，包括新浪微博的普及，让我跟一些原来不太熟悉的朋友，能够保持一些比较长时间的交流。

正如前文已经说明的，个案 2 在 SNS 使用过程中将其按照关系的亲疏、社会地位等级这两个维度进行了非常理性的安排。那么，个案 2 如此安排是基于怎样的考虑呢？

不是流行过一句话——在互联网上你是跟陌生人说心里话。我觉得能说心里话的人，肯定是那种有一定了解的，又不是太深入了解的，关键是互相之间的利益还不要有重叠、不要有伤害的那种。

开心网、新浪微博我都只是转帖不发帖，就是说，我可以转很多的帖子，但是我不在上面说一句话。因为那上面都是我认识的人，在网上通常我只会跟不认识的人，或者是没有什么核心利益竞争的人表露心迹。

有时候关于我的一些心绪、情绪，哪怕签名档更新一条内容，我一般会发在人人网上。比如说，我遇到什么特别高兴的事，或者是特别愤慨的事，我都会在人人网上记录一些自己的心情，而绝对不会在开心网上记录。因为人人网上大多数是一些我不太熟悉的人，或者可以说是一些跟我没有核心利益关系的人。而在开心网上，一般来说，看到什么好玩的心理测试我会不断去做，有什么好玩的转帖我会去转。但是迄今为止，我只在开心网上更新了三到四条，都是一些特别无聊的话，比如"祝大家春节快乐""祝大家新年好"之类的。

戈夫曼认为："生活是一个有演员和观众的舞台。人们是以对其他人的感受进行某种控制的方式来'表现自我''限定环境'的。"（Alexandria，2000）"表演者还需要认真地选择观众，无论是他们希望做出的表演，还是他们不希望做出、但又不得不做出的表演，他的兴趣总在于控制他人的行为，尤其是他们应对他的方式。"这个理论认为，以一种既定的方式表达自己，其目的是给他人造成某种印象，使他们做出预期获得的特定回应。当个体在他人面前呈现自己时，他的表演总是倾向于迎合并体现在那些在社会中被正式承认的价值（Goffman，1988）。

个案2正是基于SNS平台上"观众"的不同类别来选择不同的"表演内容"和"表演方式"，如图6-1所示：

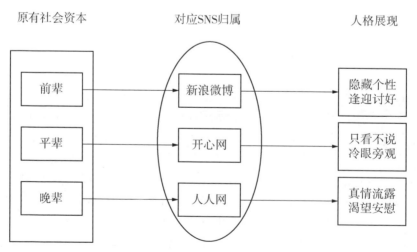

图6-1　SNS使用与关系理性的精致化

我上微博的习惯是连转二三十个帖子,如冷笑话、和谐娱乐、宠物照片等。比如我看到宠物网上更新了十个帖子,我一定把这十个有关猫猫狗狗的帖子都转了。在我认识的或者曾经比我优秀的人的面前,我只希望转这些猫猫狗狗的帖子,因为我觉得在这些人面前我只能去转一些笑话、图片和猫猫狗狗。但是,我在开心网上保持的人际互动与生活上保持的人际互动是完全一样的,比如有谁生了孩子,然后发个图片,我一定会说这小孩真可爱。有谁照了结婚照,我会挑两张最好的,然后评论这张照得特别好。可以说,我在开心网上说的话跟我在日常生活中说的是完全没有区别的。

在微博上基本是装傻充愣型,我只是转那些搞笑图片或者搞笑帖子。而在人人网上会更多地展现自己,比如在更新的状态上会展现自己比较真实的一些东西,在日志上我会摘录一些平常我工作、生活中觉得比较重要的文章。其实,这些文章本身的目的并不是说要为某个特定的同事去服务,我只是觉得有关业界信息的这类文章我一定会把它发在日志里。当你回过头去看时,总会发现一两篇可能对你工作、学习有用的文章。

我觉得这三种媒体的使用状态反映了我在面对三种不同人群的状态。对于那些比我优秀的人会隐藏得比较多,因为我在新浪微博上只转搞笑图片,在开心网上会保持与生活同步的人际互动,在生活中是怎样的,在开心网上也就怎么表演。但在人人网上,由于真正认识我的人比较少,因此我在那上面才会更真实地表露自己的感情。

随着网络社交平台的发展,受众/阅听者从过去被动地接收信息,转变为信息的生产者、传播学者,因此提出"扩散阅听者"概念(Abercrombie and Longhurst, 1998),预言网民除了是消费者,也是表演者。个案2正是根据需要、动机和目的表达自己,并给他人造成某种印象,使他人做出其预期获得的特定回应。

笔者:这样多重的角色对你来讲有什么意义?

个案2:我觉得可能是增强一种连带,首先它是增强我对这三个不同圈子人的连带。如果我没有在新浪微博上注册,可能不会有机会看到某某老师,或者某某知名学者,他们会转哪个帖子,他们日常生活中都在关注些什么。在开心网上,我会每天期待看到日常生活中自己熟识的那些朋友,他们觉得哪些东西比较好玩,是保持一种日常工作的状态。而在人人网上的那个感觉，其实就是找一个人帮你分享你的情绪，就是你讲一个笑话有人听的这种状态。我觉得新浪微博可能有点像新闻平台，就是满足你对社会上你这个圈子里面人的求知欲望。开心网就是类似生活中的一个人际交往平台，比如有些朋友大家打个电话互相问一下都在干什么。人人网则是一种情绪的宣泄，因为人的情绪总得找一个地方宣泄，但是，你又不能找一个跟你有什么利益连带的人宣泄。我觉得是根据不同社会心理等级的诉求，选择在不同网站上的行为模式。

其实我觉得我是根据不同的角色关系结构来塑造自我的。因为我发现像新浪微博，它就是一种围观效应，上面不是业界的名人就是社会上的名人。即便你可以加对方为好友，但是你在上面的层级是比这些人低的。由于开心网比人人网开放的时间要早，那时在开心网注册的大部分都是人际圈子里认识的人。也许，人人网我注册的时间比较晚，我发现我认识的用户年纪都比我小。可能正好是这三个圈子的人在使用这三种不同的网站，所以我在这三种网站上才会有不同的情绪表述。我不是根据网络划分人际圈子，而是根据使用不同网络的人决定我自己的行为。

正如戈夫曼的"自我呈现论"所指出的："要求交往者事先有周密的计划，把握自我呈现的范围和策略，并在交往中按计划行事，期望在社会活动中通过适当操纵，保持良好的印象，如窘境的操纵、讨好的策略研究等，从而使其自我得到满意的呈现，符合对自我的定义。"（俞国良，2006）个案 2 对自己在不同网站上的行为模式的解读也印证了上述理论。同时也说明个案 2 非常重视 SNS 中"自我形象"的呈现，而她之所以这么重视，还是出于社交资源维护的目的。对于个案 2 来说，新浪微博是她向上触及"高层次社会资本"的一个途径，在这个网络中，她采取的是一种讨好的策略，正如她常用一些有趣的帖文来吸引这些前辈的注意，但她不发表任何观点以免与前辈们发生冲突；而在与自己日常生活中最接近的那个社交平台上，个案 2 非常刻意地避免暴露自己真实的情绪状态，通过转发大量各种类型的帖文来维持和这些朋友的联络，在发表对转发帖文的评论观点时，她也是常常没有特别思考就选择"第一个"（被最多人选的观点）；但是在人人网上，个案 2 所呈现的就是自己真实的状态，或者是其情感上的宣泄。

我在同龄朋友的圈子里可能会保持日常生活中的那个状态。在人人网上可能都是认识的，但关系又是不远不近的人。人总要找一个能说心里话的地方吧，但这个地方又不能找一个完全陌生的，因此，我选择在人人网上记录自己的心情会比较多一点。

人人网最开始叫校内网，基于一种校园互动的同学结构去加好友。我发现在人人网上，全都是我在念博士时认识的一些本科，或者是硕士一年级的小弟弟、小妹妹，一群跟我基本上完全不认识的人。也就是说，彼此打过照面，互相留过手机号的那种，或是校园里基本不熟悉的人，或者是原来工作上及通过亲缘关系认识的一些社会上的朋友。

我觉得互联网真的是人情绪的宣泄口。在生活中，当你遇到令你感到特别不高兴的事时，你肯定想要找人说，但在你的朋友圈子因为有利益关系，这些事情又不能往深里说。但是，你必须要宣泄一下，又不能在家摔东西，因此你也只能是在网上说一些，让人看得莫名其妙的话。

在戈夫曼之后，斯奈德把"自我呈现"这个概念扩展为"自我监控"。他认为："人们是通过自我监控来控制言语和非言语的自我呈现。高度自我监控者会管理和控制自我的语言和非言语行为，做出与情境一致的反应，能较好地进行自我呈现；相反，自我监控程度低的人，就不会随情境做出不同的反应，他们的态度与行为往往是一致的，因而也就不能很好地呈现自我。"（俞国良，2006）如此看来，个案2就属于"高度自我监控者"。她之所以有这样的意识和能力也是与她十多年的互联网使用经验以及在这个过程中，她对互联网的深刻认识相关。在过去的经验中她已经体会到互联网的强大"功力"，但这个"功力"也是"双刃"的。为了最大化"利益"，而避免"麻烦"，个案2采用了一种"精致化"的分层社交方式，以满足自己各方面的社交需求。

早前康波（A. W. Comb）和斯尼格（S. P. Snygg）等学者基于现实生活中人际互动行为的研究已经表明，人们的社交行为是分场合的。他们所提出的"场合交往论"就强调："交往者要认识自己所面对的交往情境，在这个认识的基础上，对他人施予的刺激做出应答性的反应，采取适当的交往行为。"（俞国良，2006）在SNS出现之前，个体是不可能通过诸如博客这样的网络沟通平台进行如此"理性"和"精致"的自我呈现的。SNS让个体不仅可以自主地选择交往对象，而且，可以积极地、主动地进行"分门别类"的自我呈现，它实际上又进一步调动了使用者的主观能动性——表演力（Performance），亨利·詹金斯将其定义为在网络空间根据具体的语境而进行不同表演的能力。个案 2 基于想象的受众的"监控"而采取的"表演"组织了其社交媒体活动，体现了当代年轻人打造令人满意的数字角色的新素养。

三、"边陲"行动者与"核心"行动者联结的建立及回报

　　教育本身在创造社会资本的过程中扮演着重要角色，这是早就达成的共识。而英国国家儿童发展研究（British National Child Development Study）的分析也指出，即使控制了其他变项，从社会信任与社群参与的角度来看，上大学乃与社会资本强烈的提升有关。教育与社会资本之间的关系包括以下几种常见解释，"长时间待在同一个机构内长大的年轻人，彼此间会建立起强大的联系以及培养出社交的技巧。年轻人积极地投入能让他们培养社交与合作技巧的经验，而教育环境以及课外活动、同侪活动、社群活动都能提供他们拥有这类经验的机会""教育提供人们心理技巧以预测自己行动的后果及发展较复杂的启蒙式自利观。受过良好教育的人都了解，人以建设性、相互信任的方式和他人建立、维持关系，是为了自身和社会的利益。一个相同的社会学解释是，大众教育逐步灌输能增进社会凝聚的共同规范，并建立一套有助于人们相互合作的共识"（Halpern，2008）。

　　不过，过去的研究大多没有预见到，在教育过程中，ICT 使用技能的提高也具有帮助个体提升社会资本的巨大潜能，特别是对那些"社会资本低度拥有者"。而个案 9 出生于农村，从一个"网盲"成长为"网络应用高手"的经历就展示了这种可能。

　　还是一名小学生的个案 9 就已开始被灌输"互联网妖魔论"。

　　　　1999 年以前（我）对网络毫无了解，当时只是大概知道有这么个东西，然后就知道了网吧，知道初中、高中有些人因上网耽误了学习……这些例子就被大家传播开了。当然我对于网络的印象肯定是充满了好奇的，而且又觉得挺恐怖的。

　　在高三时，梦想成为一名外交官的个案 9，开始瞒着老师和同学偷偷去校外的网吧上网。除了查找与学习方法相关的信息，大部分时间个案 9 都是登录与外交部以及各个大学有关的网站。那么，登录这些网站，对他的生活有什么意义呢？

第一，这是很有成就感的一个过程，因为这让你觉得一些很缥渺的东西触手可及，在一个很普通的农村中学的学生当中，能接触受到一些神一样的故事，就是神一样存在的。而且是真实存在的，很难想象，外交部里的人所做的东西竟然被你看到了，在传统媒介这是不可能发生的。那这样的话其实是一个很大的刺激，也就是世界触手可及，梦想就在脚下。

了解各方面的信息，就是知道它是怎么回事。这也是自我成就的一个过程，至少你知道，噢，就这样。因为里边也有很多励志的信息，这对自己很有帮助。

中国社会科学院新闻与传播研究所媒体传播和青少年发展研究中心于2003年组织了一次调查，以探讨青少年互联网的采用、使用及其影响（卜卫，刘晓红，2004）。该调查在7个城市开展，包括北京、上海、广州、成都、长沙、西宁和呼和浩特。在"互联网使用对青少年生活的影响"部分，统计表明，认为互联网对娱乐有很大影响的青少年用户比例最高，其次是交友。7个城市差异检验说明：呼和浩特、西宁、广州、成都的青少年用户认为互联网对其生活、学习、交友有很大影响的比例要高于北京和上海。从某种程度上，这个结果说明，相比经济和社会发展程度较高的地区，欠发达地区的青少年更依赖于互联网来联结世界。个案9高考填报志愿的经历再次印证了这一点。

笔者：使用互联网对你填志愿有帮助吗？
个案9：有包括对大学的一些了解，包括自己对这些问题的自我磨合，当时我对自己的定位还是比较明确的，这些都是通过网络和其他方式了解的，主要是网络。

读高中时，个案9的哥哥大学毕业刚参加工作，在中国，面临人生的重大抉择时，通常弟弟、妹妹会非常依赖成年的哥哥、姐姐，而个案9却选择自己去做决定。

因为他也不一定知道我真正需要什么。我的思维也跟一般人不太一样，就是大家都这么想时，我是那么想的，或者我不由自主地就那么想了。反正，我的想法别人是理解不了的。搜集信息，首选图书馆，再就是我们学校的图书馆，或者报纸、阅览室，但是，这些地方提供不了那么丰富的东西，而且一般都是关闭的，也不会为你开放，你要想获得更多的知识，就得去上网。所以说上网也算是一种运动，叩开世界之门，真的是这样的。一下子外面的世界对你来说就显得很清晰了。

在高三的时候我也算是一个"高考信息填报专家"，就是大概知道什么专业是怎么回事，那个学校的专业怎么个报法，对于这些，我还是比较了解的。因为经常去网吧，网络也算是帮了自己很多。

在人生的重大选择上，因为互联网的使用，个案9走出了漂亮的第一步。但是，由于中国经济社会发展的不平衡，特别是"数字鸿沟"的存在，个案9也渐渐地发现，跟城里的孩子比，自己还是一个"网盲"。

我当时（上网）接触的还是一些非常浅的东西。整个初中、高中时期，接触互联网是零散的、自发的、没有规律的信息索取的过程。就是找自己想看的信息，或者说漫无目的地在那里看，就没有别的。

2006年9月到北京上大学之后，一开始是在网吧做上课的PPT，包括给老师发邮件，也是第一次发邮件，第一次用QQ，QQ还申请了好几遍才申请上。第一次在网络上体验那种虚拟社会的感觉，第一次在网上发文章。高中的时候就听人家说他有QQ，或者在哪儿申请了QQ，而我是到了大学以后才对QQ有所了解的。

中国社会科学院的调查显示：2003年7个城市中，65.5%的青少年用户有电子邮箱。而个案9直到2006年才第一次拥有自己的电子邮箱，此时，他发现自己的一些同学在中学时就有了博客。

事实上，2003年的调查还显示，7个城市青少年平均上网比例为63.3%。7个城市中的家庭计算机拥有率，广州已经高达84.5%，北京为81.3%。关于上网地点的调查显示：在家上网的青少年用户比例最高，为78.6%；其次是亲戚朋友家，为67.2%；学校为50.3%；父母或他人办公室为42.7%。其中，青少年在家上网比例最高的城市是广州91.5%、北京90.0%和上海71.8%。3年过后（2006年），生在农村的个案9，还在和同村的6个同学商量，上大学以后几个人合买一台电脑。可是大学开学以后，他发现合买电脑是不现实的，其他同学都已经用上了笔记本电脑。在家人的"巨资"支持下，个案9终于拥有了自己的电脑，这事对他"刺激"很大，为此他心里"消化"了很久。

考上大学对个案9来说，是人生的一个重大转折，从互联网使用来看，更是如此。上大学以后，个案9第一次拥有自己的电脑，第一次接触到各种互联网"应用高手"。

>我觉得我大学本科这四年，算是一个好几十年的一个小浓缩，或者十年的一个浓缩。特别是有了（自己的）电脑以后，第一次广泛地去应用网络，体验各种各样的网站。反正我当时对网络应用还是挺热衷的，然后就不断地在那儿深入使用。
>
>刚上大学的时候，我们班的同学就经常聊QQ，还有各种各样的网络应用。但是他们在网上所讨论的内容，让我觉得自己落后太多了。然后关于网盲这个事情，像我打字各方面应该还可以，对电脑了解的还是挺多的，但是对互联网知之甚少，只知道简单的一些应用。比如说有的同学，他们都有一些很固定的网络使用习惯，在暑假的时候他们就加了那些新生的朋友群，而我都不知道。他们经常会在QQ群里聊一些事情，或是一些他们在高中上网就已经了解到的一些信息。
>
>当时压力挺大的，就觉得自己落后太多了，起点比别人低了这么多。那以后该怎么办？最后想，等有了电脑之后再奋起直追。

"迫切地希望改变自己网盲这样一个处境、角色"成为个案9大学4年不断尝试各种网络应用的强大动力。

>有了QQ，我就加好友，当时一直到大二下学期，为了QQ上能有太阳，做了很多很多的事情。比如说，会强迫自己今天一定要上够两个小时——QQ在线两个小时，就积累一天。所以我一直在想，从无到有太阳可以建群。其实这种成长激励体系对QQ的发展真是挺有帮助的。当时真是有这样的一种冲动和想法，因为就像体验，就像玩，包括我这个人去研究新东西也是这样，当这个东西我不是特别了解时，我就一定把它研究到底，争取成为专家型的那种人。
>
>（开通博客）是因为当时大学的老师给我们讲数字新闻业务基础，老师当时问，在座的各位有多少人有博客？当时我觉得有博客的人很牛，于是我也注册了一个博客，是在中国博客网上注册的。

因此，在个案9从"网盲"蜕变为"网络应用高手"的过程中，大学的学校教育以及大学期间同学之间的交流在其中扮演了重要角色。正是这些人际关系资源使他得以了解最新的各种网络应用。而采纳这些应用方式又帮助个案9和身边这些朋友进行更深入的互动和交流，避免自己因为原有的互联网使用技能过低而被孤立。

在应用网络的过程中，实际上是你与大家一个很重要的互动过程。比如说，我要获取信息，只要浏览网页就够了，为什么还要涉及一些其他应用呢？这是因为别人都在用它，所以我也想用它。因为别人在用，很多人都在用。如果不用的话，我就会被自动隔离了。对吧？

如校内网、微博，你可以时不时地发一两条信息或评论什么的。通过这种方式，别人就会知道你在干嘛，你也会知道别人在干嘛。这个过程能让你明白，或者说更能清楚地认定自己在这种社会关系的基准点，知道自己站在这儿，知道周围的人都发生了什么，知道你周围的环境发生了怎样的变化，以此了解一下新鲜人、新鲜事。

个案9人生中发出的第一封电子邮件是向一门公共课的老师请教问题。那么，通过邮件请教老师和通常的面对面的请教老师有什么样的差异呢？

（等上课的时候当面请教）那个不及时。比如说，那节课是周三晚上，但对于想要请教的问题，并不是课后就能想到的，要想跟老师讨论，那只能等到下周三。现在周四了，我就可以直接发邮件把这个问题解决了。既可节约很多时间，也可促进关系。比如说，你网络上有这样的活动，当与老师见面的时候，我再跟他说起这件事时，我可以说，老师我给你发过邮件，你记得我吧。这也是一种关系。邮件在很多时候也是可以促进人与人之间的关系。

"偷菜"虽然也是一种时间上的耗费，但是有两点：一个确实是消遣时间，虽然是一个小插曲，但是可以放松身心。另一个其实也是一种关系的建立。就是你与QQ好友互动得很少，即便是真正的好友也不一定每天都会有互动。但是，你去偷他的菜，他看到偷菜的消息报告，就会想，这个人又来偷我的菜。然后这个人就会浮现在他的脑海里。这对你在真实的人际关系上肯定会有增进。因为他来偷你的菜了，或者我又去偷菜。这个还是一种真实关系的反映。

个案9表示，像校内网这样的社交网站的诞生对他们这一代人特别有意义。在此之前，基本上是一个班的同学之间了解比较多，偶尔听闻一些其他同学相关事情。但是有了校内网，基本上一个学院同一级的同学"绝大部分都会在好友列表里"。

> 你在一个年级里可能跟所有人都会交流，或者你跟别人有定期的交流，通过校内网就能知道同学们都在干什么。彼此互相关注，至少从这种关系的建立上来说，某一个人（同一级不同班的同学）你只能通过别人你才能知道他在干吗。至少你增进了一些了解。
>
> 你在网上把你自己的状态写出来，这是一种思考的过程，当把思考的过程表达出来以后，就进入了传播的环节——让别人知道，不管别人是否知道，不管别人是否会给你回馈、转发、评论、打电话、发短信给你……但是至少从个人来说的话，你是完成了一次从人内传播到人际传播的过程。这个过程就会伴随着理性和诉求，或者说交往诉求在里面吧。

在摆脱"网盲"身份以后，个案9开始渐渐不再满足于将互联网当作一个与身边的老师和同学的联络工具，他开始进一步发掘网络上的各种社交资源，例如通过老乡群，找到身在北京的同乡，通过一些专业论坛认识一些志同道合的朋友，通过微博认识一些业界、学界的领袖人物，这些行动同样给他带来了意想不到的收获。

> 其实微博对我来说有一个特别好的事情，就是"微博开发者大会"，我知道那个东西对我有用，我就特想去。就找别人（新浪的高层）的微博，然后发现正好有两个符合的对象。我给他们发了条微博表示想组团参加这个会，但是资金方面有点吃力，想以组团的形式去，询问能不能帮忙。结果也就两个小时曹国伟（新浪CEO）回复了。
>
> （××大学××专业同学想组团参与"微博开发者大会"，能否以团购的票价获得入场券？100元还是有些咬牙…@曹国伟 @刘新征 可否帮帮忙！
>
> 回复@曹国伟：我看行。@苗颖 安排一下。）
>
> 我们当时就觉得可好了。然后那条微博就被迅速地转发了，苗颖也迅速地帮我们办好了这事，最终每张票30元（普通票680元，学生票100元）。

个案9的幸运在于，他尝到了"虚拟社会资本的回报"。因此，他认为，自己使用各种 SNS 服务"首先是信息的获取，这是一个最基础的需求，其次是通过它人际关系得到了延展并得到了强化、巩固以及扩充和升华"。

研究社会资本的学者提出过一个地位效用的命题：初始位置越佳，行动者更有可能接近与运用较佳的社会资本。而拥有低度价值资源以及因此在社群中处于较低位置的行动者，则会遭遇更大的结构限制，以及稀少的创新机会（林南，2005）。也就是说，拥有较好初始位置的人更有可能建立和动员更优势的社会资本。但是，人们更关心的是下一个问题："是否存在某种机制，让初始地位较低的人们能够触及较佳的社会资本？"个案 9 的经历正说明，以 SNS 为代表的各种互联网应用方式正因具有帮助"边陲"行动者联结"核心"行动者的能力而成为提升"社会资本低度拥有者"社会资本的一种潜在机制。

四、"圈外"朋友的网络互动与架接性社会资本提升

随着 SNS 使用行为的普及，越来越多的人开始反思这种"圈子"文化可能带来的负面影响，其中之一就是同质化的互动带来的信息单一化、片面化问题。

> 我认为 SNS 上大家原创的内容比较少。大家都转来转去，你转的是小马转的，小马转的可能是小王转的，小王转的可能是我转的，所以大家看的是同一个内容，异质性的信息不是很多。我认为人人网、开心网会造成人的思维的局限性，我一直有一种担心，SNS 不像互联网的各种论坛的话题那么多元。比如说，人际圈特别小，特别是志同道合的，就会造成一种跳不出这个小圈子的感觉。（个案 7）

事实上，不管是在 SNS 空间，还是现实生活中，人们之间的社交互动行为大多都是同质性的，即拥有类似资源的行动者之间的交往行为。而异质性的互动则是指两个拥有不同资源的行动者之间的关系。林南（2005）认为："同质性的互动较为普遍，因为同质性的原则连接着行动者之间的情感、互动与类似资源的互惠关系。根据既有的情感与互动之间的假设关系推测异质性的互动并未促进共享的情感，或是情感并不会导致异质性的互动。"也就是说，日常生活和工作中一些情感性的友谊关系很难发展出异质性的社交资源。这也是为什么大多数人的社交行为都是同质化的。

而且作为互动的对象，异质性的互动需要成本，了解不同的资源控制

间的不对等，才能够同时产生并获得其他人进行交换的意愿。资源缺乏的互动对象必须担心连带成员的意愿或是取得资源的能力。而资源丰富的互动对象，则必须考虑从连带成员所得到的资源、是否对于他们业已丰厚的资源剧目具有意义。因此，相较于同质性关系而言，异质性关系在促进个体流动方面发挥的作用更大。异质性在获取资源方面更有优势。互联网的普及，大大降低了"异质性"互动的成本，同时各种推送技术也为各种"异质性"互动行为提供了潜在可能。尽管大多数人的 SNS 互动行为是圈定在同质性的圈子内，我们却不能忽视在 SNS 上开拓"异质性资源"的使用者的存在，本书中研究的个案 11 就是一个利用校内网创造"架接性社会资本"的典型。

个案 11 是国内知名美术院校雕塑专业的一名大学生，他的校内网好友已经达 997 名。据中介人介绍，个案 11 从小家境优越，其学习优异，而且思想非常独立，因为个人的爱好而执意选择学习雕塑这个不为常人所理解的专业，自此就过上了昼夜颠倒、"离群索居"的生活，上校内网也成为他生活中非常重要的一件事情。事实上，个案 11 属于很早就接触互联网，并利用互联网开展交际活动的网民。

> 我从初中开始使用互联网，我的目的很单纯，就是玩。记得那个时代，就是在我初中的时候就有网络游戏了，而我就是以此接触互联网的，这个是我们上一代的人说的，被妖魔化最严重的一个东西。互联网，实际上它就是一个虚拟社区，在一定程度上，它扩大了你的交际范畴。但是，说它非常有用，其实也不是，就是它没有可以立即兑换的那种功利性的价值，它是一个很间接的东西，而实际就是你可能在网上做的，跟你最后得到的这个东西可能是不挨边的事，但最终却是，因为这种间接性的联系让它成为能联系得上的事。

虽然个案 11 年纪不大，但是他已经从自己早期的互联网使用经验中，看似模糊实则却准确地理解了社会资本的互惠机制：社会资本不是一种即期的、功利性的、类似于正式的法律或商业契约的经济交换。但是，坚持通过互联网对社会资本进行投资"在将来的某个不确定的时候，如果有需要，就能得到的回报"（姜磊，2010）。也正是基于这样的理解，个案 11 在互联网的使用上，特别是在 SNS 使用上，他采取了异于普通网民的使用方式。

个案11：（跟其他同学相比，我的使用方式）不一样，最活跃的人会拥有好几个账号，就是说他会注册很多账号，这是真正玩这种东西的，接下来就是看他怎么玩了，像他这种分账号的，一种是因为他的好友太多而不够加（最多只能加999个人）。这种就是他们所谓的人气吧，希望更多的人认识他，然后以这种分享资源和卖弄自我的方式得到一种满足。

还有一种是根本就不加什么，就是说这个账号，他只加与自己有关系的朋友，也可能就是身边的人，它可能就只有三四十人，或少数人看过，他只是把它作为一种联系工具。

而像我们这种，SNS是我们生活的一部分，它不仅仅是工具。SNS我认为它既是一个交友平台，也是一个资源共享平台。就是说我们一开始用它，其实是因为它的功能类似于学校海报，而且身边逐渐开始有人使用它，学校里好多人也都在用这个，所以我也就跟着玩了。

笔者：你刚才提到SNS是一种资源共享平台，在SNS没发明之前，你们肯定也有一些其他的方式，比如说，通过老师、朋友或者图书馆这样一些渠道去获取这些资源，那你觉得SNS这种方式和传统方式有什么不一样呢？

个案11：就是你之前的获取方式其实是这么一圈人，网络是一种跳跃式的接触模式。在日常生活中，你可能就是某一个圈子里的人，圈子之外的人你接触到他的这种概率会非常低。但是，网络没有这种所谓的"圈"的概念，就是如果我们现在是一个圈的，除非你说你60岁了，我6岁，那我跟你实在谈不到一块去，这就涉及代沟问题了。在网络上分人群的话是按照一个年代来分的，实际上，就是同龄相差不会超过10～15年。

在个案11看来，SNS不仅仅是一种朋友联系的工具，而是一种生活方式，这种方式使个案11的生活突破了现实生活中"圈子"的局限。所以，个案11在校内网上的择友标准也不同于以"维持现实生活中社交关系"为动机的大多数网民。一般人是按照现实生活中关系的亲疏来决定是否将对方加入自己的社交空间，而个案11则有自己的一套标准：

一是对问题地看待的深度足够，二是对问题发掘的点有创新，三是更新信息的速度及时，基本上就是以上三点。

其实评论是非常重要的一部分，评论可以是一篇文章，也可以是一组图片中最有意思的一块，往往会有很多独到的见解。如果你只看图片而不看评论，就等于你没看，这两个完全是一对的，缺了哪个都不行。

SNS 使个案 11 对朋友的选择不再局限于"关系的亲疏"，而是价值观的吻合、见解的独到和信息提供的能力，这也使得个案 11 的网络互动行为朝"异质性"方向发展。"如果同质性行动是一种规范性与普遍性的互动，那异质性互动便代表着非规范性与非惯例的互动。"（林南，2005）那么，是什么驱使个案 11 的异质性行动呢？

> 如果说做一组作品需要立意，那么你就必须得找很多点来说明你要说什么事，这就是一个类似于技术工人的纯制作的一种劳动模式。本身你得是精神层面的，这一块你得有东西往外拿，你才需要做这个东西。那这些不同的点实际上它有一些是你熟悉的，还有一些是你不熟悉的。
>
> 比如说，前一阵分享的相对多一点的帖子，就是关于一些科学家提出的一些理论，是你们可能熟一点而我们不太熟的，现在好多的也是借鉴过来的，像现在摄影圈那种流拍模式，就是说一张卡，1G 的这种存储量，你可以随意拍，然后从中挑出大概 200 张作为一组，那有可能这就是一组很完整的艺术作品。但是，这个理论其实跟那个几百年前的科学家提出的猴子理论就很相似。让许多只猴子在打字机上随意打，如果时间足够长，这些猴子一定可以打出一篇跟哈姆雷特一模一样的剧本，就是说这种随机性和这种量造成的偶然，你也可以说这是一种规律上的必然。这个理论你说没意义吧也有意义，所以好多理论是可以演进一种新的思考模式的，这就属于跨学科了。
>
> 我们做这种具象的雕塑，可能需要做人、做动物，其中需要有解剖的这种实体，或者说是图样，只有在我们这个圈才能接触到那些实体，就是仿制的那种石膏翻铸成的。那种解剖图实际上也只能看到表层的东西，当然很多东西我们都接触不到，但学校又不安排我们去医院，现在也不能随便看那种尸体。但是，你在网上就很有意思，比如你拿一幅画，这一幅画我们看可能觉得完全没有任何问题，而这时候可能有一个医生过来会说哪个肌肉的位置不对，或者是某个骨节多了几厘米，在这一块他们就很专业了。那这时候你就会发现，确实这块我们可能掌握的没有人家那么清晰，那你跟他交流的话，对于这方面

的认知就会比你在这个圈里交流的高。因为（我们）这个圈子掌握的程度只需80%，而人家那个圈可能就要90%了。

可见，新的思考模式的启发以及跨学科专业知识的获取是个案11通过校内网去开发"异质性"社交资源的动机。个案11非常关注一些问题，例如"社会制度、科技发明、哲学上提出的一些假说，或者是这种道德悖论文化"这些信息的获取完全依靠"圈内朋友"是远远不够的。

正如林南所关心的："个人如何获得嵌入于关系中的资源以产生回报？"在校内网上，个案11是如何获取这些异质性的资源，也就是说他是如何结识这些"圈外朋友"的呢？

以校内网为例，就是你加一个好友，你可以看到你的好友的交友圈子，这样你就跟他的那个圈子有联系了。然后他的好友分享的东西，就会通过他传递到你这儿。分享多了，你可能就会发现这个人很有意思，然后你就直接加他为好友。朋友多了可能关注的点都不同，有的人倾向于这个方向，有的人倾向于那个方向，都挺有意思。

然后就是他的朋友又有一个交际圈子，就这么分散出去了。最后，实际可能就包括北京这一片院校，都能有点像这样的能说得上话的朋友吧，其实就是这么发展出来的，就是那种连锁传递的感觉，这种方式就是扩大交际范围。

在SNS空间里，个案11是如何跟这些圈内、圈外的朋友互动的呢？

这里基本是分为那么几种人的，第一种是相对乐天派的，其实每天的状态基本都是一直在恶搞，然后跟他们的互动其实也就是借着他们的风说话呗，反正现在这种娱乐文化就是一种潮流。跟这样的朋友进行互动，一般是这个人先提供一些信息和资源，然后再对这个人提出来的某些观点和看法进行纯打发时间的讨论，这样就已经是互动了。

第二种是资源分享达人型，他们每天分享给同学的资源量特别的大，而每次你都得翻好几页才能看到别人的，但实际这种大量的资源也非常有意思，有很多东西包括你关注的、感兴趣的，一天分享二三十个，可能有一半没用，但至少还有一半有用啊，这也比你自己找的要快，这种人在网络上一般人气也比较高。

第三种是类似于忧郁文人型的，这种就是喜欢展示自己生活中的悲剧，像这种你跟他互动就是表现同情呗。

还有是女性，资源条件好一点，长得漂亮一点，这种炫美、炫富型的，基本上就是作为养眼桌面来使用的。

那么，长时间（3年）以极大量的异质性互动的过程中，这些SNS空间上发展的"圈外朋友"又给个案11带来了什么样的回报呢？

对专业帮助特别大，就是说因为他会分享同专业的一些内容，比如像威尼斯的双年展，关于某个新出现的艺术家的作品及对他的作品的那种解读，这些在我们常关注的网站上，可能有时候面非常窄，其实内容也是很有意思的。在这个圈子，有些人关注了这些很有意思的内容，他们就会直接分享给我们。其实这些人和内容在国内网站上可能没有得到重视，那如果没有这个途径传播给我们，我们可能就完全不知道有这个人，甚至也不知道他那些东西的存在。

个案11所在学院同一级的同学基本上都在校内网上建立了联系，这样一些集体活动也得以在校内网上召集。

集体的活动有两种，一种与自己的专业有关，如前段时间有一个摄影活动，号召同学们自愿参加，这个活动不收取费用，只是召集同学去玩："你们是过来玩，我们就算是做作业，或者是做展览这种。"

再就是与利益有关系的活动，现在我们学校的学生的经济来源是办考前班，他们都是通过自己的朋友圈找，然后状态上它可能就像广告一样被（在校内网）发布出来了。

以前这类信息都是通过电话或者校园海报的方式发布，现在有了校内网这样的SNS服务，信息传播的速度和范围都是传统的方式无法比拟的。个案11就曾通过这样的方式，获得了一些兼职的机会。

此外，和"圈外朋友"的这种互动，也让个案11开始反思学校提供的专业教育中存在的问题。

第一个感觉就是学校提供的教育资源的力度有限，一些模式也非常不适用于教育，这是最直接的一个感受。因为它的那个信息量和在技术上实施的这种具体性完全就不行，它需要更新。

马克·格兰诺维特提出的"弱连带的强效应理论"已经证明:"强连带关系对人们的行动提供了信任的基础,但由于弱连带提供了人们取得自身所属的社会圈之外的信息管道,更可能扮演不同团体间的'桥',这种起桥梁作用的'弱连带'的存在可以增加其所在团体成员与外界互动的机会,从而使得资源与信息传播渠道多样化。"(罗家德,2005)个案11的这种SNS使用正是通过大量拓展"弱连接"关系认识"圈外朋友",从中获取异质性的信息资源,进而提升自己的架接性社会资本。

第二节 SNS使用与"社会资本的零增长"

在访谈过程中,也有一些每天花大量时间使用SNS的受访者表示,开心网、人人网和微博的使用并没有对自己的人际关系有所改善,他们大多认为SNS给自己带来的更多是负面影响。例如浪费时间和精力,甚至有受访者表示这些东西都是工业时代的废物。

笔者按照Nahapiet和Ghoahal(1998)提出的社会资本的三个内涵——结构面(structural dimension)、认知面(cognitive dimension)和关系面(relational dimension)来考察SNS用户的使用行为对其个人社会资本累积状况的影响。具体考察标准为:①社会资本的结构面。SNS用户的好友构成情况,该用户是否利用SNS构建了异质性社交网络,其构建的社交网络是否具有"向上触及性"?②社会资本的认知面。SNS使用行为是否帮助用户提升对社会规范的认知?③关系面。SNS使用行为是否帮助用户缩短了与其"弱连带关系"之间的心理距离?如果访谈个案在上述三个构面都没有提升,就被归类到"社会资本零增长"的群体。

本节需要讨论的是"社会资本零增长"群体是以怎样的方式使用SNS的?是什么因素阻碍了他们在SNS使用过程中累积社会资本?

一、安全感及"微薄信任"不足

信任是社会资本至关重要的组成元素,也是文明社会中能力的一个组成部分,它是政治参与、利用新技术的意愿的先决条件(Sztompka,2005)。卢曼(1979)则认为,信任是用来减少社会交往复杂性的机制。它之所以能达到此社会功能是因为它能超越现有的信息去概括出一些行为预期,从而用一种带保障性的安全感来弥补所需要的信息。

在普特南看来，参与和信任是相互依赖的："信任来自丰富的联合生活，同时有助于自发地产生新的交往并形成联合。"社会资本理论假定：一般来说，我们同其他人的联系越多，我们越信任他们，反过来也一样。我们对他人越坦诚，与他人交往就越容易，并越能持久的维持关系。不信任正好带来相反的结果——我们对开始与他人互动犹豫不决（因此可能丧失重要的机会），仔细检查我们的一举一动（因此保持时刻的"警惕"），并沿着安全的路线行动（避免任何革新）。能动性、积极精神和自由的总的水平因此降低了（Sztompka，2005）。

本书研究的访谈资料也显示，那些在 SNS 的使用过程中愿意大量"自我暴露"、结识异质性交往对象、与弱连带关系展开互动的用户通常都比较容易信任他人。而"社会资本零增长"的这一群体，则往往不相信陌生人。

> 在开心网上一般同事和朋友的朋友我都会加为好友，但是，对于陌生人我通常都不会加为好友。我觉得我的生活圈子已经很稳定了，所以不想再加生活圈子之外的新朋友。其实，这还是观念的问题，我骨子里还是一个比较内向的人，我不喜欢个人信息被陌生人看到，现在人肉搜索很厉害。但是，我潜意识里觉得朋友的朋友应该是不会有什么问题的。（个案1）

> QQ 开始兴起的时候，我们那个时候都很新奇，使用它的时候你会很放心地让陌生人加你为好友，我觉得那个时候和现在有一个变化，就是互联网不是很普及，基本上使用互联网的人不能说是精英，但最起码也是信得过，且受过良好教育的，所以那时候可以放心让陌生人加你。然后你会发现社会在变化，就是互联网越来越普及，而且你会看到互联网上现在是鱼龙混杂的，所以现在对互联网各种工具的使用要万分小心。我（QQ 号码）就被盗过两次，这使我对陌生人提防心加重。后来基本上，我就很小心，不会再去加陌生人。基本上我只把互联网作为熟人之间联系的工具，不会再把它变成交友的工具。（个案3）

> 我觉得对谁都应该有戒备心，但这种戒备心是分层的，还要看在处理什么事情上。不是说你和我关系很好，我就什么话都可以说。有的话也不能说，你说的话你得想想对不对？如果我什么都对他说，万

一他无意中把一些相关的信息给透露出去，怎么办？可能就会给你带来不必要的麻烦，或者给跟你相关的人造成麻烦。所以这个其实还是需要在日常的生活中慢慢和人相处，就是说，网络在这方面基本起不到作用；这个需要双方在现实生活中真正了解，你才能知道我对这个人该说什么、不该说什么，该做什么、不该做什么。（个案19）

"信任是使个体能适应复杂社会环境的一种简化策略，并因此从不断增加的机会中获益。"（Earle and Cvetkovich, 1995）但是，对于中国人的人际信任的研究表明："与日本、美国等国家相比，对他人的一般信任在中国比较缺乏，中国社会在一定程度上仍然保留着很强的家族意识以及对陌生人的不信任。主要表现在交往中，一方面交往不太频繁，另一方面交往的圈子限于有亲缘关系、地缘关系和业缘关系等较熟悉的对象群体。"（闵学勤，2004）本书研究发现，我国网民在 SNS 上的交往行为再次印证了上述观点，即使 SNS 技术可以帮助用户建立各种弱连带关系，但是，用户对陌生人的不信任使他们拒绝采取相关行动。

不过，在 SNS 与社会资本的议题上，信任已经不仅仅是指对 SNS 上交往对象的信任，还包括对互联网技术，特别是 SNS 技术的信任。

> 我觉得上网写东西，不如你自己写一本书，书写完以后是一个非常固定的模式，我写完一本书，我把这本书传承给下一代，它的模式不会改得那么离谱。但网络不一样，比如说，网络有这么一句话，就跟一百个人传耳语似的，到最后一个人，你绝对不知道第一个人跟你说的话是什么，网络就是这么一个效应，它传播的范围越大，往往面上的有些信息就越来越假、越来越虚伪，假设不是真的我就当作笑话听，所以我认为上网无外乎是一些无聊的人才去。它并不是一个新时代知识的载体，如果把一些信息放在上面，那后果就是这个信息被越传越歪。对于网上的一些信息我从来不信，包括网上的人、网上的事、网上的故事等等。（个案4）

> 我曾经在网上留了一个信息，后来有一个陌生人找到了我，我问他是怎么找到我的，他说是通过网络搜索，查我的名字和工作单位的信息找到了我的邮箱，然后联系我的。虽然也没有什么大事，但是我觉得这样很不好。互联网对个人信息的影响很大，比如说，有一次，我在网站上提交研究生的报考信息以后，我的手机就总是收到考研辅

导班的广告，我很生气，也很奇怪，他们是怎么知道我的手机号的，是谁泄露了我的信息？我觉得使用互联网最让人担心的就是个人信息的安全问题。所以，在开心网上我公开的信息也是有限的，主要是一些即便泄露出去，对我的生活也没什么影响的照片、帖子，对一些新闻事件的观点之类的内容。（个案1）

我不太愿意在互联网上聊天，因为我觉得在互联网上聊天缺少那种直观性的东西，而且容易带来误会。比如有时候在网上跟同学聊天，你可能没有用语气词，在对方看来你的回话很生硬，便引起一些误会。我觉得这是互联网给我的一个不好的体验，所以网络聊天工具我用得很少。举一个很小的例子，比如我写论文时，有一天写不下去了，然后我在开心网上用了一个"猪头"的符号，那实际是在嘲笑我自己。然后我开心网的一个好友突然跟我说，你是不是在说我是猪头啊。就是完全和他是没有关系的，他都会突然有这样一个误解，所以后来我在上网时就会注意一定要使信息明确，尽量避免含糊其词。（个案3）

这段时间的事情让人觉得微博是一个无奈的地方，在这里差点众口真的烁金了，一个人在现实中如何坦荡如何直白，在这里都可能被小人们的口水弄得一时间百口莫辩。懒得还以口水，事实才真正给力。这是最好的地方，也是最坏的地方。同时也告诉自己，要更加慎用手中的笔。（个案12）

对网络传播技术的不信任，特别是关于"个人隐私保护"以及"非面对面"交流过程中各种沟通障碍的担忧成为抑制用户"畅所欲言"的一个心理障碍。

同时，正经历着从传统社会向现代社会转型的中国，其原有的人际信任关系也经受着强烈的冲击。冲击之一在于关系网作用的变化。闵学勤（2004）认为："这一现象有两个可能的结果，一方面使人们对泛泛的关系网不敢认同与信任，另一方面使人们对核心关系网（铁哥们圈子）的依赖感增强。此外，人们还可能在关系网之外寻求新的信任保障。"新的信任保障更多地需要依靠制度来实现。

信任不是传统社会特有的、已过时的东西，而是正好相反，随着现代社会形式的发展，它的重要性增加了，变成目前现代性阶段真正不可缺少之物（Sztompka，2005）。前文已经指出，"我们正迈向一个由我们经济体中有效率的组织所驱动的世界,而经济体则愈趋仰赖一些所谓的'稀薄信任'(thin trust),即彼此较陌生的人们之间的信任"(Newton,1999)。因此,如果不能通过一些制度性保障来提升整个社会"微薄信任"的水平,那么不管 SNS 技术如何升级,中国用户都难以从中真正获益。

二、"消遣娱乐性"的内容消费

前文已经指出:媒体与社会资本关系的有关讨论,如今已愈来愈细致,不仅仅是考察民众接触媒体的时间,而是更多地考虑接触内容(Uslaner,Eric M,1999)。Rheingold(2002)发现,使用 ICT 进行信息获取或者交流时,往往能增强合作以及集体行动,这对社会资本的建构是有帮助的,但当人们使用其他服务如娱乐功能时,就可能增加人们脱离现实生活的危险。而胡奇(2002)的研究也证实了看电视与社会资本的关联依赖于收视的内容。电视节目的内容与社会资本的态度组成要素之间有着强有力的关系。虽然新闻节目与这些态度成正相关,但社会资本的某些面向却与花在电视上的时间、偏好娱乐性节目以及商业电视台呈负相关。

在 SNS 的使用过程中,不同的内容消费方式也影响着用户的社会资本累积状况。本研究发现,在使用过程中,尽管有些用户表示只是把 SNS 当作一个娱乐工具,但是他们在内容消费上却不仅仅是娱乐,他们关注时政信息,关心他人的评论,也发表自己对一些事件的观点。但是,有一群人,从他们的使用方式不难发现:SNS 完全是"消遣娱乐工具",如个案 4 就是一个典型代表。

> 个案 4:我觉得开心网像 BBS,就是有系统提醒,比如说,他玩游戏需要帮忙了,我给他帮个忙;他的转帖我看了觉得比较精彩,我也会转一下。
> 笔者:你刚才说看了别人的转帖你要转一下,那你转帖的时候是怎么想的呢,你是因为特别喜欢这个转帖的内容,还是因为别的原因?
> 个案 4:好多。比如说,比较好看的。
> 笔者:什么样的叫好看的?
> 个案 4:对我个人来说,帖子不要太长,我喜欢转一些让人看得懂的、不费脑子的那种,还有就是电影的介绍或影评,一些现在有关瘦身美容的,就这些内容。视频、搞笑视频、笑话,偶尔转点时事,但很少。

笔者：有关时事的内容看得比较少吗？

个案4：转帖的也比较少，你没觉得开心网上有关时事方面的内容很少吗？我觉得一般都是一些比较恶俗的内容。

笔者：什么叫恶俗的内容？

个案4：就是谁跟谁打架，这边怎么着，那边又多了一个第三者。真正的时事在开心网上还是能找到一些，但是关于国家有什么政策，国内外发生了哪些事，这些都没有。

事实上，不是开心网上的时事信息少，而是她的好友圈中关心时事的人比较少。但是，笔者在开心网上和个案4结为好友以后，常常向其转发各种时事类帖文，经过几天的观察，发现这类帖子往往都被个案4忽略，也从来不在上面发表观点，个案4热衷转发的帖子还是集中在情感类、美容类、娱乐类信息。同时，个案4也不关注其好友在转帖过程中的价值传达，她并不像其他一些用户那样在意朋友发表的观点和评论。

个案4：一般我是看投票的评论，而转帖的评论我很少看，比如说，有一个投票的专栏，给你一个问题，"我是往左走还是往右走？"10个人说往左，20个人说往右。然后在底下会有评论，这个评论主要说这个人为什么往左，另一个人为什么想要往右，我挺喜欢看那种的。

笔者：就是那种心理测试，是吧？

个案4：有心理测试，还有，就是像选择题似的，也不是测试，比如说你包里到底有什么东西，然后这个人说有什么，那个人说有什么，我觉得这个特别好玩，我喜欢看这种评论。

由此可见，SNS用户如果只是把SNS当作一个娱乐消遣的工具，如个案4这样每天使用SNS超过8小时，那么SNS使用行为与社会资本之间还是无法建立正向关联，甚至有可能因为用户的"网络沉迷"而导致其脱离现实社会。这与胡奇（2002）的研究结果是契合的：社会资本的某些面向与花在电视上的时间、偏好娱乐性节目以及商业电视台呈负相关。

这也是为什么Facebook的CEO马克·扎克伯格会表示："我们并不是想让用户在网站上长时间停留。我们所做的是让人们可以在网站上拥有好的体验，使他们在网站上所花的时间有价值。"那么，如何让用户的使用行为更有价值呢？Facebook与开心网的理念不同，在开心网不断推出新的游戏组件来吸引用户时，Facebook却认为SNS网站更应该鼓励用户去和其他用户交流——"我们希望 Facebook 保持中性,不呈现出某种特别的态度,我们不希望人们过于依赖 Facebook,希望人们多花时间去找朋友,与他人互动交流。"

三、社交网络规模过小或同质化程度过高

过往研究表明,个体社交网络的规模越大并不意味着其必然拥有越多的社会资本。但是,如果社交网络规模过小或者同质化程度过高,则其社会资本必然较低。

华裔学者林南(2005)主张:以镶嵌在网络中的资源的本质为焦点来考察个体拥有的社会资本。他将社会互动区分为两种类型:同质性与异质性。同质性互动,其中的互动对象则拥有相似的资源;而异质性互动,其中的互动对象则拥有不同的资源。从社会资本回报的角度看,互动行为的异质程度越高,越有利于行动者寻求具有不同资源的互动对象,其获得资源的行动便能得到较佳的满足。当行动者能够跨越不同的阶层结构,特别是接触到比自己所处阶层更高一层的交往对象时,连带成员或许可以借由提供关于其他结构位置的信息,或是协助中心个人嵌入其他结构中,通过与占据优势位置的行动者建立联结来发挥其影响力(林南,2005)。

现实生活中人们的社会互动较常发生在具备类似生活形态与社会政治经济地位的个人之间。在 SNS 上,人们的社交行为也具有同样的倾向。但在前面一节的分析中,我们已经看到一些主动型 SNS 用户,在 SNS 上开拓异质性、新社交资源的过程。而社会资本零增长的这群 SNS 用户则是始终封闭在一个固定的圈子内的 SNS 用户,他们在 SNS 上的好友基本上也是在现实生活中关系密切的好友。因此,尽管他们也花费了大量时间和精力在 SNS 上,但是他们获取的信息内容往往较为单一,从而将自己的生活桎梏于"信息茧房",他们的个人社会资本也难以通过 SNS 的使用而提升。

20世纪60年代有一系列的"小小世界"研究,发现强连带多的人往往会陷入一个又一个的小圈中,信息都是在很小范围传播,而且常常是重复的信息;而弱连带却会连出一张大网络,能够将信息传递得较远,同时获得更多异质性信息。

因此,SNS 社交网络具有一定规模,同时这个网络包含并大于"用户在现实生活中密切互动的社交网络",这两个条件是 SNS 用户在使用 SNS 过程中得以累积社会资本的一个必要前提。

四、使用技能局限

在 SNS 使用技能的问题上，计算机的操作水平已经不是主要问题。事实上，随着 ICT 的革新，如今各种网络应用方式已经越来越友好，不管是 Facebook 还是开心网、人人网和新浪微博的操作界面都非常简单，几乎没有人会遇到技术操作障碍。所以在 SNS 使用技能上的问题，大多是因为不能很好地理解电脑中介沟通方式的特点。

而一般的年轻用户，特别是学生用户往往缺乏与之相关的知识，更多的人则是缺乏与之相应的意识。

> 对这些新媒体，尤其是电子工具的使用，我属于比较慢热型，当时我会关注看一看，但我不会费尽去用。（个案15）

> 如果要使用什么软件，我可能会有一种跟风的行为，特别是我不会仔细去考查它有什么功能，对于那些功能的使用就是最大众化的。（个案27）

由于不愿意主动去摸索 SNS 使用的技巧，有些 SNS 用户不但不能提升自己的沟通能力，反而破坏了自己的个人形象，甚至降低了个人的社会资本。在本书的研究中，个案5、个案9、个案22、个案27、个案30 都明确提出了其 SNS 上好友的一些使用行为，诸如频繁更新状态、无病呻吟地表达、炫耀个人"优越感"等让他们产生反感情绪，甚至在 SNS 上取消了和这类朋友的联系。

> 比如说，黄某某每天刷屏，虽然我很喜欢他，但是受不了他每天刷屏，所以，后来我就取消了对他的关注。（个案5）

> 有很多人只是为了被关注而在那里大量发言。而他那些发言跟他本身没有什么关系，或者跟真情实感没有关系。我赞同这种校内网传达信息的状态，但对于那种乱来的状态我不赞同，就是那种随便发的信息及什么信息都要转的。最近有一个很火的内容，考试的时候假设我是吕布我要怎样，我是诸葛亮我要怎样。就类似这种，这很有趣，但我不需要有趣。实际上有趣的事情够多了，我需要知道你是怎样的

状态，我要知道你发生了什么事情。（个案 30）

我觉得现在的校内网无聊的人越来越多，虽然分享的内容越来越多，但是都是一些无病之吟。也许，这是信息环境的变化造成的。（个案 9）

看来，在 SNS 上过度追求被关注，而大量"灌水"的行为确实引起了众人的反感。正如《财富》杂志的高级编辑大卫·柯克帕特里克所言："Facebook 效应带来的社会变革并不一定全是积极的。每个人都开始公开自己的个人生活意味着什么？我们是否已经变成一个由展示者组成的国家或世界呢？很多人仅仅把 Facebook 看作生活的一小部分，这些人把 Facebook 作为自恋的平台而不是交流工具。"

除此以外，由于 SNS 上的信息发布过程太过"便捷"，用户们也常常会产生冲动的传播行为，在当当 CEO 与大摩女的"微博口水战"爆发之前，个案 27 在访谈中就提到了自己的困惑。

我发个人状态时，偶尔会很冲动。有时候，想让别人知道我现在很生气，我在干嘛。但后来发现这是没有必要的，我觉得校内网有一个弊端，就是它会助长你这种冲动的情绪。有时候，这种情绪我不表达出来，自己想一想，也许五分钟以后，我可能就想通了，然后就会觉得刚才在状态中写的那条信息是没有必要的。（个案 27）

因此，深入理解 SNS 的传播特性以及人际沟通的方法和原则也是提升用户在 SNS 使用行为中社会资本的一个重要前提。

结　语

人类交流曾经主要依赖于面对面的接触，这造成了一系列的重要后果：缩小了联系的范围，使之局限于居住地，并助长了对身体的连续性、接近性的依赖，这些都作为真实社区的标记存在于我们的想象中。与记忆中的时代相比，我们现在拥有的先进技术可以使我们在空间和时间上完成延伸，超越这些居住的社区。但是，这些技术本身并不必然带来使用者个人生活品质的提升和社会的进步，关键还在于使用者如何使用这些技术。

在本章中，笔者一方面分析了 SNS 在激发使用者社会资本上的潜能，另一方面分析了 SNS 行为无法提升社会资本的原因。

SNS 之所以能够帮助用户提升社会资本，有以下五个方面原因：①SNS 可以帮助用户维持与各种重要人脉资源的联系，同时展开一些工具性行动。②SNS 可以创造一种"远距离的亲密感"，从而帮助用户降低"孤独感"，还可以通过各种"关键词"寻找结识新朋友，编织新的关系纽带，获得新的情感支持。SNS 将自愿的社会联系推向了从未梦想到的新高度——人们可根据任何一种共同的兴趣在全球范围内选择与人交往，不再受地理位置限制。SNS 帮助用户降低了疏离感和孤独感、扩大了他们的社交圈，从而减少了抑郁症，这显然有利于提高用户的社会资本。③在不同的 SNS 平台上，用户可以有选择地进行"自我呈现"，并理性"精细"地经营自己不同层面的社交网络。用户可以基于 SNS 平台上"观众"的不同类别来选择表演内容、表演方式和讨好策略，从而控制他人对自己的印象，维护不同层面的社交资源，满足自己各方面的社交需求。④SNS 可以帮助"边陲行动者"与"核心行动者"建立联结，并从中获得回报。对于那些"社会资本低度拥有者"而言，SNS 无疑提供了一种使他们的社会关系网络得到延展、扩充、巩固、升华的可能。那些拥有低度价值资源以及因此在社群中处于较低位置的行动者，借由 SNS 的使用得到了突破结构性限制的新机会。⑤SNS 可以帮助用户与圈外的朋友展开网络互动，从而提升他们的架接性社会资本。在现实生活中，人们的社交行为大多都是同质性的，较常发生在具备类似生活形态与社经特质的个人之间。但 SNS 的普及，大大降低了"异质性"互动的成本，同时各种推送技术也为各种"异质性"互动行为提供了潜在可能。

那些将大量时间和精力花费在 SNS 的使用上的用户，其个人社会资本却没有因此而提升，主要存在以下几个问题：①安全感和"微薄信任"不足。信任是社会资本至关重要的组成元素，也是文明社会能力的一个组成部分。本研究的访谈资料显示，那些在 SNS 使用过程中愿意大量"自我暴露"、结识异质性交往对象、与弱连带关系展开互动的用户通常都比较容易信任他人。而"社会资本零增长"的这一群体，则往往不相信陌生人。这里信任已经不仅仅是指对 SNS 上的交往对象的信任，还包括对互联网技术，特别是 SNS 技术的信任。对网络传播技术的不信任，特别是关于"个人隐私保护"以及"非面对面"交流过程中各种沟通障碍的担忧成为抑制用户"畅所欲言"的一个心理障碍。②"消遣娱乐性"的内容消费方式。在 SNS

使用过程中，不同的内容消费方式也影响着用户的社会资本累积状况。本书研究发现，在使用过程中，尽管有些用户表示只是把 SNS 当作娱乐工具，但是他们在内容消费上却不仅仅是娱乐，他们还关注时政信息，关心他人的评论，也发表自己对一些事件的观点。而有一群人，从他们的使用方式不难发现，SNS 完全是"消遣娱乐工具"。这类用户在 SNS 上的互动对象并不是现实生活中的人，而是各种娱乐信息和游戏。因此，他们的 SNS 使用行为并没有帮助他们维护和拓展社交资源。这种 SNS 使用行为与社会资本之间无法建立正向关联，甚至有可能因为用户的"网络沉迷"而导致其脱离现实社会。③社交网络规模过小或同质化程度过高。现实生活中，人们的社会互动较常发生在具备类似生活形态与社经特质的个人之间。如果在 SNS 上，用户还是只与现实生活中关系密切的交往对象展开互动，那么即使花费大量时间和精力在 SNS 上，用户的个人社会资本也难以通过 SNS 的使用行为而提升。④SNS 的使用需要一定的技能。SNS 用户的一些使用行为，诸如为了吸引关注而频繁更新状态、无病呻吟的表达、炫耀个人"优越感"等很容易让其互动对象产生反感情绪。这种行为不但不能提升用户的沟通能力和社会资本，反而会破坏其个人形象，甚至降低个人的社会资本。

第七章 童年经历对青年网络社交行为的影响

近10年来,由互联网引发的网上生活形态,特别是透过计算机网络展现出的社会关系和人际互动是许多研究的关注焦点,其中一项重要研究就是社交网络服务对用户社交生活的影响。相当多的研究认为,SNS能在人们实体社群中的为各种需求提供帮助,而且社群范围可以超越地域限制。

目前,探究青少年SNS使用行为的相关研究,均肯定了SNS有助于改善用户的人际关系。但是,大部分相关研究采用的是量化的问卷调查法,尽管问卷调查能用来确认因果关系,但无法提供充分和丰富的数据以解释复杂的现象。正如美国互联网研究学者埃伦·塞特(2007)所言:"一个人对计算机的爱好来自他的学校经历、与计算机的接触,以及朋友和亲戚的社会关系。由于对计算机的喜好是多方面的,随着时间产生涉及正规和非正规的学习,因此它要求定性的、纵向跟踪的研究方法,并且包含的主题一定程度上要能够反映个人经历。"

为了探寻中国网民使用SNS的深层动因,以及SNS这一使用行为对中国网民的社会资本的影响,笔者采用"生命故事访谈法"扎根中国本土对"互联网使用与社会资本建构"展开研究,研究发现SNS有助于提升中国网民的个体社会资本,但接触新的沟通科技并不意味着会有一个更大的、更广的社交圈(付晓燕,2013)。访谈资料显示,不同网民使用互联网建立和维护社会关系的策略存在巨大差异。然而,这种差异该如何界定,其又有何影响?造成这种"鸿沟"的深层原因是什么?

过往大众传媒的报道以及量化研究的统计结果显示,网民,特别是青年网民的教育背景、职业属性和经济状况是影响其"网络社交"行动策略的主要因素。然而,笔者获取的30位中国网民的生命史资料却显示:青年网民的"童年经历"或者说"童年期的社交经验和ICT(信息传播科技)的使用经验"及其教育方式,也是影响其成年后网络社交策略的不可忽视的因素。

因此,本章尝试结合当代传记研究法的理论视角,将具有使用SNS习惯的青年,视为承载自身社会化历程与生命经验的主体,尝试重构其童年经历与传记历程,以说明青年网民在虚拟空间使用不同网络社交策略的深层原因。

第一节 文献综述

"追踪 SNS 热潮兴起的原因同时预测 SNS 带来的社会影响"如今已经成为国际社会科学界最热门的研究议题。尽管研究者们有着各自不同的研究视角,但 SNS 研究中最核心的概念仍然是"社会资本",因为社会资本显然是聚焦"人与人的关系",是 SNS 不可回避的理论起源。

在西方研究者看来,由于家庭创造规范与社会联结,同时它们也是大多数人首次学习信任他人的环境,因此,家庭在个体的社会资本创造中扮演着最重要的角色。尽管东西方学者对于"社会资本"概念有着不同的理解,但在"家庭对个体社会资本的影响"方面双方却有着一致的看法。

心理学家鲍尔比(1988)曾完善的记录了儿童如何与主要照顾者(通常是母亲)逐渐建立起彼此间的强烈联系。根据观察结果,鲍尔比主张年幼的儿童会与主要照顾者"稳固地联系在一起",而这个联系会成为儿童的稳固情感基础,有了这个基础儿童才能安心地探索这个世界。

有证据显示,单亲家庭里的儿童,其社会资本往往较低。这是因为单亲家长拥有的社会网络通常较小,其生活更具流动性,特别是一些未成年母亲的社会网络通常既小又贫乏,儿童往往较少得到成人的关注。所有这些因素都有可能降低在这种环境下长大的儿童的社会资本,会导致他们情绪上或行为上的问题比例偏高、教育表现较差,且罹病、遇上意外事故及受伤的比例也都会偏高(Moffitt,2002)。

在中国家族虽则包括生育的功能,但不限于生育的功能……一方面我们可以说在乡土社会中,不论政治、经济、宗教等功能都可以利用家族来担负,亲密的血缘关系限制着若干社会活动(费孝通,2008)。因此,在乡土中国,社会关系是生来就决定的。西方人主要是通过后天的"价值观和性格"等个人特征的相同或相斥来确定人际关系的亲疏的,"传统中国人的关系形态主要是先赋性的,或是在先赋性关系影响下发生的,然后通过交往而获得的。因此,血缘身份及衍生的关系(地缘或业缘)首先成为控制心理距离的依据"(赵延东,2002)。显然,在中国个体的社会关系网络深受原生家庭的影响,由于对血缘、地缘等的强调,因此中国人的人际网络是"特殊主义"取向的。过去的研究表明，相比瑞典、德国、日本，甚至美国等国家，中国人的社会信任度偏低，中国社会在一定程度上仍然保留着很强的家族意识以及对陌生人的不信任（闵学勤，2004）。

然而，当代社会资本趋势的主轴线有史以来就是扩张最广的弱社会连带，即散布最广、范围最大的联外社会资本，以及依靠社会规范而非社会网络或个人知识的资本。如今，我们正迈向一个由有效率的组织所驱动的世界，而经济体则愈趋依靠一些所谓的"稀薄信任"（thin trust），即彼此较陌生的人们之间的信任（Newton，1999）。脸书（Facebook）、领英（LinkedIn）、推特（Twitter）等 SNS 的兴起，恰是为了满足人们期望大量创建血缘、地缘关系以外的弱连带关系的需求。

讽刺的是，当人们习惯将家庭认定为"黏着性社会资本"的主要源头时，却常忽略了在"架接性社会资本"上，家庭也可能是重要的影响因素。正如鲍尔比（1996）所推断的，有安全感及有自信几乎肯定是与不同、不熟识的人进行互动时所不可或缺的条件。孩子若看到自己的父母或家人与其他成人能自在且尊重地互动，往往能以此作为自己在进行这类互动行为时的参考榜样（Halpern，2008）。

以上研究都是基于传统的面对面社交行为，那么在网络空间，在匿名性、搜索性、"跨时空"情境下，中国青年网民是否可以突破传统家族文化的限制，积极参与各种新形式的社会网络和社会关系的建构？他们如何与网络空间的陌生人互动？在现实生活的社会资本创造中扮演重要角色的原生家庭及童年经历，在电脑虚拟的中介社交情境下是否还能继续发挥作用？

第二节 资料收集、个案界定与分析框架

一、资料收集

本书尝试佐以生命故事访谈法及口述传记研究法，探究形塑我国青年网民"网络社交策略"的因素，特别是网民的童年经历对成年后其对网络使用行为的影响。大力推动生命故事访谈法的贝尔托（1981）回顾当代及以前的研究指出，大部分的研究都是基于研究对象"现在可观察的或此时的特征"，却没有考虑"过去的经验和历程"的动态概念，他对这种情况表示惋惜。他提出改革的方法是"放弃科学性社会学的探索，以获得某些社

会历程的知识"。笔者采用生命故事访谈法所收集到的是一般的问卷调查无法获知的重要研究资料，是真正"以人为本"的研究。因为"青年网民的虚拟社交行为"的形成有一个演进的过程。笔者认为，应从"社交媒体"出现前，诸如BBS、QQ、博客等互联网社交工具的使用经验开始考察。为此，本书确立了研究框架，如图7-1所示。

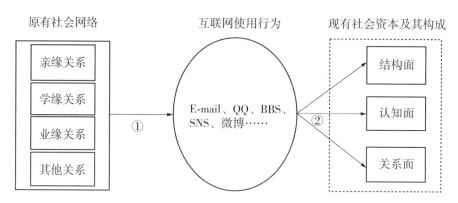

① 现实生活中的社交网络对青年互联网使用行为的影响
② 基于SNS的虚拟社交活动对青年社会资本的影响

图7-1 研究框架

在访谈部分，笔者采用"生命故事访谈法"，请受访者讲述自己自接触互联网以来使用社交服务如E-mail、QQ、BBS、SNS、微博等的历程以及在此过程中发生的故事，他们自己记忆所及的与网络社交活动相关的生命故事；笔者再根据其中与研究主题相关的部分进行追问。这种半开放式访谈，可以保留每个个案经验性资料的独立性和完整性，也可以通过受访者的口述，收集更丰富的经验资料。访谈总时长为70小时，且访谈的过程均有录音记录。并将受访者的口述转录为文字稿后进行编码分析。

二、个案界定

笔者将受访者的个体特征定义为：现居北京，有5年以上互联网使用经验，1年以上SNS（新浪微博、开心网、人人网）使用经验，每周使用SNS时间超过7小时（转帖、评论、更新状态、写日志、上传照片或使用游戏功能的活跃用户）。

本书通过滚雪球的方式对30个SNS用户进行抽样访谈，其中女性11人，男性19人；学生13人，职场人士17人。受访者最大年龄47岁，最小年龄20岁，多数受访者年龄为22～29岁（按联合国世界卫生组织2013年最新确定的青年人年龄分段标准为44岁，受访者中除了1名47岁的网民，其他均属于青年范畴）。需要特别说明的是，之所以选取11名女性、19名男性，并非研究者的随机选择，而是访谈过程中，女性网民的使用行为同质化程度过高，很快就出现了资料饱和，而男性网民的使用行为更为多元，不断有新资料出现。直到做完19个访谈，笔者才认为，男性网民达到了资料饱和的研究状态。

三、分析框架

在关于社会资本、智能资本与组织知识的研究中，Nahapiet和Ghoshal (1998) 提出的社会资本三个内涵——结构面（structural dimension）、认知面（cognitive dimension）和关系面（relational dimension）是被实证研究引用最多的社会资本测量工具。本书从这三个面向出发，考察个案的网络社交行为是否有助于其个体社会资本累积。具体考察标准有三个。

（一）结构面

对受访者经由互联网建构的社交网络进行社会网络分析，考察其好友构成情况，除了现实生活中密切联系的"强关系"，还有多少"弱关系"？其社交网络的异质性程度及建构的社交网络是否具有"向上触及性"？

（二）认知面

网民的网络信息消费行为是否帮助其提升对社会规范的认知？考察网民在网络空间获取和对外分享的内容是否有助于增加对自己和他人价值理念的认知。该网民是否会关注新闻类资讯、是否会主动发表评论、是否关注好友发表的评论，以及其他人发表的评论。

（三）关系面

考察网民在网上与"弱关系"互动的情况，例如转帖、赠送礼物、游戏过程中是否与弱连带关系展开互动。

如果受访者在上述三个面向都没有提升，那么其就被归类到"社会资本零增长"群体，而受访者在上述三个面向中至少有一项提升，那么其就被归类到"社会资本提升者"群体。

经过对访谈文本、受访者的网络日志以及笔者的观察日志的文本分析，并对 30 个受访者的社会资本累积状况进行分类，发现其中有 18 个受访者的互联网使用行为或多或少地提升了他们的个人社会资本；有 5 个受访者的社会资本大幅度提升；有 11 个受访者社会资本略有提升，但提升幅度有限，而个案 4 被归为"社会资本零提升者"。

笔者将受访者按照社会资本"提升"和"未提升"分为两类，进而探讨有助于用户社会资本提升的因素及阻碍用户社会资本提升的因素。研究发现，如今的成年网民在社交网络上的交友策略深受童年经历的影响。事实上，本书研究采取开放式的生命故事访谈法，并没有与"童年经历"相关的任何预设，访谈资料中涉及童年经历的部分，完全是受访者在追溯自己"为何在网络交友时特别不信任陌生人"或者"为何对陌生人完全不设防"时，从自己的意识流中直觉地"联想"到的"根源"。

第三节　资料分析与发现：童年经历的影响

研究显示，55% 的美国青少年中，大多数人使用社交网络时能够与信得过的朋友分享其个人信息，同时，也会自我暴露一定的信息来结识网上的新朋友（Lenhart and Madden，2007）。然而，本书研究发现，多数受访者，只是选择使用社交网络来联系那些已经是朋友的人，并没有展现出透过社交网络分享或暴露个人信息来建构新的友谊关系的行为，不同于上述研究成果。

人们往往把最高的信任给予与自己有密切接触的人，与自己相近的人（如家人和朋友）。"我们对与我们有密切交往和有血缘关系的人依赖程度越高，就越容易把世界划分成'我们'和'你们'。我们不信任'大多数人'，尤其是陌生人。"（Pagden，1988）但"普遍信任者对不同于自己的人更宽容，而且认为，与陌生人打交道所获得的新机遇比承担的风险多。当你对前途持乐观态度时，你就会把与陌生人相遇看作可以利用的机遇。乐观者认为，他们控制着自己的命运。也许你能够从外人那里学到新的东西，或许与外人交换物品，从而使双方都得到改善。即使相遇的结果无利可图，你也能够用自己的行动把损害降到最低。对悲观主义者来说，陌生人代表一种险恶的力量来控制你的生活。他们过高地估计与陌生人相处时所产生的坏的经历的可能性，从而也就剥夺了他们进行交换的机会"（Uslaner，2006）。

倘若延续埃里克·尤斯拉纳的信任与陌生人论述，可将社交网络上愿意结识陌生人的行为视为较能够生发社会资本的行为。结合本书的访谈资料，那些在 SNS 使用过程中愿意大量"自我暴露"、结识异质性交往对象、与弱连带关系展开互动的用户，他们通常都比较容易信任陌生人，同时也展现出具有累积社会资本潜能的社会网络构连行为。相对地，部分不相信陌生人的网络用户，就落入"社会资本零增长"群体中。那么，青年网民对陌生人的信任或不信任的差异行为，是如何形成的呢？本书通过对受访者童年生命故事的自我回溯，从中发现了影响其成年后的"网络社交"行动策略的三个因素。

一、童年期教育方式对青年网民网络社交行动策略的影响

在童年期，父母正面引导并给予儿童充分的安全感可以引发其"主动"与"开放"式网络社交行动。那些从小有稳固联系的儿童往往会成长为具有安全感、有自信的青年（Bowlby，1988）。在家庭教育中，他们的父母往往指出人际关系的重要性，并从"社交技巧"方面进行言传身教。这类青年在网络社交活动中往往采取主动和开放的行动策略，他们乐于主动结识陌生朋友，也愿意在网络空间"自我暴露"。如受访者中，个案 2、个案 11、个案 18、个案 22 是典型的例子。

其中，个案 18 和个案 22 在使用社交媒体如 BBS、QQ 或博客时，通过"自我暴露"行为来结识陌生朋友。他们肯定地指出，高度安全感与自信的童年教育环境成为他们愿意在网络上与陌生人进行交往的重要成长经历。

个案 18 是人人网上的"自我暴露狂"，她是校园中的学术骨干及社交名人，喜欢以文字与照片的方式，随时随地记录日常生活，并分享给网络上的好友。这种在网络上积极营造自我形象的行为，具有提升个人社会资本的潜在效用。截至 2010 年 11 月，个案 18 仅仅在人人网，即有接近千名好友。曾经登录她个人页面的好友超过 4.5 万人次，远高于一般的同龄大学生，这充分展现其建构虚拟社交网络的能力。

> 我是一个比较自信的人。我认为，我的家庭条件比较宽裕，父母也没有给我太多的压力。我跟我妈感情非常好，像姐妹一样，从情感到社会，我们无话不谈。（个案 18）

> 大概是小学 5 年级的样子，QQ 一出来我就注册了一个账号。当时

也是去网吧。使用 QQ 主要是跟一些陌生人聊天，加一些陌生好友。我是一个挺有安全感的人，我不怕别人伤害我。可能是因为从小到大我都是老师眼里的好学生，家庭也比较幸福，所以到目前为止没有谁伤害过我，也就不担心被别人伤害。（个案 22）

如个案 22 所言，这个"从小到大我都是老师眼里的好学生，家庭也比较幸福"的成长经历，让其更勇于接纳在网络中交往的陌生人。在成年后的网络社交活动中，个案 22 通过社交网站（如人人网）结识了不少日常生活之外的新朋友，诸多朋友甚至只是通过相互观看对方的留言、简介或照片，发现彼此在沟通上有许多共同点（如相同的兴趣爱好），进而透过线下联系变成现实生活中跟自己其他朋友"没什么差别"的朋友。

显然，通过对个案 18 与个案 22 成长经历的考察，在童年时期相对具有"安全感"的儿童，其在成年后，在"虚拟世界"中，更乐于投入大量精力展示自我，主动结识陌生朋友，从而发展出大量弱连结的社交网络关系。

此外，"桥接型社会资本"（bridging social capital）的应用与提升，出现在个案 2 与个案 11 的使用经历中。个案 2（在新浪微博上粉丝超过 3 万）和个案 11 都乐于在网络上结识新朋友，他们的父母，均具善于经营人脉关系，并拥有较大的社交圈。从小成长于乐于扩展社交网络的家庭环境中，无形中他们也潜移默化地习得在"虚拟世界"中构连社会关系的能力。

> 我父母的社交网比我广，逢年过节最明显的就是他们的手机会不停地响，就是响到完全回复不过来的那种。我妈妈的手机，有的时候我打开一看，逢年过节的短信 1 个小时有 68 条。我妈妈是比较鼓励我跟各种各样的人有更多交往。（个案 2）

> 外面人基本不可信吧，我父母教育的主导是这样的，但是他们也会教育你，认为"人的命运可能会因为一个人而改变"。（个案 11）

相较于上述所摘录的受访者经历，以下受访者的童年时期，均为缺乏安全感以及缺乏父母交友引导的个案，往往倾向于产生"被动""封闭"式网络社交行动。在本书研究中，少数受访者并未因 SNS 的使用而提升其个体社会资本，多数在成长过程中缺乏安全感，尤其在单亲家庭成长的儿童，他们受"缺乏安全感，而不容易相信陌生人的"童年经历的影响，在使用 SNS 时，其投射出不愿意加陌生人的倾向。在受访者中，个案 20 幼年丧父和个案 28 早年父母离异就是非常典型的代表。

> 对于弱关系（陌生人），我会比较警惕。因为我发帖子或者是照片都很少设隐私，就是我的好友都可以看到。我不想让陌生人看到我发的一些信息，所以我还是不加陌生人比较好。（个案 20）

> QQ 我只加认识的人，不加陌生人。我使用 QQ 的目的就是和自己的朋友联系，只需要和熟人联系就行了。现在用 SNS 也是这样的想法……在校内网上送（虚拟）生日礼物和节日礼物，我也只是送给关系比较熟的朋友，不会送给关系一般的朋友。（个案 28）

若从小父母总是灌输"在外面不要和人发生冲突"，这种面对人际关系尽可能疏离与自保的教育经历，其成人后在网络社交互动时，会受到影响。受访者中，个案 3 就是非常典型的代表。个案 3 在网络社交互动时，采取尽可能少接触、少联系的互动策略来进行网络社交。具体的事实即表现在，个案 3 甚至在开心网上玩"抢车位""偷菜"游戏时，也会因顾及上述原因，而不会偷取那些关系不是特别亲密的好友的菜。

> 我建博客是为了与同学进行交流，但是如果你发现你的博客被陌生人窥视了，通过博客想探知你在干什么，这个时候你会觉得很不舒服，所以可能不会再去用这种开放式的一种东西。（个案 3）

因此，这种交往对象往往局限在关系密切的熟人网络，即被动和封闭的社交策略。像个案 3 自觉在 SNS 上的行为遭遇陌生用户的"误解"时，他自然地采取从小父母教导的"回避"行动——取消关注。他将网上朋友对他的关注理解为一种"被陌生人窥视"，而非一种常态的网络互动。

总的来说，通过对上述受访者的考察，多数受访者的成长经历说明，开放与自主性的童年成长经历有助于青年勇于承受网络交往的风险，更善于透过 SNS 来拓展虚拟社交关系。相对地，成长于不稳定与缺乏亲密联系的童年经历的受访者，他们多数难以在社交网络上扩展"弱关系"，无法有效利用"虚拟社交"的优势来提升个体的社会资本，而仅仅透过社交网络来加强原有"强关系"的行为事实。

二、童年期同侪关系对青年网民网络社交行动策略的影响

过往的童年社会学的研究指出，同侪关系是儿童在社会历程中发展社会网络的重要资源。如果大人给予儿童足够的机会，儿童将会在同侪团体中自发性地发展出互动规则和行为规范。同侪团体能提供儿童练习和精致化的机会，以学习社会和认知技巧（王瑞贤等，2009）。延伸童年社会学研究的成果，本书研究发现童年期所经历的同侪互动经验，亦会影响网民从事"虚拟社交"的行动。

> 我觉得那会儿整个初中，起码在北京，电脑和互联网已经在家庭比较普及了。小时候使用电脑的经历，最开始是玩游戏，玩那种 RPG 游戏，其实是人际沟通的一种方式。在课间，好像同学间的所有的话题都是围绕电脑游戏展开的，如游戏的各种细节、怎么闯关、怎么修改程序等。其实我真没觉得这个游戏有什么特别好玩的。但是如果要建立一种人际关系，我认为是可以通过游戏进行人际互动的。（个案2）

个案 2 是本书研究的 5 个社会资本大幅度提升者中唯一的女性（新浪微博有 3 万多粉丝），作为一名普通网民，童年时，她在同伴间分享电脑使用技能时，就已经认识到透过网络经营同侪关系，能有效地协助她融入虚拟社区中，从而获取必要的社会支持。就以上述引文所提及的玩网游的经验为例，其童年时期就借由网游平台，获取了在网络上发展同侪关系的经验。而这种童年时期的同侪关系，是个案 2 后续积极地在社交媒体上开拓人际网络的重要参照经验，促使她成年后积极地在网络上，跨越性别差距，参与"男性话题"，塑造自我网络形象，经营自己的 SNS 社交网络成为社交网络上的强势参与者。

相对于个案 2 的例子，如果在童年阶段，未能获得足够的机会去发展开放式的社交技能，往往会影响其成年后的"虚拟社交"行动。

个案 27 在小学四年级就已经拥有了个人电脑，但是因为在小学阶段有过搬家和转学的经历，所以与原有的融洽社交关系断裂，而在新的学校及班级，她感觉自己被新老师轻视，被新同学排斥，这使她留下了心理阴影，认为陌生人不可信。不管是从前使用 QQ，还是如今接触的 SNS，个案 27 都是一贯地"从来不加陌生人为好友"。

笔者：你从小就是这样子吗？就是从一开始接触（互联网）到现在，陌生人你都不加吗？

个案27：嗯，对，我觉得这可能还是跟我那次转学有很大的关系，（搬家前）我妈说我小时候特别喜欢说话，就是街上不认识的叔叔、阿姨我也会和他们打招呼。小时候特别喜欢说话，我妈说我有多动症。那个时候我觉得我喜欢跟别人交流，一天到晚不停地说。但是自从搬家以后，小区里的人我都不认识了，还有学习压力特别大。刚转学时，入学考试我的成绩特别差，当时我们老师还说怎么把这样的一个差生分到我班。新搬的小区，也没有认识的小伙伴一起玩，我也不太喜欢跟同学玩，因为当时我觉得我没有融入那个圈子里，我跟他们有隔阂，并且我觉得他们聊的话题比较无聊，同学们都说我很成熟。可能这就是后来我不喜欢跟别人交流的原因。

个案27在童年时期，适应新社交环境时遭遇的伤害记忆与经历，使之形成了一种与"陌生人"保持距离的封闭型社交策略；这是其成年后在现实生活中展开社交生活的起点，随后，她也无意识地将这一行为规范延伸到其网络社交行动中，因意识不到"与陌生人打交道可能带来的机遇"，而不愿意结识新朋友。这正呼应童年社会学的研究观点，"当儿童慢慢长大，家庭的依赖性逐渐式微，同侪团体成为儿童过渡到成人社会的载体，从而使之形成适当的社会行为规范、共识和价值"（王瑞贤等，2009）。童年时期与同伴互动的社交经历，确实形塑了个体后续的虚拟社交行为的倾向。

我觉得我跟别人的沟通也不是特别多，包括短信，一般没有什么特别大的事的时候，我不会无缘无故给别人发短信询问对方，如你在干嘛？我不会这样，以前的同学我也不经常联系。我也没有觉得QQ上特别不真实，只是如果说有陌生人加我的话，我不会同意。（个案27）

过往研究证明，同伴群体可以在需要的时候给予儿童支持，并帮助儿童强化个人价值，从而有助于其消除恐惧、回避敌对，确立自我认同与自我身份等；同伴群体的缺失会导致儿童的胆怯、情绪暴躁与侵略性行为（Brown, et al., 1986）。通过案例分析，研究发现即便是伴随互联网成长的"网络原生代"，其仍然需要在童年期获得足够的面对面的同伴互动，以学习建立亲密关系的技能，养成"普遍信任"的世界观。互联网时代的"宅男宅女"现象并非因互联网技术而起，其真正的成因却在网络空间之外，因为现实生活中缺乏稳定、亲密的情感支持网络，导致这些青年与现实社会疏离。即使在匿名、电脑中介、跨时空的交流环境下，这些缺乏安全感、缺乏亲密的同侪关系的青年也不愿意与不熟识的人互动。因为他们缺乏建构良好的虚拟社交的意愿和能力，所以在"虚拟空间"他们依旧孤独。

三、童年期 ICT 使用经验对青年网民网络社交行动策略的影响

追溯受访者互联网使用历程时，研究发现，在个体过往使用 ICT 过程中，积极利用 ICT 创造社会资本的经历，特别是获得"具有现实回报性"社会资本的经历，为促使个体在社交媒体使用过程中采取更为开放、主动和深度的社交行动的关键的童年经历。例如通过网络搜索获取了一个重要资讯，或者通过 BBS、QQ 认识了一个对自己成长有正面引导作用的朋友，相反，负面的经历则会造成个体使用"封闭"和"谨慎"的网络社交策略。

> 当时因为我想去留学，就经常逛有关留学方面的论坛，然后就有一些人在论坛上发布 QQ 留学同路人什么的，我的一个好朋友就是在那里认识的，我们从来没见过面。虽然很多年一直没见面，没有任何关系，但是他一直在关心你，你会发现互联网虽然是虚拟的，但是真的有助你拓展人际关系。我觉得这个功能非常好。（个案 8）

个案 8 目前是国内知名 SNS 网站的公关部主管，她回忆早年为了留学准备，登录 BBS 搜索信息结识同道，累积了成长时期的网络工具的使用经验。多年后，这些早期的网络使用经验，成为她后来进行职业选择与拓展人际关系的重要参考。换句话说，个案 8 虽然在 10 多年后，才有机会与这位早期认识的网友见面，但是她早期使用网络工具，拓展人际关系网络获得情感支持的正向经验，不仅促使她在 SNS 兴起后，极力推荐身边好友注册 SNS 账号，亦促使她成为社交网络平台的工作者。这种早期使用网络论坛的童年经历，无疑影响了个案 8 现在的"虚拟社交"行为。

在本案的社会资本大幅度提升者中，个案 11 年龄最小，但其通过人人网建构的"虚拟社交"网络异质化程度最高，最有利于提升其个体社会资本。在回顾其高超的网络社交技能的养成途径时，个案 11 肯定地表示，过往参与网络游戏所累积的童年经历，无意中导引他目前积极地投入虚拟社区的活动。

我从初中开始使用互联网，当时目的很单纯就是玩。我记得那个时代，就有网络游戏了，我就是以这个为载体先接触的互联网，这也是被我们上一代人，妖魔化最严重的。互联网实际上就是一个虚拟社区。这种感觉，在一定程度上，它扩大了你的交际范畴。但是，你真说它非常有用，其实也不是，就是它没有那种立即可以兑换，那种功利性的价值，它是很间接的东西，也就是你可能在网上所做的事情，得到的结果与所做之事是不相干的，因为这种间接性的联系，可能就能联系得上了。（个案11）

显然个案11的童年经历显示，在那些看似无目的的网络游戏经历中，儿童已经潜移默化地理解了社会资本的互惠机制：社会资本不是一种即期的、功利性的类似于正式的法律或商业契约的经济交换。但是，坚持通过互联网对社会资本进行投资又有可能"在将来的某个不确定的时候，如果有需要，就能得到回报"（姜磊，2010）。网络虚拟社区实际上具有引导网民积极透过对网络使用，习得"利他互惠"经验，以累积社会资本的效果。个案11通过早期的互联网使用经历，已经意识到虚拟社区认识的朋友，可能会在不确定的某个时候给自己带来"回报"，因此，他积极地扩展社交网络，通过社交网站与散布在全球各地的不同年龄、职业的数千名人人网好友结识，这说明了童年时期的ICT使用经历确实具体地影响了其目前对SNS的使用倾向。

（跟其他同学比的话，我的使用方式）不一样，有的人可能就加和自己有关系的这种朋友，只有40多个人，30多个人，或者5个人看过他的页面，他就是把它作为一种联系工具。像我们这种，SNS是我们生活的一部分，它不仅仅是工具。我个人认为它是一个交友平台，也是一个资源共享平台。（个案11）

除了个案11，梦想成为一名外交官的农村学子个案9也具有类似经历。在个案9的童年经历中，在中学时他曾和同学去校外的网吧上网，尝试登录外交部网站以及各个大学的网站，查找与学习相关的信息，这种使用ICT工具的学习经历，成为他后续使用社交网络工具的原初经历，具有引导的效果。

这是很有成就感的一个过程，因为那些让你觉得很缥渺的东西触手可及,作为一个农村中学生,能接收这些神一样的故事,就是神一样的存在,而且是真实存在的。这是不敢想象的。就是你在想,外交部一些信息竟然被你看到了。那其实是一个很大的刺激,就是世界触手可及,梦想就在脚下……了解各路的信息,确实也是自我成就的一个过程。因为里边有很多励志的信息,这些对自己挺有帮助的……在高三的时候我就成了高考信息填报专家,当然,网络也帮了很多的忙,因为经常自己去网吧。(个案9)

个案9属于农村童年成长背景,他在相对城市学子较低"社会资本"的现实下,通过对互联网的使用来获取信息的经历,成功地启发了他弥平"数字落差"的困境。而这种童年时期的ICT使用经历,在他考入北京名校,成为都市青年后,更是实质地继续鼓励他积极地透过对社交网络的使用来提升自身的社会资本。

总的来说,从个案11与个案9的例子来看,这两位在社交网络积极从事人际构连的使用者,虽然他们在童年阶段的网络游戏与信息寻求的互联网使用行为,在社会化历程中并非受到父母和老师的鼓励,然而,这些童年时期所累积的正向的ICT使用经历,却实实在在地成为他们积极透过社交网络来累积社会资本的关键经历。

结　　语

多年前,安德烈亚斯·维特(2001)在观察了英国伦敦区各种最前沿的文化产业中的人如何交流、沟通和行动之后,指出:活在当代,特别是都市的一种主要能耐,就是建立网络,不断建立网络……建立网络的能力,决定了成功、名气、财富、参与、主权。近年来,在中国,关系学给关系研究带来的消极或批判性立场逐渐随着社会网和社会资本理论的普及潜在地得到纠正,越来越多的人已经意识到:有目的地通过关系方式来获取社会上的稀缺资源,不仅不应有以往道德上的焦虑,还应该成为衡量个体或组织能力与发展潜质的重要指标。作为新沟通方式的SNS自诞生起就被寄希望于促进这个疏离的世界的真正联结,但接触新传播科技并不必然带来社交网络的扩展和社会资本的提升。

过往研究大量聚焦于新兴传播科技对现实世界的改变,却忽视了真实生活对虚拟世界的影响。由于家庭创造规范与社会联结，同时它们也是大多数人首次学习信任他人的环境，因此，家庭在个体的社会资本创造中扮演着最重要的角色。访谈资料显示，家庭在现实生活中对个体社会资本创造的影响也延伸到了网络空间。

早年关系的性质与强度会影响个体的社交生活，这种影响在个体的 SNS 平台上也有明显反映。那些从小有稳固联系的儿童往往会成长为具有安全感、有自信的青年，在家庭教育中，他们的父母往往指出人际关系的重要性，并从社交技巧方面进行言传身教。这类青年网民在互联网使用上往往采取开放和主动的行动策略，他们乐于主动结识陌生朋友，也愿意在网络空间展开"自我暴露"及"利他互惠"的行动，这类青年网民在 SNS 平台上建构的社交网络规模较大、异质化程度较高，他们乐于主动分享信息，同时也乐于发表对新闻事件的评论，并关注他人的评论。

相反，童年时期缺乏安全感的儿童，其在社交活动中由于受到过伤害，特别是一些单亲家庭成长的儿童，其从小缺乏安全感而不容易相信陌生人，在使用 SNS 时，往往不愿意主动与网友，特别是陌生人展开网络互动。社交网络服务对这些青年网民而言，仅仅是另一种与强关系联系的工具，而非建构新关系的平台，因此，他们的使用行为更加被动和封闭。

同时，个体在童年期的 ICT 使用经历中，有利用 ICT 创造社会资本的正面经验，特别是获得"具有现实回报性"社会资本的个体往往能在其成年后采取更为开放、主动的网络社交策略，反之，则会造成个体在网络空间进一步的"封闭"和"谨慎"。

结合本研究的案例分析，不难发现，如果因为过度夸大使用网络的风险，而对儿童使用网络多加限制，甚至通过主流媒体和教育系统妖魔化互联网，剥夺儿童使用互联网的机会。这些过激反应将对儿童成年后的社交行为产生诸多负面影响，使其成年后被进一步边缘化，难以从新型沟通服务中获益。

智能手机、平板电脑越来越多地渗入儿童日常生活的今天，家长和教育者更应正视互联网给青少年的社交生活带来的机遇和风险。虽然互联网已经迅速地变成青少年生活的中心，但作为沟通媒体，对于大多数青少年来说，互联网还没有充分发挥它的潜能。在避免过度限制儿童的网络社交活动的同时，家长和教育工作者要引导儿童在现实生活中，通过面对面交流建构亲密互信的同伴关系。在现实生活中，由于拥有一个安全可靠的情感支持网络是个体主动、开放地展开电脑中介人际沟通行为的基础，有了这个基础他们才能安心地探索"虚拟世界"。因此，在高度发达的互联网时代，家长不能简单地用电子产品代替儿童现实生活中的玩伴。

第八章　青少年的社交媒体使用与跨文化沟通

随着目前大量留学生的出现，有关互联网的使用，如何协助新一代中国留学生融入具有对抗性的新环境的议题，值得我们深入探讨研究。本章通过"生命故事访谈法"，收集35名留学生的社交媒体使用经验，并使用Nvivo 11软件对访谈资料进行编码分析。研究发现，留学生在数字媒体的使用过程中，普遍出现文化认同的冲突，在跨国界社会关系网的互动中，经由对自身文化和异文化的反省、文化调整等心理过程，多数留学生会产生与侨居国社会疏离的认同策略，并透过社交媒体建构出远距离的离散文化认同。研究认为，数字媒体社会的运作，并未如麦克卢汉所预言，消解国界，促成地球村的实现。作为离散者的中国留学生早期在国内的社交媒体使用经历与海外互联网文化形成新的"数字文化冲突"，这加剧了"文化休克"现象，为离散者的社会融入带来新的挑战。

第一节　研究缘起

在世界范围内的中国移民史长达500年（孔飞力，2016），而近年来，以学习为目的出境人数在持续攀高。据中国教育部统计数据显示，2008年，我国出国留学人数在18万人左右，2015年我国出国留学人员总数达52.37万人，"中国学生出国潮"现象引发社会各界的广泛关注。全球化研究学者认为，这个时代最显著的特征是人们自觉或不自觉地融入了全球化洪流，参与了全球化进程（孙嘉明，2012）。这种个人层面的跨国界流动、跨文化互动使得全球化的微观研究，亦称"微全球化研究"成为国际社会科学界关注的新议题。

人类漫长的历史主要是全球各地相对封闭的社会和文化圈各自的发展史，跨文化交往直到近代才开始从偶然性变为经常性（俞金尧，2009）。虽然世界在缩小，人们彼此的关系越来越密切，但脱离了母语文化的人来到新的文化环境时,"由于失去自己熟悉的社会交往信号或符号,同时,对于对方社会符号的不熟悉,而在心理上产生深度焦虑症"的现象随之出现。这一现象被人类学者定义为"文化休克"(Oberg, 1960)。

随着社交媒体技术的发展,大量研究已经表明互联网正使很多人拥有越来越多的社会联结,很多学术研究肯定了社交媒体技术以及移动平台的新机遇:形成一种社会联系感,以及作为跨文化交流的全球渠道(Ellison, Steinfield and Lampe, 2007;Mihailidis, 2014)。不少学者认为ICT解放了个体,促进了全球化进程。个人与虚拟社会之间正在产生越来越频繁和密切的互动,这种互动的过程进一步推动了全球化的进程,同时也促进了个体的成长(孙嘉明,2012)。

一直以来,关于海外华人的研究都是用来理解中国社会文化的参照系。海外华人,无论他们是侨居或是定居,都在边缘飞地中发挥重要作用。海外华人研究的重要价值,不仅仅在于他们是经济上的投资者,而且更重要的是他们是信息的传递者,是沟通中国与其他国家和地区的文化使者,这是他们已经非正式地扮演了千百年的角色(孔飞力,2016)。在数字时代,中国新一代留学生是如何扮演跨文化传播的传统角色的?他们又面临着怎样的新挑战?渗透留学生活方方面面的互联网能否成为新一代中国留学生融入留学国,克服"文化休克",适应新社会文化的桥梁呢?

第二节 文献回顾

Diaspora一般指寓居异域,与故乡保持密切联系的族群。作为少数族群,他们生活在异文化中,与他者共处(段颖,2013)。而且,对"何处为家"和"我是谁"充满纠结(Georgiou, 2013)。有研究数据表明,大约有20%的离散者在面对新文化时,其非常享受新的环境,并没有遇到什么困难;而有30%~60%的人会遭遇不同程度的"文化休克",有些甚至是非常严重的"文化休克"(Jandt, 2007)。

随着社交媒体的发展,越来越多的人期待新的社交媒体会将来自不同文化的人聚集到同一个地球村,使不同文化背景的网民可以借由社交媒体展开跨文化的沟通与互动。由于社交媒体延伸了他们所处的社区,人们通过移动空间的新的参与和对话模式所获得的启示与限制,得以重新看待自我价值观(Mihailidis, 2014)。该研究还发现,年轻世代认同的社交媒体能提供更强的社会对话、更多样化的信息平台，以及在各种对话中更积极的参与性，大规模跨国界、跨文化的沟通能力为在全球化世界里的社会连通性提供了很好的机会。

对于媒体研究者而言，离散群体方便我们研究"媒体使用者连接不同公共领域（Siapera，2010）及社群（Georgiou，2006）的同时，在边界内外保持自己特定的、多样化的轨迹"的方式（Massey，2005）。早在一个世纪前，波兰移民与报纸的关系让芝加哥学派开启了"移民与媒体"研究的先河；20世纪70年代中期，在家庭录像出现之时，英国伯明翰学派以"宝莱坞录像如何参与构建英国南亚裔身份认同"作为电视消费研究的经典；特别是20世纪后半叶，随着新兴民族国家建立、苏联解体、东欧剧变等一系列巨变，移民与全球流动逐渐成为社会科学领域的焦点问题（段颖，2013）。在此背景下，各种数字信息技术如卫星电视、网络社区对流散族群的影响研究持续至今（Georgiou，2006；Gillespie，1995；Aksoy and Robins，2001；Brinkerhoff，2009；Siapera，2010）。

与离散群体和离散传播相关的"归属感空间的跨国化"，不仅引发我们去思考少数群体复杂而丰富的传播空间，而且也挑战了我们对"国家是一个包含了身份和传播系统的、有界的、占支配地位的实体"的认知。鉴于这些现实情况，在探讨与少数群体的言论自由、再现和归属感有关的课题时，我们需要把"逐步增长的跨边界人类流动（实体及中介的）"和"媒体及传播的多样性"放在一起来讨论。只有仔细审视少数群体是如何以多样及复杂的方式利用媒体来了解周遭世界的，我们才能开始理解更广泛意义下的媒体，以及少数群体对于文化政治再现及归属感的传播（Georgiou，2013）。

虽然迁移是个世界性的现象，但目前既没有权威性的、被广泛认可的理论方法，也没有可能在短时间内产生这样的一种方法去了解这个现象（Portes，1997）。不过，从单一国家的研究转向比较的研究和分析，是近年来相关领域的转向之一。在华人民族学文化圈中，对中国之外的两个或更多的华人社会的比较研究与多点调查较具有代表性的是知名汉学家魏安国（1988）"对菲律宾与加拿大华人社区的研究"，以及王宝华（1978）"对纽约市与秘鲁首都利马华人同化问题的研究"。知名人类学家陈志明（2011）指出，海外华人社区的比较研究应予以特别关注，这有助于我们了解华人文化与认同，以及跨国实践的动态特征。

海外华人的文化适应、文化认同研究可追溯至20世纪20年代。20世纪90年代后，随着中国新移民数量的持续增长，通信及交通革命的推动，海外华人得以与祖国保持虽长程但密切的联系，跨国之中国（transnational China）的现象油然而生（Sun，2002）。美国华裔学者杨美惠（1997）研究发现上海的大众传媒让全球华人越来越多地享有一系列共同的节目，使他们得以构建"跨国的华人想象"（陈志明，2011）。

相对于报纸和电视时代，在相互连接的社交媒体时代（networked society），跨文化交流应该被重新认识（Pfister and Soliz，2011），华人离散社区的跨文化交流研究随着ICT的革新渐渐兴起。有研究证明网络媒体对中国离散族群的身份构建发挥了关键作用，Facebook被认为是一个有用的文化适应工具（Mao，2016），大型和多样化的社交网络是增加国际学生适应能力的理想选择（Eric，2016；Yin，2013）。这些研究大多是描绘华人离散者在社交媒体上的关系网络的现状，或通过心理测量表测量中国留学生适应文化的水平。

鲜有研究关注海外华人融入具有对抗性的新环境时，对文化认同的动态过程，特别是通过多点对比的方式来考察新生代在网络空间面对文化冲突、展开文化调整和文化再认同的复杂策略。针对比利时留学生社区的质性研究，虽然从中探索了亚洲学生在欧洲的文化适应过程，发现对于相对容易适应的宿主文化方面，参与者通常倾向于采用一体化或同化的文化适应策略，而对于主要的文化价值观和意识形态，参与者更有可能采用分离策略（Wang，2014）。但采用分离策略的深层动机及其后续社会影响，却未能提供充分的实证资料支持。

第三节　资料收集、受访者界定与分析程序

本书最初以在美国留学的中国学生为研究对象，但是在访谈中发现，不少受访者表示自己依赖的社交媒体是中国的微信而非美国的Facebook，其中的原因是语言上的障碍。为了检验语言是否是跨文化关系网络建构的主要障碍因素，笔者开始请受过训练的调查人员访谈在台湾地区的大陆学生。通过多点对比研究，深入探析在美国和中国台湾地区不同语言与文化环境下中国"90后"留学生以社交媒体平台为文化互动场域（interculture arenas）的文化间交往方式及其文化认同的动态过程。

一、资料收集

本书的第一手经验资料收集部分,笔者采用即兴叙述"生命故事访谈法"以理解生命秩序形成的错综复杂的途径,生命故事研究的焦点不仅是对个体行动者过往行动意向的重建,更关注行动者镶嵌于巨观社会结构历程(Apitzsch and Inowlocki,2000)。笔者以"请你分享一下自第一次接触互联网以来,跟互联网使用相关的生命故事中最重要的片段和事件"作为访谈起始引导句。笔者结合每个受访者独特的故事,针对"留学期间的社交媒体使用是如何影响你的价值、生活、行为"等面向进行追问。这种半开放式访谈,可以保留每个受访者经验性资料的独立性和完整性,也可以通过受访者的口述,收集丰富的经验资料。平均每个受访者的访谈时间为2个小时,访谈过程均有录音记录,笔者将这些受访者的口述转录为文字稿后使用 Nvivo11 软件进行编码分析。

二、受访者的选取

在中国,"80后""90后"是目前中国真正意义上的网络原生代,他们几乎都是从小学阶段就开始接触互联网的,有较好的数字媒体使用技能,由于智能手机和社交媒体的普及,"90后"中国留学生活的"网络化程度"远远高于"70后"和"80后"中国留学生。整个研究通过滚雪球的方式,共访谈中国留学生35名(主要年龄介于20~26岁,这是开始认真思考如何建立自己的认同的年龄,两个受访者分别出生于1980年和1984年以便进行比较),其中21名为在美国的中国留学生,14名为在台湾地区的大陆学生(以下简称陆生)。为了跟中国留学生对比,研究者另外访谈了3名美国籍本土大学生。在美国的中国留学生分布在美国南方的两所知名大学,一所为公立大学,另一所为私立大学,学生主修专业涵盖文、理、工多个不同专业,而14名陆生都就读于台北的一所知名公立大学,学生的专业以人文社会学科为主。受访者在中国大陆的原生家庭从农民、教师、医生、企业家到公务员和艺术家,分布广泛。

三、分析程序

本书采用 Nvivo 11 软件对录稿进行编码分析,编码程序经过"开放式编码""主题编码"和"理论编码"三个阶段,直至研究问题聚焦在美国的中国留学生和我国台湾地区的陆生在离散的情境下,如何经由社交媒体进行文化间互动及其跨文化认同的动态过程。

在主题编码部分,编码主题分为三方面:第一,需要了解社交媒体是否为中国留学生这一少数族群融入留学国(地区)主流文化提供了机会,如果是,那么是什么样的机会?第二,为了评估这些机会,需要研究中国留学生群体在日常生活中对不同媒体的参与,即他们实际使用媒体的背景(或环境);第三,为了检验中国留学生群体的文化适应状况,如在复杂的媒体环境下找寻自我,对文化和政治归属的感受等。本书研究考察了在多元文化下这一群体对中国相关新闻信息的意义构建。

在最后的理论编码部分,由于访谈资料很好地回应了跨界民族文化认同的四阶段说——"文化碰撞(冲突)、文化反思(批判)、文化调整(适应)、文化认同(自我与他者)"(雷勇,2011)。笔者根据受访者在四个不同阶段的心理感受和行动策略进行编码,试图展示受访者在离散情境下透过两个社会的规范、他人的回馈,寻找自我的文化认同的复杂心路历程。

第四节　资料分析与发现

对受访者"初次使用互联网的年龄"编码分析发现,相较于大多数在小学阶段第一次接触互联网的受访者,那些大学后才真正开始使用互联网的留学生如个案3、个案4、个案5、个案15、个案24在社交媒体的交友策略上更为保守、被动,他们几乎没有注册Facebook,没有结识新朋友的经历,也不关注留学国本地的新闻资讯,在网络空间他们主要是跟现实生活中的朋友联系,浏览"一亩三分地、MITbbs、Newpark社区"等华人论坛。可见,早年的互联网接触经历对个案留学后的社交媒体使用产生了深远影响,也证明相对"80后"、"90后"的互联网文化更开放多元,自成一体。

通过对受访者的社会关系网的规模、异质化程度及其互动内容的编码分析发现,在所有受访者中有近1/3(9位)认为"Facebook对我在这边拓展人脉起到了非常大的帮助(个案30)",是一个很好的跟当地人沟通的渠道。这些受访者有大多数在课堂上跟同学组队完成教学任务的经历,互相加入对方的Facebook,或者加入老师的Facebook成为他们的在留学所在国(地区)关键的"社交种子",借由这些"种子好友"的"朋友的朋友"推介，他们得以拓展关系网络，并通过这些关系网的社交媒体分享了解了不同世界的生活方式、价值观。除此以外，在网络空间里，对周遭互动对象的"察言观色"也是在境外留学的离散族群确认自己行动边界的一个有效方式——"你看了他发的 FB 之后，你会更好地去处理平时在线下你跟他接触过程中的言语用词、阐述问题的角度，以及避免激发矛盾等"（个案 24）。

不过，在社交媒体时代，能够借助 Facebook、Instagram、line 等留学社会主流社交工具创造异质性、跨文化社会关系网络的"90 后"中国留学生并不多，在受访者中有 18 个属于被动型 Facebook 用户，他们不认为社交媒体对融入新环境有帮助；他们拥有 Facebook，有部分人曾经深度使用过 Facebook，他们认同 Facebook 对当地人的意义，但只是偶尔上去看新闻或者朋友发表的状态，不会主动加朋友、发布个人动态。在美国的中国留学生往往把自己不用 Facebook 的原因归为没有时间，或者语言不够好。事实上，在台湾地区的 14 个陆生中，使用过 Facebook 拓展关系网络的也只有 6 个人，1 个陆生仅用 Facebook 看朋友发布的信息，另有 7 个陆生在接受访谈时几乎不用 Facebook。

尽管有少数中国留学生在经过调适期后，能够积极参与新创建的社会关系网络的互动，但几乎所有中国留学生最依赖的网络社交工具都是微信，其社交网络仍然以国内的亲友，以及在留学期间结识的来自国内的学生为主，留学期间认识的外籍朋友的数量偏少（台湾地区陆生 Facebook 好友数量远多于台湾本地学生），而且与新朋友互动的频率和深度明显不足。

不过，两所美国大学均有中国留学生 QQ 群（A 大学的 QQ 群有超过 780 名成员），以便学生分享租房、交通、二手物品交易等信息。尽管 Nvivo pro 11 软件的词频检索结果显示，访谈文本中 Facebook（567 次）出现的次数多于 QQ（552 次）、微信或 Wechat（537 次），但实际上中国留学生在日常生活中对 QQ 和微信的依赖度远远高于前者。

一、文化碰撞：互联网文化差异下的"网络文化休克"

访谈资料显示，受访者除个案 3、个案 24 是高中阶段才开始使用互联网的，其他受访者都是在小学或初一开始就使用互联网的，QQ 是他们人生的第一个社交媒体。这些 QQ 世代随后在成长岁月中，逐渐开始接触百度贴吧（14 人）、豆瓣（16 人）、博客（18 人）、人人网（31 人）、微博（30 人）、微信（34 人）等各有特色的社交媒体平台，但离开中国，留学生们发现"美国和中国台湾地区的同学基本上就只用 Facebook"，对此，甫入异域的中国留学生都多多少少产生了"网络文化休克"反应。

> 刚来的一段时间，我对台湾人对 Facebook 的专一感到超级惊讶。在大陆我们会使用各种各样的社交网站，个人不同的需求有所偏差，但是在台湾几乎把所有的功能都集成在 Facebook 上了，身边的每个人都有 FB 账号，他们把所有的事情都放在 FB 上，如娱乐、讨论、学习、工作等，如果不用的话生活甚至会受到影响，当时简直有点被惊到了。（个案 17，台湾陆生，女，传播学）

在台湾地区的陆生并没有遇到语言上的文化冲突，而是因为社交媒体文化的差异被惊到，可想而知，在美国的中国留学生所遭遇到的冲击。个案 3 是所有受访者中"文化休克"反应最大的一个，大学一年级就立志留学美国的个案 3，在大学同学还沉迷于网络游戏的时光时，其疯狂的收集各种网络资讯以了解美国的历史和文化。但真正进入美国社会，巨大的文化冲突所带来的焦虑感，让个案 3 几乎陷入了抑郁状态。

> 来这里之后，我就害怕天黑，我也害怕天亮，我害怕睡着也害怕醒来，就是那种状态。图书馆前的柱子每一根我都靠过，我就靠着，看着太阳这样晒过来，我就等着天黑。其实我们实验室要做的事情特别多，真的没有心思干，老板也慌了，经常给我打电话，但我不接他的电话。我就感觉压力太大了，没有心思，那个时候根本就学不进去。（个案 3，在美中国留学生，男，机械设计）

让个案 3 如此痛苦的原因，仅仅因为生活习惯不够"互联网化"，不够"Facebook 化"。在留学第一年的时间里，平时没有每天查收电子邮件和登录 Facebook 查看动态消息习惯的他，几乎没有正常参与过社交活动。

> 在国内班上有班长，如果有什么事情，老师都会通知班长或学习委员，由他们给学生发通知。这边完全不一样，什么都是 E-mail。就是因为这个，我错过了很多信息，有的迟交了，有的没去做。他们用 E-mail 或者 Facebook 通知，不会直接来跟你说今天有什么事情。主要是我以前没有看 E-mail 和使用 Facebook 的习惯。（个案 3，在美中国留学生，男，机械设计）

美国人日常生活的"Facebook 效应",也得到了其他中国留学生的印证,个案2、个案13都表示美国人的社交就是各种户外运动,不像中国人爱坐下来聊天,"如果你没有Facebook你收不到他们的邀请就没法去参加他们的活动"(个案13)。

此外,由于中国互联网产业的发达,相对于日本、韩国、东南亚等亚洲国家的留学生,中国学生有太多本国的互联网产品可以选择,特别是社交媒体,在国外的中国留学生得以继续通过各类社交媒体如微信、微博、人人网等与亲朋好友继续保持联络,这样造成他们的人际网络仍然以国内为主。以"Facebook"为关键词检索所有访谈文本,结果显示,来自中国台湾地区的个案35在访谈过程中95次提及Facebook,而同样在美国留学的来自中国大陆的个案19仅2次提及Facebook。对此,个案35指出,大陆的留学生普遍不用Facebook,而且认为Facebook很无聊,"大陆留学生有太多的东西可用,但是他不会去用其他的东西"。他认为,这并不利于中国大陆留学生融入美国社会。

二、文化反思:对中美互联网文化差异的冷思考

2015年,美国皮尤中心的调查数据显示,13~17岁美国青少年中有57%在社交媒体上结识过新朋友(Lenhart,2015)。在美国某大学的国际文化中心随机访谈的3名美国籍大学生,他们都表示在Facebook上结识新朋友是一种非常自然的交友方式。

> 在美国一般13岁左右就会拥有个人Facebook账户,我也是在13岁就开始使用Facebook了,现在我的Facebook好友超过1000个,不过,他们中一半以上我都不认识。比如说,我上大学以后更改了我的个人资料,很多人看到我现在的大学便向我发出加好友的申请,我并不介意,所以就都通过了,因为我希望在Facebook上变得受欢迎。事实上,我本来是一个性格很内向的女孩,不过,在Facebook上,我会变得很开放。(美国籍大学生,女,政治学)

事实上,除了表面上对社交媒体的接入习惯,在社交媒体使用上的深层文化上,中国留学生也感知到了明显的文化差异。

> (美国人使用社交媒体跟中国人)我觉得不一样,他们分享的主要

是生活上的，如周末在海边度假的照片，而且他们的照片不会 PS。也许她们的腰比较粗，但她们依然敢 po 上去，就是说她们不会特别掩饰自己形象上的不足。我觉得亚洲女孩都会把自己打扮得美美的，中国女孩都是身材比较好的才 po，我觉得她们一个是自信，一个是自然。（个案 18，在美中国留学生，男，电子工程）

作为一个再现族群形象的平台，在其他人眼里，Facebook 上中国留学生的形象又是什么样的呢？

据美国外交专刊《外交政策》报道，部分中国留学生晒鞋、晒车、晒度假照的行为，让部分美国人产生了中国年轻人爱炫富的负面印象（Liu，2015）。在社交媒体上，部分中国留学生以炫富为目的的"中国式的分享文化"不仅造成了网络空间的文化冲突，也进一步影响了现实生活中族群关系的融合。在受访者中，不少个案逐渐在社交媒体上的日常互动中认知了互联网文化的差异，他们会自发地进行自我反省，往往表现出对自我文化的一种批判与反思："他们比较喜欢交流自己在使用完一个东西的感受。国内其实还不是这样，我觉得国内很少会交流这类信息（个案 14）。"

来了美国之后，觉得对隐私的那种感觉，没有在国内的时候那么重要。你会发现他们在社交媒体上与个人生活相关的各种信息都是敞开的，只有这样你才是有人脉、有社交能力的人。就会觉得，为什么中国人不是这个样子呢？（个案 16，在美中国留学生，女，公共关系）

同时，在不同文化的冲击之下，这些离散状态的留学生得以确认自己真实的文化认同："不都说出了国才更爱国，出国是一个爱国主义教育基地（个案 34）。"离散经验为这些"90 后"网民提供了一个反思个人文化认同的切入点，在经历了各种事件，特别是亲自对比不同的互联网信息来源后，他们逐步提升了媒体素养，养成了对西方媒体的批判思维。

此外，经过最初对 Facebook、Twitter、line、Amazon 等当地热门网络的应用的蜜月期后，多数中国留学生也开始意识到自己从小就使用的各种网络应用，如淘宝、微信、豆瓣等，才是更为人性化、更适合自己各方面需求的互联网产品。

Twitter 没怎么用过，因为我觉得 Twitter 的功能没有微博多，好像是只能评论，不能转发，就是不能转发兼评论；也不能帖视频、短视

频，发图片的数量也有限制。（个案1，在美中国留学生，女，传播学）

这恰好回应了文化认同研究对"全球化过程内在的文化单一性和压抑性"的反思——如何在"全球化"的背景下保持文化的自主性？如何让日常生活世界的连续性按照自身的逻辑展开，而不是又一次被强行纳入"世界文明主流"的话语和价值系统中去（张旭东，2002）。在美国的中国留学生和中国台湾地区的陆生都是在被动地接受不同网络文化的冲击后，主动参与到不同网络文化的互动中，进而通过选择自己依赖的网络社交产品来确认、强化自己的中国网络文化认同。

三、文化调整：朝向"双文化取向"的努力与挫败

过往针对移民群体的研究一致表明，双文化取向有利于更好的学校表现（Portes and Rumbaut，2001）。本书所访谈的中国留学生大多数会尝试摆脱对原有的华人社交圈的依赖，学习新的互联网文化，参与新社交空间的网络互动，个案3就表示使用Facebook构建跨文化的情感支持网络让他体会到融入美国文化的好处。

> 大概到今年一二月份的时候，我感觉才慢慢适应下来，那么适应下来的标志是什么呢？就是融入这个圈子。用这边的社交网络和这边的人打交道，我们那个时候才开始慢慢用Facebook，换了Facebook上面的照片，和大家分享那些活动的照片，交流信息，我感觉很温暖，感觉生活才有了一点在美国生活的样子。（个案3，在美中国留学生，男，机械设计）

在检验移民群体与同辈人的社交互动上，过往学者的研究结果也显示，即使随着定居时间增加，移民群体扩大与整个社会的交往，族裔联系仍然保持强大，在所有群体中都显示了"内群体偏好"（Hamm，2000）。这个观点得到了本研究的经验资料的支持，纵使"90后"中国留学生努力尝试经由社交网络媒体扩展自己的关系网，但他们往往发现面对的是一堵无形的玻璃墙。

> 台湾的同学上脸书（Facebook）非常频繁，我也非常想和他们做一些交流，或者通过脸书展示我比较友好的一面。（个案29，台湾陆生，

女，法律）

个案 20、个案 21、个案 24、个案 29 等是一类典型的案例，他们自大陆的成长阶段就熟练使用各种网络应用，勇于尝试各种社交媒体，并经由成长阶段的各种不同社交媒体平台结识了各种朋友，包括陌生网友；在求学期间他们起初也通过 Facebook 积极融入台湾地区的社交网络，他们不仅天天登录 Facebook 了解不同的信息，还刻意使用繁体字给朋友点赞，也通过各种调侃、自嘲、吐槽等幽默方式去介绍自己的文化，澄清一些真相。个案 20 初到台湾时，常发现当地媒体报道的大陆新闻有误，她曾尝试联络刊载媒体纠正，也一次次在新闻报道下留言评论，但屡次尝试都得不到回应。

> 有时候我会发有关大陆的信息，我很希望台湾的同学能多了解一些大陆的事，我觉得这点很重要，但是我发现我发的这些内容台湾的同学并没有去关注。（个案 21，台湾陆生，女，宗教系）

在台海特殊的历史和政治背景下，这种离散者的文化冲突被进一步强化。两岸人民和政府因本身立场不同而彼此角力，又强化了本来同文同种的人民那种"你我有别、彼此不同"的感觉（郑宏泰、黄绍伦，2004）。个案 20、个案 21、个案 24 和个案 29 积极融入台湾社会却"渐渐的，就是你也失去那种热情"的经历正如克利福德（1994）所言："Diaspora 是一种生活在这里（here），又与那里（there）相连的意识，完全是冲突与对话中的文化与历史产物。"

> 我原本是个对政治不怎么敏感的人，但是来了这里以后发现，因为你的身份，我是中国人，我是大陆人，你的身份不可避免地会牵扯很多政治因素。（个案 32，台湾陆生，女，新闻系）

Bruns（2008）认为，数字媒介促进了参与，以及群体对内容的评估、共同生产和消费。随着媒体的生产和消费发生了质的改变，传媒业也改变了。以社交媒体为例，社交媒体平台上信息的主要生产者和传播者不再是专业的新闻机构，而是一个个普通的民众。表面上看，身为外来者的离散者跟本地居民享有平等的表达权，但作为少数群体的离散者，相对于处于主流文化的"本地居民"而言，在话语权上明显处于弱势。

> FB 给我的感觉，逐渐变成沉默的螺旋，那些最冲、最能煽动情绪的意见被冲到前面，而那些理性的声音反而变弱、变得没有太多影响力，这和线下交流形成反差。当台湾同学为了这整件事情而激动、振奋的时候，我作为一个陆生，我无法感同身受，于是无形中就形成了一堵奇怪的墙，我越来越不想刷 FB，去看那些信息。（个案 17，台湾陆生，女，传播学）

在社交媒体时代，过往传统媒体扮演的"平衡报道"由于把关人角色的缺失，使理性的沟通秩序丧失，进一步加剧了这种话语权的不平等，导致少数群体在网络空间被进一步边缘化。感到被边缘化的中国留学生只能跟寄居国的居民建立初级或表面的联系。这进一步解释了，为何中国留学生在跨文化关系网络的建构上并不能取得理想的成效，其中互动双方信任关系的建立难以深入是一大制约。

尽管数字媒体向少数族群提供了表达和再现的机会，但相对于主流群体的"话语霸权"而言，这种机会的存在并不足以促成哪怕一次平等有效的对话。自然地，对歧视的感知加强了族裔的认同，这也浇灭了他们起初努力融入主流文化的热情。

四、文化再认同："网络空间的反涵化"策略与行动

在这失衡的媒体环境的另一面，网络社群包括离散社群和移居社群，产生了一些与少数族群语言、参与式文化项目有关的媒体空间，以及脱离于主流之外的关于身份、表达和参与的空间（Siapera，2010）。在强势的 Facebook 网络文化下，作为"差异群体成员"的中国留学生采取了多项策略在不稳定的世界中寻求稳定的归属感。

一些受访者试图连接不同公共领域和社区，在旧关系网络内和跨文化关系网络中维持特殊、多样化和多重轨迹的社会关系，他们会主动消除跨文化沟通中的误解。如个案 24 在 Facebook 上建立了关注者超过 2400 人的"善待陆生"公共主页，而其初衷是在 Facebook 回复该大学的交流版上出现的一边倒式地对陆生的"妖魔化言论"，美国的不少中国留学生也通过一条条的评论来回应各种不实的中国新闻。

> 有些外国人因不了解中国形势而对中国乱加评论，我没有办法沉默，我会立马回复他，告诉他真实的中国是什么样的。（个案 12，在美

中国留学生，女，工程管理）

另一些受访者则通过移动媒体协商他们想要进入的共同存在社区，以及想要逃离的存在社区。例如个案33在新浪微博开设了"某某吐槽君"的账号，在微博上调侃或者反讽自己遭遇的各种"文化冲突"。还有一些受访者当遇到文化冲突无法化解时，他们会通过屏蔽好友，或者停用、少用某些社交工具的方式逃离令自己被边缘化的网络空间，相比在美国的中国留学生，在中国台湾地区求学的陆生停用或者少用Facebook的比例超过半数（8个），个案17、个案20、个案22、个案24、个案29、个案30、个案31、个案32的经历资料显示，正是网络空间里对他们的偏见和歧视性话语，让他们选择远离当地的主流社交媒体，转而回归母国的社交媒体。

对曾经生活在同一或相似社会环境的群体而言，通过共享祖国或移出地的历史、文化、象征、价值、规范，建构"熟悉"的生存空间与族群共同体，对于消除群体成员因边缘化处境和不确定因素而引发的不安与焦虑至关紧要。因此，访谈资料显示，大部分中国留学生最常用的社交媒体仍然是微信、微博而非Facebook。

在美国的中国留学生遇到了与我国台湾地区陆生同样的处境，个案18、个案3、个案6认为，国际媒体习惯丑化中国，因此，Facebook上朋友分享的新闻报道他们认为也是不可信的，他们转而将更多的时间和精力用于维系"旧关系网络"进行远距离的信息分享。例如个案3虽然人在美国但仍然通过手机App坚持收看中央电视台的《新闻联播》，而且没有使用Twitter关注西方媒体的新闻账号。这批"90后"中国留学生都是微信和QQ的重度用户，而QQ母公司腾讯推送的中国新闻成为他们获取新闻类资讯的最主要来源。这些回归母国社交媒体的中国留学生自然也继续从中国媒体学习社会规范，建立自己的文化认同。

> 每天必备的一点就是看热门微博，是24小时的热门微博，这样你可以随时了解国内目前的流行趋势，还有其他各个方面。（个案4，在美中国留学生，女，教育学）

2015年，纽约华裔警察梁彼得涉嫌配枪走火误杀黑人男子被起诉，在白宫网站主页上在美华人发起请愿活动，希望能征集到10万个签名。不到一个星期，12万多名华人在白宫请愿网站上进行联署签名，呼吁检方撤销起诉。受访者中不少人参与了此次声援签名活动，受访者主要是通过所在学校的微信群、QQ 群获知网上签名请愿的信息和超链接的。美国媒体对该事件的报道很多倾向于判梁彼得有罪，就连多个以第二、三代华裔移民为主体的亚裔社区组织，如亚裔反暴力联盟、亚太劳工联盟、亚裔美国人正义中心都发布 Twitter 支持判决（冯兆音，2016），但中国媒体则提出了各种无罪的证据。

民族国家致力于维持"建立在个体意识形态上的权力及合法性"——无论是个体的忠诚，还是国家领土所有权及国界的独占性。离散群体挑战了国家意识形态，但他们也感受到自己被困于其中。原籍民族国家要求忠诚和承诺，而定居的民族国家也有同样的要求（Georgiou，2013）。在面对立场截然相反的新闻报道时，这些生活在社交媒体时代的"90 后"中国留学生如何在不同的意识形态和文化冲突中作出判断，在纷繁复杂的信息中构建出意义呢？

意义构建是个体对信息的一种有利于自己的合理化解释。意义构建可以被定义为通过个体预先存在的认知框架将获得的新闻信息插入新知识的过程，它包括理解一个情况或环境，这种理解可以成为一个行动或知识的基础（Weick，Sutcliffe，and Obstfeld，2005）。从梁彼得案可见，在社会化媒体时代，传播媒体的数量显著增加，受众的信息消费行为更加碎片化，但媒体依赖理论中提及的政治、经济和文化制度等宏观层面的因素在影响个体对新闻事件的意义构建上依然占主导地位。当中国离散族群通过媒体接触到不同的、有时是互相冲突的意识形态框架时，中国的社交媒体如微信、微博、QQ 等演变为政治和文化身份被动员的空间、身份和公民归属之间的连贯性被不断再现，而这些空间作为策略，引导留学生们所在的这个复杂世界的走向。

在华人社群史无前例的族裔抗议行动下，华裔警察梁彼得脱离牢狱之灾，获得了轻判，但这场被视为"微信运动"的成功案例中，科技仅仅发挥了促进作用（方可成，2016）。我们更要跳脱出对微信等社交媒体技术本身的关注，来探讨这场社会运动背后，华人离散群体跳脱寄居国本土新闻报道框架，在网络空间建构出远距离的离散文化认同的努力。

结　　语

Mattelart（2002）提出，新媒体和旧媒体并没有什么不同，它没有挑战社会经济的不平等，反而常常加剧这种不平等。本书的经验资料反驳了"新媒体具有解放少数群体的可能性"的论述，少数族群并未因大众媒体限制的减少，而在社交媒体上找到更大的言论空间，社交媒体对离散族群的"解放效应"具有局限性。

在网络空间的跨文化互动中，不同文化之间的冲突，未能如技术乌托邦主义者所期待得到进一步消解。数字时代，社交媒体成为散居族群政治动员和寻找文化认同的线索，也是将族群认同和公民身份之间的连续性定期复制并用作为这些参与者在其生活的复杂地理和心理空间导航的工具。某种意义上，新传播科技强化了不同族群的文化认同，加大了不同文化之间的差异。

过往研究已经关注"文化休克"现象的存在，在数字时代，作为离散者的中国留学生早年在中国大陆的社交媒体使用经验与海外互联网文化形成新的"数字文化冲突"。这不仅加剧了"文化休克"现象，还为离散者的社会融入带来新的挑战。虚拟空间的这种文化冲突，在一定程度上印证了阿兰·鲁格曼对"全球化的终结"的悲观预言：人们所谓的全球化，不过是由最为强大的三极集团，即美国、欧盟、日本三个经济巨人主导下的超级跨国公司的全球化经营，而非人们所想象的无限制扩展的经济全球化，虽然存在着一些推动全球化的经济力量，但是更存在着极强的文化和政治壁垒（Rugman，2001）。

正如欧洲移民与媒介研究者所言：当代媒体环境的日趋复杂，导致"评估给自由表达和多样传播造成的后果"也越来越困难。政策和研究轨迹——要么关注国家和企业对数字媒体的支配，要么过于强调数字媒体对人的"解放效应"——都没能看到数字世界中这两面的内在矛盾和连贯性。正是在这种环境下，"关注用户而不是技术本身"的实证研究才变得更有用处（Georgiou，2013）。

第九章　学龄前儿童使用数字绘本 App 的新媒体素养

随着学龄前儿童接触新媒体文本的机会增多,学龄前儿童阅读数字绘本的市场也正在蓬勃发展。延续"儿童绘本""电子书"等领域研究成果,本研究从新媒体素养观点,探究学龄前儿童使用数字绘本 App 历程的素养实践特征。

研究程序分为三个阶段:①依绘本叙事类型,选定 5 个儿童数字绘本 App 作为实验文本;②以参与观察法和访谈法,对 18 位受访者进行阅读行为的观察记录;③进行"扎根理论法"分析。

本章归纳出四项学龄前儿童使用数字绘本 App 的素养实践特征:①倾向进行与"生活经验相关"的文本解读;②受"文本中的性别意向"影响显著;③沉浸于"任务导向"游戏设计的互动情境;④灵活应用"语音线索"的导引功能。最终建议未来数字绘本 App 的设计与教学,应走向"以儿童为中心"的发展方向。

随着当代数字出版业以及电子阅读设备的发展,人们的阅读形态被改变了,特别是成长于新媒体时代的"数位原生代"(digital natives),他们逐渐习惯于通过手持多媒体移动通信装置,经由"应用软件"(Application,简称 App)的使用,进行在线信息的阅读与搜集,此种特有的新媒体使用经历,对于大众媒体时代的阅听人是前所未有的。因此,对于当代媒体素养与识读教育而言,如何协助成长于数字化时代的儿童,让其具备必要的"数字素养"(digital literacy),提升其数字学习与信息搜寻的潜能,是极为重要的新媒体教育工作(Ng., 2012)。

由于数字出版与新媒体技术的革新,应用于移动装置或平板电脑的新型"电子书"(E-book),已成为当代儿童数字出版市场的重要阅读平台(Pew, 2012);它是针对学龄前或 0～8 岁儿童所设计的 App——"数字绘本"(digital picture books) App,或称"增强型数字绘本"(enhanced picture books,简称 EPBs),不仅是当前电子书市场的主流出版形式,更是关心儿童识读教育与媒体教育者持续关注的议题(Kimmel, 2012)。因此,本章尝试整合儿童绘本、电子书与数字绘本 App 等诸多新媒体研究的成果,从新媒体素养的观点出发，探究儿童数字绘本 App 的设计过程需要关注哪些关键的素养实践行为。

第一节　数字绘本与"App 文化"

　　数字绘本，是指一种利用数字信息科技，将纸质绘本中的文字、图画与故事情节，辅以声音、动画与游戏互动等多媒体形式的数字化故事书。换言之，有别于传统纸质绘本，数字绘本是当代数字出版的新兴商品类型，它延续传统绘本以图画为主、文字为辅，甚至是"无文字图画书"的形式，融合影音制作、游戏设计等叙事元素，为当代儿童，提供了一种融合文字、图画、游戏与学习潜能的新媒体（Henry and Simpson，2001）。

　　事实上，将数字绘本应用于儿童的识读教育与社会化学习的尝试，并非一个全新的研究议题。早在 1993 年电子书首次现身德国法兰克福书展起，电子书所具有的互动与游戏等特性，即吸引儿童识读教育者的高度关注（洪美珍，2000）。诸多媒体教育研究者着手设计可用于计算机、光盘与在线数字学习网站的儿童辅助教材（李宝琳，1999）。随着智能型手机、平板电脑以及其他移动装置的普及，"移动应用软件"（mobile application）改变了人们阅读活动的样貌。

　　随着移动通信与年轻世代的成长，使用 App 的浪潮更加汹涌，一种"App 文化"正逐渐兴起。2010 年，美国皮尤研究中心的调查数据显示，35% 的美国成年人手机中装有 App。2011 年的调查数据显示，75% 的平板电脑拥有者和 38% 的手机用户，曾下载多种 App 到其移动设备上。同时，家长们比非家长们更乐于安装不同类型的 App，特别是下载专为儿童设计的 App，尤其是教育类 App（Pew，2014）。

　　2012 年，致力于提升儿童数字学习能力的美国"琼甘兹库尼中心"（Joan Ganz Cooney Center）发表论文进行讨论，针对学龄前儿童所设计的 App，能否提高儿童识读学习成效。文中亦提及针对 iTunes 应用软件商店的销售情况，付费的教育类 App 是最受欢迎的。72% 的教育类 App，以学龄前儿童或者小学生作为目标用户（Guernsey，2014）。2013 年，英国国家文教基金的报告显示，39% 的儿童每天使用移动设备（包括平板电脑和电子书阅读器）进行阅读。在 2011—2013 年，美国阅读数字绘本的儿童人数从 6% 增长至 12%，52% 的受访儿童表示，他们更喜欢在移动设备上进行阅读

(张煜麟，2013）。

随着智能手机及移动阅读设备的普及，数字绘本 App 的使用，已成为儿童识读与学习启蒙的重要教育工具；诸多儿童图书出版者均致力于将纸质绘本，透过"媒材转换"（medium shift）的过程，制作出具有教学潜力的数字绘本或增强型数字绘本（Sargeant，2013）。因此，在 App 文化崛起的时代，以儿童为中心进行数字绘本 App 的设计，是刻不容缓的研究议题。

第二节 数字绘本 App 与儿童新媒体素养教育的关联

截至今日，针对儿童所设计的数字绘本 App，仍具有早期电子书的设计要素，如"强调文字需透过屏幕进行呈现""具有类似纸质图书的编排构成（包含目录、页数等设计）""有组织的题材或主题"与"多媒体媒材的应用"等（Anderson，1997）。整体而言，现有的大多数数字绘本 App 作品，仍以既有纸质绘本故事为基础，开发数字文本的绘本作品（Donahoo，2011）。

延续过往绘本研究的成果，当代数字绘本 App 与儿童新媒体素养教育的论述，一般可区分为：提升儿童的"识读""亲子与人际沟通""创造力学习"三种能力的面向论述。

一、识读能力的面向

目前，数字绘本 App 的设计与提升儿童识读能力的研究，主要采取认知心理学的角度，并主张搭配动画与文本叙事而设计，因具有"多模态文本"（multi-modal text）的特性，有助于降低儿童的"认知负荷"，提高幼儿识读学习能力（Korat，2010）。实证研究数据多数肯定，相较于传统的说故事方式，透过数字绘本 App 的自主阅读方式，能够让儿童展现出更持久的"阅读涉入度"（Moody，et al.，2010）。

不过，少数早期电子书与阅读成效的研究者发现，电子书的互动设计，若过度强调"游戏模式"，有可能造成儿童难以完整阅读整个故事，反而降低了儿童对叙事理解的学习（Jong and Bus，2002）。因此，如何克服绘本在加上动画与互动热点后所导致的儿童阅读轴线偏离的问题，是数字绘本 App 设计上仍须克服的问题。

二、亲子与人际沟通能力的面向

除了利用数字绘本来提高儿童识读能力，是否会因数字绘本 App 的使用，影响亲子"共读"（co-reading）绘本的过程，改变亲子与人际互动的关系，亦受笔者的关注。部分学者尝试从儿童、家长与教师互动的层面，引入绘本设计研究中的"生态取径"（ecological approach），将数字绘本 App 的应用过程，视为"互动性故事经验"，探究数字绘本 App 设计与互动情境之间的关系。进一步地，学者们主张，数字绘本 App 的设计，若能够从家长、图书馆馆员与教师之间的互动关系来进行设计，将有助于化解数字绘本 App 的使用对亲子关系的影响，转而提升亲子互动的质量（Meyers，et al.，2014）。

此外，晚近学者也透过经验研究证实，若数字绘本 App 能够透过语音设计邀请成人共读绘本内容，则数字绘本的使用，是可以在互动性的基础上带来世代间更多的联系，来推动娱乐与教育学习整合的可能（Sargeant and Mueller，2014）。

三、创造力学习能力的面向

如绘本研究者所言，绘本自身常具有一种不易为读者所察觉的特性，此种倾向具有某种反传统与创造的可能，通常拥有游戏与逆反的特质。而透过数字绘本 App 所具有的"非直线性"、"多重观点"、"谐拟"（parody）、"呈现书本的物质特性"、"强调读者与作者共构故事"、"让叙述者或闯入者"（intruder）于故事中现身等"后现代叙事"（metafiction）的设计特性，引发儿童创造力的养成，亦是当前数字绘本 App 设计的主要方向（Turrión，2014）。

综合整体而言，当前数字绘本 App 的设计与儿童新媒体素养能力的研究，大体上可分为三种构面的成果：①识读能力的面向。强调数字绘本 App 的多媒体设计特性，能够提高儿童在故事阅读上的理解能力。②亲子与人际沟通的面向。强调数字绘本 App 的设计，应加入互动与回问机制，引发亲子互动的可能性；③创造力学习的面向。探究后现代叙事的设计，有助于引发儿童创造力思维的养成。最终，这三种能力面向的研究论述，大体上认定数字绘本 App 的设计，若能充分发挥"多重文本"与"后现代叙事"的素养实践，有助于提高儿童面向新媒体素养能力的潜质。

第三节 研究数字绘本 App 的问题意识

检视当前既有的儿童数字绘本 App 研究成果，或许是因儿童数字绘本 App 仍属新兴媒体作品，且作品数量仍旧不足的缘故，多数数字绘本 App 的研究，仍将儿童绘本想象成一种性质单一、功能类似的数字教学媒材。有关数字绘本 App 所具有的"重复性"（repetition）、"中介性"（mediation）与"游戏性"（playfulness）等媒体特性，如何影响儿童使用数字绘本 App 行为的经验研究，目前仍十分缺乏（Meyers, et al., 2014）。

因此，本研究尝试依循以儿童为中心，从儿童实际使用数字绘本 App 的媒体素养经验出发，探究两个研究问题：一是能够吸引儿童进行自主阅读的数字绘本 App，其中，含有哪些关键性的素养实践行为？二是当数字绘本 App 应用于儿童的教学活动时，不同面向的新媒体素养能力的养成，需要哪些设计原则呢？

一、研究对象的选择与研究设计

（一）研究对象的选择

本书以 5～6 岁的儿童作为研究对象，选定安徽省宿州市一家公立幼儿园，作为收集研究对象资料的所在。选择安徽省宿州市的原因，在于此地既非经济较发达的东南沿海城市，也非相对欠发达的西部城市，其具有目前中国普通城市的一般生活特性，因此，此城市中的儿童接触新媒体产品的状况，更能反映当前中国社会的一般现状。此外，该市公立幼儿园的儿童主要来自城市中产阶级家庭；且教师多有幼儿教育专业背景，在日常的教学活动中会采纳绘本作为教具。

考虑到儿童表述能力与沟通成熟度的差异，选取年龄均在 5～6 岁的幼儿园大班儿童作为研究对象。考虑儿童的"性别因素""是否曾有 ipad 使用经历""手机游戏使用经历的多寡"，以及"学习能力中等以上"等因素，从大班 3 个班共约 150 名儿童中，随机选取女孩 10 人、男孩 8 人，共计 18 名儿童。

(二) 研究设计

在研究设计方面，选择 5 个具代表性的儿童数字绘本 App，让 18 名参与研究的儿童进行自主学习，研究过程采用"参与观察法"（participant observation method）和"主动访谈法"（active interview method），对儿童使用数字绘本 App 的行为进行记录。

1. 参与观察法

笔者扮演幼儿园讲故事的老师，即采用角色扮演的方式，透过参与观察的方式，在陪同儿童阅读数字绘本的过程中，收集第一手的实验资料。实验过程主要记录三类信息：第一，记录儿童在使用数字绘本 App 的过程中，儿童注意力的变化，诸如个别的文字、童话、动画、声音等内容，引发其何种阅读行为反应，以及跨媒体的文本设计对于儿童注意力焦点的影响；第二，观察儿童能否按照数字绘本 App 的提示，自主地进行游戏，若儿童遭遇阅读过程的互动障碍时，其如何寻找操作可能性，持续数字绘本的阅读行为；第三，对幼儿园的儿童及老师进行访谈，了解儿童日常如何进行阅读、对数字绘本 App 的喜好度高低，以及是否有使用数字绘本 App 的相关经验，并要求儿童尽可能地表述使用数字绘本 App 的感受。

2. 主动访谈法

本书以非结构式访谈法，对研究对象，以开放式问题进行访谈。在访谈操作上，邀请儿童以"把你看到的故事画下来，讲给老师听"的起始问句，进行资料的收集。共访谈 18 名儿童，总访谈时间超过 20 小时。

在施测读物的选择上，选定能够支持 iOS 平台的数字绘本读物进行评估。选择的儿童数字绘本读物，内容类型涵盖"知识陈述类""故事叙事类"，互动类型则涵盖"动画设计类""拼图游戏类""丰富故事场景类"。最终，在"知识陈述类"中选定《海洋——儿童的动物历险记》与《好饿的毛毛虫》，在"故事叙事类"中选定《糖果屋》《晚安，小绵羊！》《睡美人》，共计 5 个儿童数字绘本 App 作为施测读物（见表 9-1）。

表9-1 数字绘本App与施测对象对照

数字绘本名称/发行公司	内容简介	内容类型/互动类型	互动设计特性	施测个案（计18个）
海洋——儿童的动物历险记/Fox and Sheep	包含30多种海洋生物的生活信息的介绍，引导儿童认识海洋生物	知识陈述类/动画设计类	1. 采用2D动画，点击图示，呈现海洋动物信息； 2. 以60个短动画片，呈现海洋生态样貌	个案4（男）、个案8（男）、个案12（男）、个案16（女）
好饿的毛毛虫/StoryToys Entertainment	关于毛毛虫、棕熊、海马、种子等科普性知识，并附加相对应的游戏	知识陈述类/动画设计类、拼图游戏类	1. 以3D动画，立体呈现毛毛虫动态图标； 2. 以拼图游戏的方式来展现生物科普知识	个案3（女）、个案6（男）、个案10（男）
糖果屋（格林童话）/StoryToys Entertainment	女巫两次把一对兄妹诱骗到森林。兄妹俩因吃了女巫糖果屋里的糖果，而被女巫抓起来，然后兄妹俩机智地从女巫的糖果屋逃出来的故事	故事叙事类/动画设计类、丰富性故事场景类	1. 平均每3页以文字说明，并配合3D场景，展现故事情节； 2. 共39页，11个3D场景	个案1（女）、个案5（男）、个案9（男）、个案15（女）、个案17（女）
晚安，小绵羊！/Fox and Sheep	由获得奥斯卡金像奖提名的美术家海蒂·威特林格设计。故事内容围绕农舍里小动物们关灯展开	故事叙事类/动画设计类、丰富性故事场景类	1. 包含动画、摇篮曲音乐和旁白，点击关灯，旁白； 2. 2D插图动画、设计了13种互动动物，分为夏、冬两个版本	个案2（女）、个案7（女）、个案11（女）、个案18（男）
睡美人（格林童话）/StoryToys Entertainment	公主受到坏仙女的诅咒而沉睡了100年，只有王子的亲吻，公主沉睡的诅咒才能被解开的故事	故事叙事类/动画设计类、拼图游戏类	1. 以拼图游戏的形式，展现故事； 2. 以3D动画呈现故事情节	个案13（女）、个案14（女）

在施测过程方面，笔者作为老师带领儿童，协助其对所选定的数字绘本进行自主阅读。数字绘本 App 与施测对象的对应关系，见表 9-1。在儿童阅读绘本过程中，笔者采用"参与观察法"，引导儿童关注数字绘本中的图画、动画与文字等内容，及时提问儿童有什么新发现，询问儿童是如何理解数字绘本 App 中所设计的图标的含义的，并记录儿童是如何持续进行数字绘本游戏的。当儿童向笔者求助时，笔者只进行提示，不直接参与问题解决，维持儿童在阅读实验中的自主性。在儿童完成数字绘本阅读后，借由"主动访谈法"方式，以会话与追问方式，获取儿童使用数字绘本 App 的经验信息。

二、资料分析与发现

通过上述研究设计操作，本研究收集到 18 名学龄前儿童阅读数字绘本的记录与访谈资料。透过扎根理论方法的分类与操作，本研究归纳出下列四项儿童阅读数字绘本的素养实践行为。

（一）进行与"自身生活经验相关"的阅读实践

与学习主题相关的"先备知识/经历"（prior knowledge/experiences），是过往教学与课程规划的重要教学策略之一（Keene，2007）。研究资料显示，若绘本的设计能够与儿童生活经历相关联时，儿童既有的先备经历，确实具有引导儿童进行自主阅读数字绘本的作用。

以个案 4 为例，由于该研究对象曾参访水族馆，并与家人同赴海边观察海洋生物，这些与绘本主题相关的生活经历，如"先备知识/经历"般，影响个案 4 的阅读过程。在阅读《海洋——儿童的动物历险记》绘本时，个案 4 的直觉反应如下：

> 以前我妈妈带我去海边捡过一只海星……我们家养过一只乌龟，但是这只跟我们家的不像，（为什么不像？）因为我们家养的乌龟脖子没有这么长。（个案 4）

从个案 4 的行为可见，儿童先前经由学习活动所累积的生活经验，是儿童接触数字绘本行为的重要参照经验，此点可作为阅读数字绘本的关键素养实践行为。

除了各类学习活动所提供的生活经验，儿童在日常生活中所经历的教育，也是其阅读数字绘本的重要参照。以个案 5、个案 9 为例，他们在阅读《糖果屋》绘本时，会很自然地完成帮助绘本中的小男孩刷牙的游戏任务（把屏幕上的牙刷图案，拖到男孩牙齿上摩擦）。笔者询问他们"怎么知道要这样操作？"时，他们展示了自己平时刷牙时的动作。个案 17 在阅读《糖果屋》绘本时，当屏幕上出现满是糖果的牙齿时，个案 17 立即大声说："张开你的大嘴巴！张开你的臭嘴巴……"；同时，她拖住屏幕上的牙刷来摩擦牙齿。这些观察资料说明，在阅读数字绘本的过程中，儿童会出现应用其过往的教育经历，进行阅读行为。

此外，在上述个案 4 的记录中，他在阅读数字绘本《海洋——儿童的动物历险记》时，以自家养乌龟的经历，质疑绘本中乌龟脖子的长度，认为绘本中的乌龟不符合常理。个案 2 也在阅读数字绘本《晚安，小绵羊》的过程中，通过与自身的日常生活经历进行比较，质疑绘本中所设计的灯的开关样式，与她过往的生活经历有所不同。个案 11 在阅读《晚安，小绵羊》的过程中，通过反复观看动物的动画，不停地询问动物身上的动画图像的意义，最后，她更认定闭着眼睛睡觉的鱼，是一个常识性错误。

> 我观察了很久，发现有个东西，跟生活中不一样……我家的（开关）是这样的，但是小羊家的（开关）我们家没有。（个案 2）

> 这个一亮一亮的是什么呀，像报警器……为什么牛的肚子一上一下的……牛前面的腿一个跪，后面的腿一个跪，就睡着了……为什么羊一会儿睁眼一会儿闭眼……鱼的下面为什么没有彩色的小石子呢……鸡宝宝为什么不躲在鸡妈妈后面睡觉呢……猪睡觉的时候为什么屁股要一抖一抖的……鱼为什么不睁着眼睛睡觉呢，妈妈说鱼都是睁着眼睛睡觉的。（个案 11）

有趣的是，受访儿童对于绘本图像的这些质疑说明了，儿童在日常生活中所累积的经验，是引导他们进行数字绘本阅读的主要影响因素。因此，与儿童日常生活经历相关的主题与元素的合理编排，是儿童阅读数字绘本的关键素养实践行为。

（二）受"文本中的性别意向"显著影响的阅读实践

过去有关绘本教学与学龄前儿童性别教育的论述，主要有两种观点。第一种观点，持批判的立场，强调绘本童书的内容，常反映了社会大众对于性别角色的刻板印象。因此，绘本内容的选择，应具有批判解读的意识（杨美雪，2000）。第二种观点，则从正面角度肯定，透过既有的游戏式及融合绘本的教学活动，有助于学龄前儿童正确了解性别，以及对自己性别的认同（沈玟宜，2013）。不过，这两种观点的前提，基本上都假设绘本内容的性别偏向印象，对儿童阅读绘本具有影响。本书研究观察发现，应用数字绘本的教学过程，有必要关注性别偏向的内容，这对于儿童阅读绘本的素养实践具有影响。

从对 18 位参与研究的儿童的观察资料显示，相对于女孩，8 名男孩在阅读数字绘本时，他们更倾向于阅读具有高度探索与挑战性的数字绘本，他们普遍选择充满未知性的游戏设计，对于偏阴性特质的图像设计与故事情节，他们缺乏阅读兴趣。观察记录显示，存在于绘本主题、影音图像与互动机制中的性别意向，实质影响儿童的阅读涉入感，亦是影响数字绘本 App 设计的关键素养实践。

举例而言，个案 4，他在阅读数字绘本《海洋——儿童的动物历险记》时，阅读的轴线跳脱绘本原有的叙事主题，以一种挑战与冒险的态度，不断地边点击图案边发问"这是什么？"，并且兴奋地向老师展示他透过点选，所发现的惊奇与喜悦。这种具有强烈游戏涉入感的行为，明显地出现在男孩接触高度挑战性的绘本情节时。

> 这是什么？哦！点一下它就圆了，再点一下就扁了。这个是啥？我点一下，叭！怎么回事？这是什么？点这个会怎么样？它到里面去了。你看它变大了，还有好多鱼……又变了……哦！这个跟它一样了！（个案 4）

类似的，还有个案 6 在老师讲解如何在 iPad 上阅读《好饿的毛毛虫》绘本时，其并不理会老师的说明，而是直接专注于玩游戏，然后，在一系列错误探索以及"自问自答"中，摸索出了数字绘本中的游戏路径。

> 这是我的积分，这都是游戏吗？（听老师讲完：毛毛虫它很饿……）点错了，啊，这是干嘛的，给它最想吃的东西吗？不对，点梨子吗？……不对。（个案 6）

此外，个案 9 在进行《糖果屋》的数字绘本游戏时，同样也不听游戏规则的说明，即开始尝试游戏，在老师没有念完故事的当前页时，就翻到下一页。在玩游戏的同时还使用各种拟声词，如帮兄妹找糖果屋时，一直喊着"呜、呜、呜……"，给兄妹俩加油。在玩"帮兄妹俩过河的游戏"时，说"这是干什么的？（打断）哦！小鸭子！"然后在教师试图回应他："你怎么知道这样就可以过河了"时，他一直在玩游戏，没有回答。

相对于男孩在阅读数字绘本时多数出现对游戏产生高度涉入感的现象，研究中所观察的女孩，则更多地关注绘本中的人物形象与故事情节的设计。以个案2阅读绘本《晚安，小绵羊!》的过程为例。她在绘本的主画面打开后，先观察画面一分钟，才开始尝试点击画面，但是并没有发现有变化，她继续观察画面中的图案，直到两分钟后，在老师的引导下她才发现游戏中的电灯开关。

个案11在《晚安，小绵羊!》里也同样对着主画面，不知道要做什么事情，在两分钟后才试着问"要干什么"。随后，看到房间里开关在闪动，才问：

> 这是什么？（你猜猜这是什么呀）这个红色的一闪一闪的，像报警器。（那你觉得它是干什么用的）不知道。（那你可以试着点一下）（灯灭了）。（个案11）

此外，个案14、15、17等女孩，也都是在听完老师对数字绘本的介绍，并参与讨论后才开始玩游戏的，在游戏开始前均长时间仔细观察游戏界面，没有急切地启动游戏模式。

总体而言，研究观察到，绘本的主题、图像与互动设计，均潜藏了性别偏向的差异。因此，参考绘本的主题与教学应用的情境，适度地应用性别偏向的差异，来设计绘本的内容，是数字绘本App设计所应考虑的重要素养实践行为。

（三）沉浸于"任务导向"游戏设计的互动情境

数字绘本App，作为游戏、动画与多媒体的结合，可以说是当代"严肃游戏"（serious game）的类型之一，具有引导儿童的作用；在游戏中，儿童经由动画与多媒体的接触，开展"多重型态素养"（multi-modal literacies）的学习（Hawkins，2014）。研究发现，对于以儿童为目标用户的数字绘本而言，故事的设计并不需要复杂或多变的"叙述情节"（narrative scenario）。相对地，符合学龄前儿童的数字绘本，应以简单、易懂的"叙述情节"，配合"任务导向"（task-oriented）的脚本设计，作为主要的素养实践。

以本书研究所采用的数字绘本《糖果屋》为例，此绘本的设计，以多数需要儿童完成某项任务后故事才得以继续。例如第一个游戏是帮主人公一家人盖一栋房子。首先，要拖动木头到木墩上，主人公自动劈开木头；其次，将木头拖动到树上，并重复动作两次，再点击油漆桶给房子上色；最后，还需要点击装饰桶进行装饰。整个互动过程，至少需要7个以上的步骤才能完成该游戏的任务。

上述这种略带复杂的任务导向的游戏脚本设计，正是吸引儿童使用数字绘本 App 的因素之一。以个案5为例，其阅读《糖果屋》时，在协助故事中主角躲避女巫的搜捕时，他小心翼翼地操作着指定的画面动作。一方面显得非常紧张和焦急，自言自语地说"好害怕，要是被老巫婆看见了怎么办"，另一方面不断寻找克服游戏中障碍的技巧，通过不同环节各个任务的完成获得满足感。

类似地，个案11与个案18阅读《晚安，小绵羊!》绘本的记录也显示，"任务导向"游戏脚本对于儿童的创造力启发具有若干的影响。由于该绘本设计了一组关灯与晚安之间的互动联结。因此，儿童必须设法找出一道隐藏的小灯点选机制，才能顺利完成游戏。有趣的是，个案11与个案18，两位儿童均直觉地接受了这项寻找隐藏机关的操作任务，他们通过自己的思考与判断，完成了这项任务。

……这个（数字绘本）好玩，帮它关灯，我不知道，就想一想怎么帮它关灯，我想好之后，我看看那个亮的，我就关下，看看就知道了。（个案11）

……这是游戏，得让人摁它……这是游戏，得让人摁摁摁，跟我妈妈给我讲故事不同，这个游戏需要自己点了再翻。（个案18）

整体而言，在研究观察的过程中，多名参与研究的儿童，对于游戏中的任务与挑战，表现出积极的好奇心，愿意对游戏开发者所设计的任务进行创造性的尝试与探索。因此，积极涉入"任务导向"游戏互动的行为，是数字绘本 App 设计的重要素养实践行为。

（四）灵活应用"语音线索"的引导功能

相对于纸质绘本以图画与文字符号的搭配，作为设计的重点，语音互动的应用，是数字绘本 App 设计的关键。研究记录显示，语音互动机制的存在，能协助儿童克服尚未识字或识字不足的能力限制，而自主操作各种视觉符号与互动接口，来理解数字绘本的内容。

以个案 7 为例，在完成《晚安，小绵羊！》的阅读后，老师询问其是否喜欢数字绘本的问题时，她明确地回答："是，因为它能说话，这样（书）就不用看字了。"这也说明通过语音辅助机制的协助，学龄前儿童可以在识字能力不足的条件下，经由数字绘本的协助，能自主地完成阅读。

而个案 1 在老师引导下，读完《糖果屋》数字绘本后，可以明显观察到她会按照自己的理解，加入"拟声词"来重述故事的情节。这种重述情节的方式，也显示语音设计对于儿童的阅读具有重要的影响力。

> 他们逃出来以后，过河，求小鸭子。小鸭子、小鸭子，可以让我们骑在你又白又漂亮的羽毛背上过河吗？然后，他们跳、跳、跳，过了河。（个案 1）

此外，"语音互动"界面除了具有协助学龄前儿童独立完成绘本的阅读功能，配合"播送、暂停、前进、后退"等按钮的设计，还引导儿童可以自主地阅读较为复杂的剧情内容。

以个案 12 观看《海洋——儿童的动物历险记》绘本为例，他自主地点选具有"语音"引导的播放按钮，反复地阅读故事内容，而且在点选每一个生物图案时，他都会寻找图案中是否有影音动画。一方面让他从绘本中获得游戏的愉悦感，另一方面帮助他认识生物种类的多样性。

> 这是很多很多动物居住的地方，这是很多很多鲨鱼居住的地方，这是深海鲨鱼居住的地方……是不是动的东西碰它才会动？不动的东西碰它就没反应？（在阅读绘本过程中，对笔者提出问题）……好玩，有的动物的名字我还不知道呢。（个案 12）

通过上述的观察，数字绘本中的语音设计，具有两种功能：一是它通过语音与音乐的设计，突出图案的内容，增加了趣味性，从而吸引儿童的注意力；二是这些语音的互动设计，引导儿童在视觉意向之外，透过语音与声音的感知，获得更为复杂与多重的知识。

结　语

有别于过往数字绘本 App 设计策略的研究，或从图文叙事角度来思索设计的原则，本章尝试从新媒体素养研究的角度，思索儿童阅读数字绘本的重要素养实践，通过"以儿童为中心"的研究观点，对儿童数字绘本阅读行为进行观察与记录，以响应研究所提出的两个问题。从研究资料归纳出：与"生活经历相关"的素养实践、考虑"性别意向"的素养实践、以"任务导向"开展游戏脚本设计、应用"语音线索"的导引功能等，是从儿童实际使用绘本的行为所归纳的素养实践，可作为响应研究问题一的参考。

针对研究问题二所提出的，在教学活动中应用数字绘本 App 时，不同面向的儿童新媒体素养能力（如识读能力、社会沟通力、创造力）的养成，需要扣连哪些素养实践的问题？以上述四项观察所得为依据，分别讨论这四项素养实践，在三种能力面向的适用性，借以响应第二个研究问题。

一、与儿童识读能力相关的讨论

当代荷兰、日本与以色列等地的研究者，从词汇测量、生理反应等方面的实验，肯定数字绘本 App 的应用，有助于儿童词汇习得、故事表达与字母印象等识读素养的提升（Turrión，2014）。通过对数字绘本教学个案的观察，研究发现在绘本的主题、图像与互动的设计上，若能够充分与儿童既有的"生活经历"相扣连，且灵活应用"语音线索"的引导，能有效地提高儿童识读的学习程度。

以本书研究所选定的"知识陈述类"《海洋——儿童的动物历险记》绘本为例，该绘本涉及许多海洋生物的介绍，内容有助于儿童识读各类海洋生物的词汇，启发儿童对科普知识的学习兴趣。就绘本的教学应用而言，具有提高儿童科学知识识读能力的可能。通过对参与研究的儿童的学习记录的观察发现，有接触海洋生物经历的儿童，在接触此绘本时，显然具有较高的识读学习成效。因此，就《海洋——儿童的动物历险记》绘本后续的设计与教学而言，在设计上，不仅是将纸质绘本加以数字化的做法，还应在进入数字绘本之前，提供如海洋生物的实景拍摄片段，或者是其他有助于儿童理解海洋生物的图片。在教学建议上，在儿童使用此绘本之前，先透过影片介绍或图片导览,对绘本中涉及的海洋生物,提供相关的生活经历,此种做法有助于提升儿童"知识陈述类"绘本的识读学习成效。

另外,研究发现,具有高质量语音互动接口的数字绘本,在知识类与叙事类绘本的应用上,均有提升儿童识读学习的效果。这是由于多数学龄前儿童普遍不具有识字阅读能力。因此,除了透过绘本中的图片与场景,影音线索的应用,还提供故事情节帮助儿童理解绘本,通过角色扮演的陈述、描述与解释等功能,协助儿童自主地完成阅读。

二、教师与亲子互动关系的讨论

回顾过往纸质绘本与儿童教育的研究,多数研究证实,绘本或图画书的使用,对于儿童识读教学的实施,以及儿童自主学习的历程,极具正面的增强效果。特别是对于推动亲子共读的行为,以及提高儿童社会互动经历等方面均有经验数据(黄若涛,2006)。就本书研究的观察而言,数字绘本 App 的使用,确实会影响教师与儿童共读绘本的行为。进一步地,数字绘本 App 中的主题、图片与互动设计,均隐含性别意向的倾向,此种隐含的性别意向,是影响数字绘本共读行为的重要因素。

亦如研究观察的记录,若干挑战性、冒险性的互动设计,对男孩具有较高的吸引性,更影响其与女性教师的共读行为;相对地,若干强调女性特质的图片,以及较具观察与想象力的设计,则更能吸引女孩,这种设计本身所具有性别意向的暗示,配合儿童已经习得的性别倾向,对教师与儿童绘本共读行为造成影响。因此,在数字绘本 App 的设计上,设计者应注意性别意向对数字绘本设计的影响。这不仅是数字绘本主题与儿童既有的性别刻板印象之间的问题,更存在于数字绘本的互动接口、语音介绍、定调选择与游戏设计等环节。

此外,语音线索的界面设计,若能够配合数字绘本 App 中的"播放、暂停、前进、后退"等功能,则能降低教师与儿童共读过程中软件操作的干扰问题,对绘本主题的讨论与共读质量的提升,或许有正面的改善效果,此点亦是数字绘本 App 设计上值得参考的原则。

三、与创造力启发相关的讨论

检视当前儿童数字绘本 App 设计与创造力学习的研究,有学者指出,学龄前儿童对于移动设备 App 的使用,普遍表现为高度接受的态度;儿童不仅是被动的，或顺从的"接收者"（receivers），他们对于移动设备中的 App 的功能使用，会表现出强烈的使用动机，并设法让自身成为 App 信息的"编导者"（directors）（O'mara, et al., 2011）。呼应上述学者的观察，在参与研究的儿童观察中发现，"任务导向"的游戏脚本设计，具有"后现代叙事"的设计特性，确实具有引发儿童在阅读数字绘本过程中，提高儿童的阅读涉入感，在操控互动情节中，引发儿童产生创造力启发的可能。

换言之，本次对儿童阅读《糖果屋》与《晚安，小绵羊!》等的观察记录，一方面，肯定了结合影片镜头元素、文字与声音，所构成的"多模文本"数字绘本，确实更能引导儿童在阅读过程中引发"多义性"解读的可能；另一方面，数字绘本中"任务导向"的游戏脚本设计，亦是引发儿童通过与数字绘本内容的互动，发挥自身的想象，从而在完成游戏任务的过程中，引发儿童对绘本的主题与故事情节，产生创造性思考的重要设计方案。

四、迎向"以儿童为中心"的数字绘本 App 设计

在概略地以本次研究的观察记录为基础，对三种不同层次的儿童新媒体素养能力，分别提出未来数字绘本 App 的设计建议之后，研究呼应玛利亚·卡希尔（2013）等媒体教育学者的观点，认为评估与判断一套儿童数字绘本的好坏，关键在于"这套数字绘本是否能够有效地触发儿童对于阅读的涉入感"。换言之，好的儿童数字绘本，除了应该包含高质量的故事或信息、图画、叙事、操作功能、动画与各类设计要素，更重要的是，整套作品"应是所有元素彼此相互关联，从而为儿童创造出一种学习经验的可能"（O'mara, et al., 2011）。

因此，本研究尝试呼吁未来对数字绘本 App 的研究，应该迎向一种"以儿童为中心"的设计与教学应用方向，透过具体观察数字绘本在教学现场、亲子互动的真实经历后，从儿童真实的新媒体阅听经验中，寻找具有符合社会互动情境的素养实践，跳脱过往儿童绘本研究，分属绘本图文叙事领域与儿童教学实践领域的局面，重新以新媒体素养实践的整合观点，开展适用于儿童学习的数字绘本 App 文本形式。

五、研究限制与未来研究建议

本书研究的成果，受两项研究限制的影响。一是现有中文版适用于儿

童的数字绘本 App 数量仍属不足，限制施测的选择，间接影响研究的效度。由于中文数字绘本读物正处于创作萌芽阶段，绘本的类型与数量甚少，在既有支持 iOS 应用软件平台上，适用于 3～5 岁儿童的童书作品约 50 件，其中多数绘本作品缺乏中文信息，或因部分作品文字过多、操作繁杂等原因不能作为实验素材，此客观因素限制了实验教材选择的空间。二是本次研究仅选定 18 位研究对象，存有代表性不足的问题，未来仍应增加被研究对象的数量，以提高研究讨论与建议的有效性。

本书研究为数字绘本 App 与儿童新媒体素养的初探研究，研究的成果仍有待深化，建议后续对儿童数字绘本 App 的研究，可针对不同新媒体素养能力与素养实践之间的关联，进行更深入的经验研究，尝试探究不同类型的数字绘本 App 在儿童新媒体素养教育上的差异与适用性。此外，对于幼儿园教学之外的场所，特别是家庭日常生活场所，儿童对数字绘本 App 的使用，对于家长共读与亲子关系的影响，是后续研究的可行方向。

第十章 青少年在社交媒体上的视频消费风险
——以网剧《上瘾》为例

由导演丁伟执导，朱文娇（笔名"柴鸡蛋"）编剧的网剧《上瘾》，以高中校园为背景，男男恋情为线索，讲述了两位男生的爱情故事。该剧上映未满一个月，就因"涉及未成年恋情""不正常性行为""主角名字涉及毒品""校园暴力"等被勒令下架，一时间舆论四起。随着在线视频文化的兴起，人们越来越担心视频中的风险信息会对青少年带来负面影响。然而，作为信息接收者的青少年，他们到底如何看待这类风险信息？本章试以网剧《上瘾》为例，探究《上瘾》中的风险价值观和风险行为与青少年网民态度认知的关系。

第一节 研究缘起

网剧《上瘾》上映未满一个月，因"涉及未成年恋情""不正常性行为""主角名字涉及毒品""校园暴力"等被勒令下架，一时间舆论四起。有网友认为，此举有利于避免未成年人受到负面信息的伤害，也有网友表示反对。如果这一举措是为了保护青少年，为何网友们的反应如此激烈，网络上那些情绪化表达的深层原因是什么？

在线风险对青少年的影响，一直是西方社会学者及儿童研究专家重点关注的议题。近年来，随着"哔哩哔哩""Acfun"等弹幕视频网站的兴起，人们对在线视频中的风险问题感到担忧。起源于20世纪60年代后期的"培养理论"表明：大众传媒提示的"拟态环境"会对人们认识和理解现实世界产生巨大影响，于是人们心目中的"主观现实"与实际存在的"客观现实"之间出现很大的偏离，并且这种影响是长期的、潜移默化的"培养"过程（杨艺，2015）。风险社会理论和培养理论都在提醒人们，需要警惕在线风险对儿童潜在的伤害和负面的影响。

与此同时，近年来校园暴力事件频发，甚至有越演越烈的趋势，这一现象受到政府的高度重视。2016年5月9日，国务院教育督导委员会办公室发布《关于开展校园欺凌专项治理的通知》。校园恶性事件进一步强化了人们对儿童在线风险的担忧，更加快了相关政策制定的步伐。

另一种观点是，不要忽略儿童本身就具备抵抗风险的能力。"青少年自己也在不断地进行风险评估，在对风险的不同描述中创造或是定义不同的等级，即一般的和可以接受的，或是危险的和无法控制的。"（Livingstene，2013）这一观点肯定了青少年自身对风险的免疫能力，然而不同个体间对风险的认知和抗风险能力存在差异，如何量化这一过程？笔者总结了四大主题，即从性观念、金钱观、权力观、对风险行为的解读分别考察青少年的态度。

因此，本章的研究思路，是以网剧《上瘾》作为研究素材，尝试使用内容分析结合深度访谈法，探究该网剧对青少年的真实影响。通过对该网剧的剧情进行编码，并结合23位受访者文本和相关网络评论的内容进行分析。从受众收看行为分析，该网剧对青少年的金钱观、权力观、性观念的影响，从青少年对不同风险行为的解读综合相关数据，说明青少年在线视频的媒体消费，以及对风险价值观和风险行为的认知情况。

第二节　文献综述

一、青少年在线风险

很多家长预估他们的子女曾经在网上遇到有害的、非法的内容，然而欧美的调查结果显示，家长预估的发生率远远低于实际情况（Livingstone and Bober，2006）。互联网为教育、沟通和创造提供了众多机遇，但也带来了具有风险性的活动。

德国社会学学者Beck、Klink、Renn（2001）强调，在线风险，正如我们所见，它正逐渐的将性爱或暴力威胁带给青少年，但这些威胁也会来自青少年。可见，不管是对现在社会，还是对未来社会，这些都会对青少年构成威胁。美国学者玛丽琳·德·马克肖恩也强调，网络风险的认知和防范对于青少年至关重要。"欧盟儿童在线"项目根据风险动机对青少年在线风险进行了分类,即网络违法侵害、不良信息影响、个人隐私泄露、网络沉迷成瘾。

美国皮尤研究中心（2018）的一项调查数据显示，YouTube 大多数用户都会遇到一些看似虚假或不真实的视频，或是一些人在做危险事情的视频。其中，约 6% 的用户表示，他们在使用该网站时，至少有时会遇到明显虚假或不真实的视频；60% 的用户承认，他们有时会看一些从事危险或令人不安的行为的视频。同时，YouTube 的多数用户表示，该网站在帮助他们了解生活的方方面面还是发挥着重要作用的。

二、青少年价值观

自 20 世纪 90 年代中期以来，青少年价值观受到全球化、大众文化、市场经济发展的影响，呈现出很多新的特点：价值观由一元走向多元；价值评价标准也由绝对走向相对；价值目标更趋于务实；绝对的集体主义价值观弱化（石勇等，2007）。在社交媒体环境下，青少年接触的风险内容对他们的价值观有何潜在影响呢？中国的青少年在消费社交媒体平台上的内容时，是否有判断"不安全""危险"和"错误"信息的能力呢？

第三节　研究方法

本章的研究采用 Nvivo11 软件对网剧《上瘾》的剧情进行分析，并借由 Ncapture 软件抓取百度贴吧、YouTube 视频剧集下的有关评论，收集网民对该网剧剧情的态度及其观后感想，最后，与"90 后""00 后"观众进行面对面的访谈，进一步检验通过社交媒体平台收集的青少年观看经验资料，进行总结。

一、受访者的选择及访谈数据采集

在 23 位受访者中，"90 后"为 18 人，"00 后"为 5 人；年龄最小的 14 岁，最大的 22 岁。其中，女性 12 人，男性 11 人。在线观剧经验达 5 年以上，每次访谈时长为 1 小时左右。

这些受访者每周通过视频网站和社交媒体观看网剧 3 次以上。在地域选择上，由于访谈形式的局限，笔者选取江苏的访谈样本9个（南京、盐城1个），黑龙江的访谈样本2个，重庆的访谈样本2个，陕西、新疆、内蒙古、安徽、海南、湖北、吉林、河南、北京和四川的访谈样本各1个。性向选择上，异性恋者21人，双性恋者1人，同性恋者1人。

本章采用结构式访谈，并采用面谈和社交软件访谈相结合的方式。在面对面访谈中，在受访者同意的情况下进行录音，之后采用Nvivo 11软件将录音转录为文字稿。

二、网剧剧情和网友评论的内容分析策略

在百度贴吧上，笔者尽可能以网友参与、留言信息量较多的网页作为抓取对象，而在YouTube上则以单集视频点播量最多的视频网址下的留言作为抓取对象。笔者对网剧《上瘾》第一季（共15集）的剧情进行分析，并利用开放式编码的原则，对该网剧逐帧编码共建立了20个节点，如针对网友戏称的"睡觉学校"，笔者逐帧编码后发现，共15集的网剧中，剧中人物白洛因趴在课桌上睡觉的场景居然有14次。

第四节 资料分析与发现

一、网剧《上瘾》剧情中的风险性元素分析

本章研究采用Nvivo11软件对网剧《上瘾》（1～15集）的影视内容进行编码分析，对该剧中涉及"性观念""金钱观""权力观"以及"酗酒""色情"等敏感信息的内容进行量化统计和分析，以便检视其传播内容的本质。

酒精会对青少年的身体健康造成危害是全球的普遍共识，首次饮酒时间越早，日后酗酒的可能性越大。因此，世界大多数国家都规定，未满18岁饮用及购买酒精类饮料是触犯法律的。在该网剧中，高中生喝酒的场景共出现9次，其中，有3次是在夜总会喝酒玩乐，甚至找女性陪酒的场景。《中华人民共和国未成年人保护法》第三十三条明确规定，"营业性歌舞娱乐场所、互联网上网服务营业场所等不适宜未成年人活动的场所，不得允许未成年人进入"。剧中的富家子弟进入酒吧夜总会，聚餐时喝红酒、白酒

和啤酒成为身份的象征，这种为了迎合低俗品味而刻意描绘出的不切实际的"富二代生活"方式不仅严重违背现实，也在无形中向年轻的观众宣扬了不健康的生活方式。

为了应对未成年人模仿游戏、电影、电视剧中的暴力犯罪行为，部分国家制定了游戏分级和电影分级制度。在美国，美国电影协会根据电影的语言、主题、暴力程度、裸体程度、性爱场面和毒品使用场面等对电影划分等级，包括 G 级（任何人都可以观看）大众级、PG 级（建议在父母的陪伴下观看）普通级、PG – 13 级（建议 13 岁以上儿童观看）普通级、R 级（建议 17 岁以下必须由父母或成人陪同观看）限制级和 NC – 17 级（17 岁以下禁止观看）。电视暴力的防范是当前各国文艺工作者都需要面对的一个课题，但是在网剧《上瘾》中，暴力场景分别出现在第 1～8、11、12 共计 10 集，2/3 的剧集涉及暴力行为。很多场景发生在高中校园，而即使暴力事件发生在教室门口，并且有教师在场的情况下，施暴者却丝毫未受处分。剧中人物因个人情感纠纷而对自己的同学大打出手的校园霸凌行为居然成为感动粉丝的"爱的典范"，为了赢得白洛因的回心转意，顾海甚至上演"苦肉计"——请打手将其绑架。这种校园题材网络剧中司空见惯的暴力场景更凸显了该剧创作作员缺乏校园法制观念。

网剧《上瘾》最大的卖点是剧中帅气的男主角和唯美的爱情故事，只是这些浪漫的爱情却是建立在"金钱和权力至上"的扭曲的价值观之上。据统计在全剧中，24 次出现"用金钱就可以摆平一切"的场景，相当于单集篇幅 148.35% 的剧情围绕"金钱万能"展开，平均每集有 9.89% 的内容是在展示"消费主义"。例如为了表达爱意，仅为高中生的顾海用母亲的遗产买宝马汽车、瑞士手表送给同为高中生的白洛因，而对方竟也欣喜地接受这一切。作为回馈，白洛因让收入微薄的父亲购买苹果手机赠送给顾海。同时，作为高中生的顾海，因为自己的父亲是高官，就可以"为所欲为"为自己追求的对象摆平生活中所有的困难，全剧有 16 个场景（相当于单集 118.17% 的篇幅）描述有权者可以横行，而无权无势者只能等待被有权者"拯救"，才能改变困境。

在第 13 集中，居然还出现了赌博的场景，为了帮助顾海赚生活费，白洛因居然跟顾海的富二代好友们打麻将，进然赢了 1.2 万元人民币。该集中用近 4 分钟时间渲染赌博的场景，全然不顾青少年赌博在中国乃至世界大多数国家都是违法行为的事实。

而剧中大量的情色场景和色情语言更是这部网剧的一大"亮点"。剧中有 16 处性暗示场景，而露骨的色情语言出现过 6 次。

二、青少年网民收看《上瘾》的方式分析

(一) 高颜值是吸引青少年网民追剧的主要因素

从网络评论的来源分析，《上瘾》的受众群主要通过社交媒体和 BBS 如知乎、豆瓣、百度贴吧、搜狐评论、微博、微信、QQ 群等在线平台进行互动。评论显示，对剧中主角颜值的讨论是网友们互动最多的话题之一，而在访谈中笔者提出，"吸引你观看《上瘾》的主要原因是什么？"有 7 位受访者表示，主角的颜值是重要因素。

> 男一比较阳光，男二相对秀气。这种典型的攻守特征加上不错的颜值是剧情之外吸引人的地方。(个案1)

> 同性的爱情较为吸引人，当然主角颜值也很棒。(个案3)

> 吸引人的是主角的颜值和剧情，青少年是主要观众。(个案4)

> 吸引人的原因是主角很帅，因为我是"颜狗"。(个案5)

> 我主要是冲着题材去的，还有颜值。(个案8)

可见，正处于社会化发展早期阶段，对世界充满好奇心的青少年是被这部用美貌和"另类的"高中生情感戏包装的"青春故事"掠夺了注意力。

(二) 社交媒体和云存储工具是该剧传播的主要渠道

根据受访者收看渠道统计，所有受访者均通过社交媒体和云存储工具进行分享和下载观看，使用云网盘下载的人数最多。尽管《上瘾》早已被国内各大视频网站下架，但受访者依然通过上述平台成功下载了资源，还有人用社交平台进行了在线分享，为青少年网民收看被主流视频网站下架的影视剧提供方便的同时，也加大了网络管理部门监管的难度。因为这类视频信息的再建能力强、传播速度快，这对网络管理部门的监管工作带来巨大挑战。

为了从根本上杜绝网盘传播色情信息以及被禁内容，原国家新闻出版

广电总局与工业和信息化部早前公布了《网络出版服务管理规定》，严审网络出版内容，把音乐、电影都纳入出版品监管。2016年3月，全国"扫黄打非"办公室、中央网信办、公安部、工业和信息化部、国家新闻出版广电总局五部门联合下发通知，全面开展打击利用云盘传播淫秽色情信息专项整治行动，并公布6起利用销售云盘（网盘）账号和密码传播淫秽色情信息牟利案件，其中就涉及360云盘、115网盘、乐视网盘等云存储工具。与此相对应的，从4月开始，网盘关停调整潮一波接一波。在排名前10的网盘中，已经有6家网盘公司终止其存储功能服务或者对部分功能进行调整。从115网盘到UC、新浪、迅雷，甚至腾讯、华为都涉及其中。

可见，随着国家相关政策的施行，通过云存储工具传播下架影视剧的途径将受到进一步限制。

三、网剧《上瘾》对青少年网民的影响

本章的研究中，性观念特指"情色镜头或暗示性语言"，金钱观特指"消费主义"，权力观特指"官本位思想"。根据对受访者访谈的文本分析，主要是从三种风险价值观类型即性观念、金钱观、权力观，以及三种风险行为即酗酒、暴力、赌博进行态度倾向的关键句考察，对此，笔者将其总结为三类态度：支持、反对和中立（无所谓），如表10-1所示。

表10-1 受访者观点取向关键词累积次数

类别	态度		
	支持	反对	中立（无所谓）
性观念	5	3	15
金钱观	6	7	10
权力观	3	5	15
酗酒	0	4	19
暴力	3	3	17
赌博	3	6	14
总计（次）	20	28	90

在规则上，对话中出现"很羡慕""很支持"等明确表示赞同意见的记为支持，出现"不好的""不太好""不是很好"等表达记为反对，出现"很正常""没什么""没影响"等中性词的表达记为中立（无所谓）。按照

此标准对受访者观点取向的关键词的次数进行累积统计，持支持态度20次，占总人数的14%；反对态度28次，占总人数的20%；中立态度90次，占总人数的65%。就不同类型的风险价值观及风险行为的态度倾向进行比较后得出，青少年对剧中出现的风险价值观和风险行为的认知，持中立（无所谓）态度的人最多，占总人数的65%（见图10-1）。

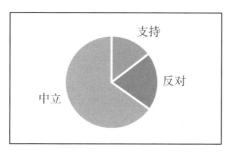

图10-1 受访者态度倾向人数占比

在访谈中，出现次数达3次以上的关键词视为"最高频率关键词"，统计结果显示：最高频率关键词包括"没什么"22次、"很正常"17次、"没影响"7次、"不对的"5次、"不是很好"5次、"不好的"4次、"不太好"4次、"羡慕"3次（见图10-2）。

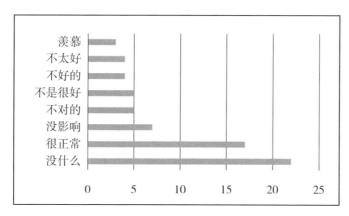

图10-2 受访者态度关键词倾向统计

（一）网剧《上瘾》对青少年网民性观念的影响

网剧《上瘾》展现的同性爱情，大部分受访者都表现出了理解。而对于剧中出现的"情色场景"和"色情语言"，5位表示支持，3位表示反对，15位表示无所谓。表示支持态度的受访者，主要感受是"很激动"

"蛮喜欢":

> 我们都这么大了,这些也懂,有些只是开开玩笑,即使认真的也不会觉得有多么不好,露骨镜头尺度又不大,也没什么,我们这些腐①们还蛮喜欢呐!(个案13)

> 其实我是腐女哦!在看这种镜头的时候还是很激动的。但是现在的孩子都太性早熟了,在性教育上中国不像外国从小教起,让孩子从小就知道的话,长大后也就不那么好奇了。(个案9)

这些带着好奇心观剧的青少年,甚至将剧中不该展示的未成年的色情场面视为"性教育"的一种正常方式。却没有意识到,剧中主角仅为高中生,剧情安排二人长期在无家长监护的情况下同居,既不符合现实,也是有违伦理的,尽管这样的处理方式吸引了大量眼球,特别是一些涉世未深的女孩。

所幸,还有部分受访者表示反对,他们的态度是觉得"很违和""三观不正":

> 因为我不是腐女所以没看过,只是知道有而已,个人觉得很违和。(个案11)

> 本来就是男男腐剧,此剧除了颜值一无所有,三观不正,影响基本为负面,不利于青少年的身心健康,网络剧要加强内容的丰富与内涵。(个案12)

同时,年龄较大的受访者对未成年人可能受到的伤害表示担心:

> 我还好,毕竟我已经18岁了,对18岁以下的可能有一些要注意的。但我觉得现在的孩子其实都挺早熟的。(个案3)

> 会有一定影响的,毕竟青少年的心理不成熟。(个案15)

---

① "腐"(网络流行语)在日文中是无可救药的意思,是一种有自嘲意味的自称。

表达中立态度的受访者占绝大多数,他们的态度是"很正常"或者"没影响":

这个很正常,高中生嘛!再说也是互相喜欢,正常!(个案23)

我觉得没有太露骨的地方,剧中出现接吻等情况很正常,不应该因为他们的性别相同就驳斥这部剧。(个案19)

网剧都这样吧,欧美那边的更露骨,所以未成年人不能观看!(个案20)

如果电视剧中没有这些亲密镜头,它还能火吗,所以对我没有影响。(个案10)

我觉得我们应该正确面对性行为,永远地躲避这个话题是不能解决问题的,就应该面对它并改变人们对它的看法,不能永远封闭在旧思想中。(个案21)

从受访者的上述回答可见,年轻一代在争取自己"长大"的权利时,尚无法分清"保守传统"和"未成年人保护"之间的区别。他们甚至将互联网治理举措视为中国社会及管理层的传统和保守,殊不知这早就是国际通行的未成年人保护法规,在世界各国的媒体人和教育者之间早已达成广泛的共识。

(二)网剧《上瘾》对青少年网民金钱观的影响

由于金钱与生活之间普遍性的紧密联系,金钱观是价值观的重要构成部分。一个人的金钱观,全面影响着他对人与社会、自然及自身的态度(董奇、林崇德,2011)。

剧中人物白洛因让收入微薄的父亲购买苹果手机赠送顾海,而顾海花了妈妈去世后留给他的存款为白洛因购买宝马汽车等行为,体现了消费主义的特征。对于这一行为,6位受访者表示支持,7位表示反对,10位表示无所谓。

持支持态度的受访者,把这一行为解读为"表达爱意的方式""真情的流露":

（顾海买宝马、名表送白洛因）这是表达爱意的一种方式，钱挣来就是花的，留着有用吗？（个案10）

（白洛因让父亲买苹果手机赠送顾海）真情的流露，体现了人间真情，我是这么认为的。（个案16）

有支持者对这一理念表达了高度的认同：

（顾海买宝马、名表送白洛因）既然都买了，又不能退，所以只能欣然接受咯，何况是自己心爱之人送的。影响的话我跟顾海一样，只要我喜欢的那个人喜欢，就算我把家产花光也在所不惜（前提是我也是土豪）。

（白洛因让父亲买苹果手机赠送顾海）既然要送，那就把最好的送出去，钱的话可以再挣呀！我就这么想的，钱虽可贵，但情价更高。（个案15）

（顾海买宝马、名表送白洛因）就像顾海说的，为了喜欢的人买什么都是值得的。

（白洛因让父亲买苹果手机赠送顾海）这是反映了白洛因是在意顾海的，如果是我，我也买。（个案10）

持反对态度的受访者，主要看法是"太奢侈""拜金思想严重""盲目消费观""比较反感"：

我觉得其实这个地方有点太奢侈了。毕竟还是高中生，花这么多钱没有和父母商量，或者是说就让在工厂很辛苦工作的父亲去买一个这样贵重的手机我觉得其实是不太合理的。（个案6）

（顾海买宝马、名表送白洛因）就算关系再好，也不应该接收别人大金额的礼物，拜金思想太严重有害身心发展。

（白洛因让父亲买苹果手机赠送顾海）盲目消费观，对青少年有负面影响，并不是真正的情谊的体现，是不懂感恩的表现。（个案12）

（顾海买宝马、名表送白洛因）毕竟是高中生，送这么贵重的礼物

还是有点夸张了。在现实生活中，赠送这些感觉太奢侈，比较反感。（个案22）

更多的受访者给出了"理智消费""在承受范围内消费"的建议，但同时也认为，怎么花钱是"个人选择"，尊重不同层次的消费观。

钱赚来就是花的，只要在自己承受范围之内，我觉得适当的享受是双赢，既是店家的收入，又能满足消费者心理。钱如果赚了不花，那还能叫钱么……正是青少年才要培养合理消费意识，其实没什么所谓的过度消费，就是家境不同，普通家庭当然承受不起，就说过度消费，可对顾海那种有钱的来说，就是像买衣服差不多，都是相对的。（个案1）

我不觉得是过度消费，有钱花得起就花呗，我觉得这是个人选择。身边有那种超级"富二代"平时出门一身行头都是几万块，对他们而言，这就是日常状态。但是我个人认为，就算有钱，也要理智消费，怎么花钱是个人选择。（个案5）

我的看法，社会阶层不同，送出的东西等级会有很大的差别。学生就是学生，没有必要因为追求一个人而花这么大的价钱，毕竟那钱不是你自己赚的。在剧中多少有夸张的部分，应该在自己自给自足的情况下，送出相对合理合适的礼物。（个案9）

（白洛因让父亲买苹果手机赠送顾海）我觉得经济条件不乐观就不应该逞强，心意到了就可以了。（个案19）

有受访者认为"金钱至上"的价值观在剧中的现象比较普遍。

（顾海买宝马、名表送白洛因）像这种金钱至上的价值观我觉得任何的剧里都有，然后也都是很现实的一个场景，只不过我觉得，虽然不会对我们造成什么影响，但是确实好像这种价值观就是在现实中慢慢地被体现着。（个案8）

我觉得这在中国整个电视剧产业里面普遍存在的现象。谁不喜欢

奢侈品啊,《小时代》里面有那么多奢侈品。(个案3)

(三) 网剧《上瘾》对青少年网民权力观的影响

权力观(values about power)是人们对于权力的来源、本质、使用、服务对象等多种价值目标的基本看法和根本态度,是世界观、人生观和价值观重要组成部分和外显途径(董奇等,2011)。

对于剧中多处体现的"官本位"思想,3位表示支持,5为表示反对,10位态度中立。

支持者明确表达了想要成为"有权有势的人"的愿景:

> 事实呗,现在社会就是这样的。对我的影响就是多结交朋友,万一以后有用呢。(个案14)

> 还原现实,现在社会确实是这样的,对我的影响就是想成为有权有势的人,好保护身边的人。(个案21)

反对者更多强调"自救"和依靠自我,对这类现象不认可:

> 有权者横行霸道说的不无道理,但无权者不应等待别人的施舍救助。(个案11)

> 我觉得做人不能永远依靠别人。(个案19)

> 这就不太好,有一些仗势欺人的感觉,我觉得这点不太好,但他帮助人也可以理解。(个案13)

> 国家反腐力度的增大在网络剧中应该积极反映,网剧不应消极利用负面影响来赚取收视率。(个案12)

个案12的观点很好地反映了中国社会现实的变化,近年来,政府推出的相关制度都在限制公权力,反腐成效卓越。而大多数个案却忽视了这样的社会现实,《上瘾》中夸张地展示所谓的特权阶级在中国社会的无所不能,反而被这些未曾足够了解社会的青少年视为常态,甚至幻想自己也有一天能登上权力巅峰以便更好地保护身边的人。

> 我觉得这个现实生活中也有啊,家里有权有势就霸道的人无处不在。(个案17)

> 现在的社会貌似大多数都是这样,所以要好好学习,对我来说没影响。(个案20)

尽管在短时间里很难看到网络剧的消费行为对青少年的长期影响,但从以上访谈者的回应不难看到,他们的权力观已然受到这部剧的负面影响。

(四)青少年网民对网剧《上瘾》中酗酒、打斗和赌博等风险行为的解读

在所有访谈文本中,受访个案对于剧中有关酗酒、打斗和赌博等风险行为,表示支持6次、反对13次、态度中立50次。在他们看来,酗酒、去夜总会、校园暴力这些是司空见惯的社会事件,剧情只是如实表现而已。

尽管部分观众认识到了剧情中暴力场景为不良示范,在接受访谈时能够清楚地表达批判的立场。

> (关于打斗)现在青少年暴力还是很多的,校园暴力需要抵制。(对同学大打出手)行为偏激,不符合青少年应有的思想。

> 打斗的场面可以有,但我觉得导演要控制好这个度,因为做文化产业这块还是要考虑受众群体的,另外,我认为大家要有个起码的社会责任感吧,尤其从事文化产业相关的,可能一句话会给别人带来什么影响都不好说,更别说是对三观在塑造中的青少年。(个案5)

> (关于赌博)赌博本身是不对的,这个应该避免,社会中有很多因为赌博导致的犯罪行为。(个案16)

> (关于酗酒)电视剧中反映了现在社会存在的真实现象。受风气影响,现在很多娱乐场所对未成年人放行松懈,个人是不支持的。(个案15)

然而,还是有一些个案对待青少年的饮酒和斗殴行为有过于"包容"

的理解。

（关于酗酒）我觉得这个很正常，现在有些初中生也会去酒吧、KTV，对我也没有什么影响，都习以为常了。（个案13）

（关于酗酒）未成年饮酒在我们这儿（海南）很普遍，对我没什么影响，反正我妈也不让我喝酒。（个案15）

（关于赌博）赌博虽然不好，但是剧情需要，而且所有学生都知道赌博是一种不好的行为，所以不会有人去模仿。（个案18）

批判性意识是新媒体素养中非常关键的素质，从个案看到电视剧中"赌博"和打架的画面"无感"可见部分青少年并没有足够的批判意识，也没有意识到夜总会这种场合是国家法律明文规定禁止青少年出入的场所。其实，大多数青少年并未在现实生活中真正进入过这些场所，但剧中这些主角如此轻松出入，在潜移默化中误导这些未曾接触过这种糜烂生活的青少年，致使后者认为这是一种无须大惊小怪的正常现象。尽管大多数受访者认为自己并不会受到剧情的诱导，在现实生活中父母对这些行为会有严格的规范，但在电视上出现这样的画面仍有背媒介伦理。在网剧刚刚兴起，国家相关法律规范尚未到位之际，正是管理的宽松让这些粗制滥造的青少年题材剧乘虚而入，直至国家广电总局及时采取措施，才避免更大范围的负面传播。

结　　语

在社交媒体时代，"出版后过滤"的机制取代了过往传统媒体时代"过滤后出版"的严格出版审查机制，这一方面丰富了互联网文化，但也带了潜在的风险。在线视频技术发展日新月异的今天，青少年接触到色情、暴力、过度消费等负面内容的可能性确凿无疑地增加。风险社会理论对新媒体时代青少年上网所可能面临的风险提供了坚实的理论依据，主流观点也呼吁要采取有效措施来规避或控制风险带来的恶劣影响。

网剧《上瘾》被封杀后，尽管从主流视频分享网站不见踪迹，却依然借由各种 P2P 技术平台在青少年网民之间传播，热衷猎奇的青少年并不能批判性地解读这些被高颜值和浪漫场景包装的"高风险信息"。本章研究的访谈结果显示，仅有不足两成的青少年网剧观众能明确反对剧中"酗酒""赌博""校园暴力"等风险和失范行为。而支持和欣赏这些行为的青少年观众甚至略多一筹，更多的观众无视这些错误的价值观和行为方式，缺乏批判性的媒介素养。

纵使国际社会对青少年相关选题的电视剧制作规范早已达成各项共识，电影分级制度也早就开始实施，但低成本、低门槛的网络剧制作团队却为了个人名利不惜挑战伦理的底线，我国应及时出台关于网络剧的法律法规，而不能在各种神剧上线后只是"一禁了之"。本章根据有关网剧《上瘾》网友评论的内容分析显示，这种简单粗暴的治理方式不仅未能达到预期效果，反而进一步激发了青少年偷看禁片的热情。

2016 年 2 月 16 日，《上瘾》粉丝还在国外视频分享网站 YouTube 上建立了粉丝团账号，并上传了大量粉丝自制 MV，例如搞笑 CP 剪辑系列、吻戏福利、花絮集锦、《匆匆那年》（《上瘾》版）等。我国台湾地区知名娱乐媒体 ETtoday 等也跟进报道，在该剧被勒令下架后，仍然推出《BL 剧〈上瘾〉尺度无极限 5 大经典场面闪爆腐女魂》《你今天上瘾了吗 8 大金句都在这喔》，可见，"封杀令"并没有让《上瘾》这部网剧降温进而达到彻底消失的目的。

在手机成为青少年的基本生活用品的时代，在儿童向成年人转化的过程中，互联网为青少年的成长带来新的机会，同时也进一步强化了各种风险，网络剧引发的风险不能仅仅依靠国家新闻出版广电总局等媒体管理机构来管制，学校、家长和相关的非政府组织（Non‑Governmental Organizations，NGO）也需要行动起来，建立更完善有效的支持网络，协助青少年预防网络风险的伤害，树立健康的世界观、金钱观、权力观。

第十一章 给政策制定者和家长的建议

在 2010 年,美国凯泽家庭基金会发布的一项调查就显示,8～18 岁的青少年平均每天使用媒体的时间为 7 小时 38 分钟,这不包括用电脑做家庭作业、发短信或在手机上交谈的时间。现如今的年轻人善于多任务,他们实际上差不多有 10 小时 45 分钟的媒体内容进入那 7 个多小时。这比 5 年前的一天增加了一个多小时的媒体使用量(Rideout, et al., 2010)。事实上,今天的年轻人比他们在学校的老师或与他们的父母花更多的时间上网、发短信、看电视和电影、玩电子游戏(Common Sense Media, 2009)。

本书研究的调查也证明,年轻人已经如鸭子入水般地进入了具有魔幻色彩的社交媒体世界。以社交媒体为媒介的交流在帮助青少年维持和创建社会关系、知识生产和分享,以及新素养养成方面均具有巨大的潜能。虽然网络原生代可能并不需要我们帮助他们学习下载、安装和使用软件(成年人甚至还常常需要他们的技术反哺),但是基于本书研究收集的经验资料,青少年确实还是需要成年人帮助他们做好准备,才能安全以及负责任地使用这些强大的技术,因为随着行动规则的逐渐消除,数字世界尽管充满了机遇,但也潜伏着各种风险。

世界各国的研究均表明,多方利益相关者(multi-stakeholder)的合作与支持,才能创造更高水平的网络安全。与网络素养和在线保护儿童有关的政策进程应由相关者参与,包括政府、家长、教育工作者、学校行政人员、地方政府、私营部门和社会组织等。

第一节 给政策制定者的建议

政策制定者应注意到两项重要的发展:使用社交网络的儿童的增加和儿童经由移动设备上网的机会增长。在互联网上,明显不利于儿童的健康发展的有害信息一直存在,因此无须再讨论实施有效对策的必要性。另外,互联网是社会、文化、经济等所有活动的基础，也已成为人们生活中不可缺少的存在。儿童也可以有效利用网络进行表达自我和学习知识，这些益处都是不可估量的。

为了制造儿童可以安全、安心使用互联网的环境，我们要利用每一个机会，实施提升儿童有效利用互联网的能力的举措，同时也要实施尽量降低儿童在互联网上浏览有害信息的机会的措施。

改善儿童的互联网环境的措施要通过两项措施进行展开：一是提高儿童妥善利用互联网的能力（以下简称"素养"），二是依赖于儿童自身最大限度地减少其浏览有害信息的机会（最小化儿童浏览有害信息的机会），其中提升网络素养应当作为基础对策实施。

一、定期进行网络素养调查

定期进行儿童和父母的网络素养调查，以此作为有效决策的基础，促进国际比较，根据评价结果执行适当的政策、开展各国政府之间的协调工作。决策者还应认识到技术的快速创新和使用模式的变化。科技的加速发展、社交媒体平台的层出不穷似乎使得研究在短时间内过时了。政府和私营部门通过共同管理进行有效协调，可大大有助于信息和通信技术领域的政策制定。然而，要有效地制定和执行这类政策，就需要有一个强有力的证据基础，并以定量分析和实际使用互联网的熟练程度为基础的指标。效仿日本、欧盟、加拿大等国推出在校学生，或者是儿童的网络素养指标体系，尤其可以促进私营部门自我管制的效力，节省费用和提高透明度。

目前，国内有些机构也推出了一些网络素养指标，但这些指标基本停留在喊口号的阶段，缺乏实际的操作性，对于教育机构、企事业单位都缺乏指导性和约束性。

二、为家长和教育工作者提供网络素养培训

政府相关部门应该为教育工作者提供网络素养培训的机会，特别是为中小学义务教育阶段的教师群体，使他们掌握有效指导学生所必需的知识，并支持跟互联网使用技能有关的学习，以便他们确保儿童能恰当地使用互联网。重要的是，适当的使用互联网技能要结合儿童的发展阶段，并根据地方特色调整，例如在中国的乡村和一线大都市应该采用不同的教育标准。

此外，由于家长参与意识教育对家庭内的网上安全有积极的影响，因

此为父母提供教育，提高他们的网络素养是必需的。因此，建议扩大这类宣传教育方案。然而，必须指出的是，与儿童不同的是，他们有机会在学校提高其网络素养，作为正规教育的一部分，家长必须利用政府、工业界和非营利组织。

在美国，政府设置了社区网络中心向普通民众推广网络技术服务。我国政府也可以利用图书馆、居委会、妇联、家长学校等机构，帮助普通民众，特别是家长及时了解各种新兴网络技术和应用形式，这对缺乏足够社会资本的弱势群体相当重要，这样的举措也能避免"数字鸿沟"加大。事实上，不只是那些在事业上需要拓展人脉、在生活品位上需要找"知音"的社会精英需要社交媒体，那些"弱势群体"，例如缺乏人脉资源的异地务工人员、偏远地区的儿童、空巢家庭的父母等，更加需要通过社交媒体与世界建立联系。

三、将新素养教育纳入九年制义务教育

在多媒体时代，沟通不能仅依赖语言，非语言的视觉元素在基于互联网的沟通中扮演越来越重要的角色，学校教育应开展更多可视化资讯传达技能的培养。在专门的计算机科学课程中，仅仅教授学生一些数字技能已经不再足够了。为了促进学校的新素养教育，中国教育部门应该借鉴由联合国教科文组织、欧盟、加拿大和澳洲等新素养教育的先驱国家的成功经验，协调国家各部门努力确保在线安全意识和数字技能作为课程政策的一部分，将数字读写能力与阅读、写作和数学并列为儿童教育的第四支柱；在没有建立对数字世界的全面了解前，没有一个孩子应该离开学校。

为了提高整个年轻世代的新素养能力，提升国民素质，应为教师及其他项目相关的专业人士开设课程和指导，在教师培训机构中提供足够支持关于网络安全意识的课程，并确保课程的发展具有有效和独立的评估审查。

相关部门应采取行动，使互联网更容易从学校获得。互联网的教育潜力是如此之大，以至于如果这一潜力得不到充分利用，学校就会错失机遇。无论是孩子使用互联网完成学校作业，还是玩游戏或者其他形式的娱乐都可以在学校和互联网之间提供一个桥梁。例如学校可以用教育游戏和视频来推动学生使用互联网。

此外，在受过培训的教师的监督下，在学校内使用互联网，本身应该是儿童上网的好机会。这种帮助是很重要的，因为大多数儿童使用互联网几乎是在成年人缺席的情况下独自进行的。儿童自主使用互联网可能会有

问题，除非用户训练有素，并能明智地使用互联网。

事实上，在中国，不仅大量留守儿童在家庭得不到有关网络使用的教育知识，即使在大都市为生计奔波的职场父母也缺乏足够的时间陪伴孩子事无巨细地完成新素养教育的任务，学校的教育应该超越传统的文化知识的传授，正如学生家长所期待的"授人以鱼，不如授人以渔"：

> 网络教育、包括后来的"互联网+"也好，这个社会发展也好，都朝这个方向去发展，但是你们现在要研究网络安全，包括让孩子们好好地接触网络。以后上网就是生活中不可缺少的一种技能。但是，我们光靠有一些管理者包括行政部门、教育部门是不够的，应该进入课程里，包括我们第一次信息教育课、互联网的技术、互联网的安全等都应该由学校去完善，由国家去完善。光靠我们民间的力量，这种学术团队的力量是不够的。说到网络安全还是邓小平同志说的，从娃娃抓起。（全职妈妈，留守儿童家长，四川籍）

四、通过政府和私营部门的合作，改善儿童的互联网环境

由于在线自我监管失灵，当前世界各国都在呼吁根据儿童、教师和家长的愿望以及公司的商业需要，建立"最低标准和行为守则"。政府应严格执行现行法律措施，并提出新的立法。例如所有因特网服务提供者和移动网络都应不仅提供过滤器以防止儿童使用成人材料，而且要让它们在默认情况下打开，避免儿童查看不适合的材料。

欧盟《通用数据保护条例》（General Data Protection Regulation，GDPR）于2018年5月25日起实施。GDPR制定了处理个人数据和个人数据自由流通的规则，堪称史上最严格的数据保护条例。欧盟委员会第一副总裁Frans Timmermans指出：

> 新规则将确保所有人都能获得个人数据保护的基本权利。通用数据保护法规将通过促进消费者对在线服务的信任以及基于明确统一规则的企业法律确定性来刺激欧盟数字单一市场。

> 数据主体的权利第12条……如果处理是针对儿童的，则应采用儿童可以轻易理解的清晰明确的语言。

> 第8条"适用于儿童对信息社会服务的同意的条件"，父母有责任

就子女的数据做出明智的决定。

经过多年的努力,儿童终于获得了将自己的内容从互联网上删除的权利。中国政府可以借鉴欧盟儿童在线保护政策。虽然中国的互联网创新走在了世界的前列,这对产业是一大利好,但对于缺乏保护的儿童确是一个极大的风险,这也导致自身网络素养不足的家长因噎废食:

> 我那个二儿子,去年刚刚出去——厦门大学。他们那一代是追星的。现在这一批娃娃涉猎的东西很多,不专业。我家老二那一代就搜歌唱明星,鹿晗啊什么的。而这一代的学生他们的眼光不是在追星了,这个地方要去看一下,那个地方要去一下,涉猎的东西很宽了。涉猎的东西越宽,正能量的越多,但是副作用也在里面,这是一个很麻烦的事,我们这些家长不是搞网络的,所以网络安全这个问题,到底怎么安全?我们现在只有一个办法,堵。(四川籍,留守儿童家长,退休教师)

为此,政策制定者要积极推动高品质的、积极的在线内容,要制定严格的处罚政策来避免类似网剧《上瘾》这样粗制滥造、三观扭曲的网络剧上线;而不能在播出后才去下架,应该有严格法律、法规禁止这类伤害儿童的内容产品制作和流通。任何广义的互联网公司,包括网络视频制作工作室都应该受法律规定制约。

在发展和提供在线过滤器方面,必须考虑互联网自由和保护儿童之间的平衡。智能手机的普及使这一问题变得更加复杂,私营部门需要重新构建智能手机相关服务,以保护儿童。该部门还需要重新评估自我调节政策,以应对智能手机的使用问题。特别是,私营部门需要创造一种环境,通过Wi-Fi接入可以提供过滤,并在儿童通过Wi-Fi网络进入因特网时加以限制。

此外,私营机构亦须采用用户友好设计,以过滤、家长控制、保护隐私等功能,加强儿童保护服务;还必须向父母和儿童推荐这些保护服务。

五、结合青少年的网络行为,为青少年儿童提供在线服务

有许多研究表明青少年网络成瘾(IA)与精神障碍[包括但不限于抑郁症,注意力缺陷和多动障碍(ADHD)以及自杀行为]之间密切相关。事实上,美国的研究发现,86%的IA患者与另一种DSM-IV疾病之间存在共

病状况（Block，2008）。虽然目前尚不清楚这些关系的因果性，即是否患有精神疾病会导致互联网的过度使用，反之亦然。关于互联网是否能够缓解或反过来促成心理困扰的问题令人烦恼，并在其他地方被描述为互联网悖论（Kraut，1998）。有研究表明，"不受监管的互联网使用的潜在恶意循环"意味着过度依赖互联网来缓解孤独症状的人可能反过来只会增加他们生活中出现其他问题的可能性（Kim, et al., 2009）。

鉴于超过1/3的澳大利亚年轻人利用互联网获取有关心理健康问题的信息（Burns, et al., 2010），澳大利亚学者建议开发有效的在线服务，就能与处于危险中的年轻人接触，并可能增加他们与他人的联系感。鉴于使用心理健康问题服务的年轻人的比率逐渐升高，依赖使用技术寻求帮助和社会支持可能是治疗心理健康问题的重要工具（Johnson, et al., 2015）。

总而言之，社交媒体的出现对社会现实的影响无疑是巨大的，它也完全改变了青少年的童年，但社交媒体给青少年网民带来的是生活的美化还是异化？本书中的受访者给出的答案因人而异。

"欧盟儿童在线"曾建议，一直倾听孩子可以分辨出他们面临一系列风险形式的改变，解决孩子们的担忧和支持他们去处理的能力——无论是回避参与、解决矛盾，抑或是报告问题。青少年所面临的风险和机遇随着社交媒体技术的发展而不断演变，青少年的网络教养，以及青少年上网环境的治理需要持续地研究和实践跟进。只要父母、教育者和政策制定者同心协力，相信每一个孩子都能拥有美好的数字化未来！

第二节　给家长的建议

世界各国的研究都表明，家庭在青少年的新素养养成中扮演着最重要的角色，与家长在家中的对话是提高青少年互联网素养的一个因素。为了促进这种讨论，有必要赋予父母权力，包括让父母提升有关互联网的知识和完善他们对在线风险的认知。

一、童年阶段采纳电脑技术时，父母、老师的态度影响青少年后续接触新媒介的勇气

媒体素养是一种有勇气接触（媒体文本、媒体对象和由媒体中介的合

作伙伴）的能力，与合作伙伴展开合作的能力，并构成（文本、对象和各种形式的关系）的能力（Petra Aczél, 2014）。

这种接触媒体文本和媒体对象的勇气往往深受早期父母的养育方式的影响。在访谈中笔者发现童年阶段较早接触电脑，特别是在父母支持并鼓励使用（至少不会因为使用电脑而受罚）的家庭环境中的儿童，当他们成长为大学生，独自在国外学习生活时，也往往更有勇气采纳新的媒体技术和应用，进而有利用媒体构建"弱连带关系"展开"跨文化交流与互动"的能力。

> 一开始因为我爸很喜欢电脑，所以我很小就开始接触电脑了。记得有一次我们要研究鸟类，然后我爸就打印了100多页的资料给我。当时，就觉得很夸张。2009年开始流行开心农场，而且是老师一开始跟我们分享的，我也是从这个游戏才开始玩Facebook的。（台湾籍在美留学生，男，数学系，1994年生）

> 因为我妈是国内比较早学计算机的大学生，所以我们家很早就有电脑。我很小的时候看到我妈妈经常操作电脑，就觉得挺有意思的。九几年的时候我家里就有三台电脑，我就看父母经常在鼓捣电脑，也许这对我也是有一些影响的。我会不畏惧接触这些新的产品，这是非常关键的。我觉得你首先要有一种不畏惧的心态，你觉得这个东西我能hold得住。（山东籍在美留学生，女，会计学，1994年生）

在研究中国留学生跨文化关系网络构建的受访者中，以上两位受访者是所有中国留学生中社交网络异质性最高的，"跨文化"网络互动最活跃，个体社会资本显著提升的典型代表，他们虽然一个成长于大陆，另一个在台湾地区出生长大，但是都有一个共同点，就是父母对电脑技术的热爱在他们幼年时留下了潜移默化的影响，进而让他们放下对新技术的恐惧转而拥抱电脑科技。

然而，并不是所有的中国留学生都有如此幸运的成长经验，在鲜少使用社交媒体，特别是境外社交媒体的中国留学生中，以下两位受访者明确表达出自己在美国留学期间因为不习惯使用Facebook造成无法参与集体活动，人际关系处理不善给自己带来的心理创伤，而起因与自己早年的电脑使用经历不无关系。

> 我是高考之后才开始用电脑的，因为虽然之前我们家一直都有一台台式机摆在那里，但是我爸妈都不让我用，因为他们觉得小孩一上网，学习成绩就会下降，所以高考之前我妈都不让我碰。高考后我第一次上网，有的时候莫名其妙弹出一个色情广告，就像病毒一样，一个接着一个弹出来，然后我就赶紧关，可是你也关不了，然后还会有浏览记录。有一次吃饭的时候，我妈就跟我说，你上网要自觉一点。我说啊？什么叫我上网要自觉一点？后来我再想了一下，可能是他们看到那些"不良"的信息记录。（湖南籍在美留学生，女，心理学，1989年生）

该受访者表示自己并不爱尝试新的媒体功能和应用，因为总是担心电脑弄坏了自己不知道如何维修，所以，平时使用电脑就用一些能完成学业的最简单的功能。

来自偏远农村地区的另一位受访者在高中时才得以接触电脑，而且曾因为电脑课上被拒绝使用电脑而与老师发生过冲突。该受访者虽然在学业上并没有因为互联网资源的缺乏而错失念名校的机会，但是前往美国留学后，却因为生活习惯的不够"互联网化"遭遇了留学生活最大的危机。个案3是所有受访者中"文化休克"反应最大的一个，大学一年级就立志留学美国的个案3，在大学同学沉迷于网络游戏时，他便疯狂地收集各种关于美国历史和文化的资讯。但当真正进入美国境内，巨大的文化冲突带来的焦虑感，让个案3几乎陷入了抑郁症状态。

让个案3如此痛苦的原因，仅仅因为生活习惯不够"互联网化"，不够"Facebook化"。在留学第一年的时间里，平时没有每天查收电子邮件和登录Facebook查看动态消息的他，几乎没有正常参与过大学校园里的社交活动。

> 在国内班上有班长，有什么事情，老师都会通知班长或学习委员，由他们给学生发通知。这边完全不一样，什么都是E-mail。就是因为这个，我错过了很多信息，有的迟交了，有的没去做。他们用E-mail或者Facebook通知，因为不会直接来跟你说今天有什么事情。主要是我以前没有看E-mail和使用Facebook的习惯。（个案3，在美中国留学生，男，机械设计）

美国人日常生活的"Facebook效应"，也得到了其他中国留学生的印证，如个案 13 表示美国人的社交就是各种户外运动，不像中国人爱坐下来聊天，"如果你没有 Facebook，收不到他们的邀请就没法去参加他们的活动（个案 13）"。

在社交媒体已经成为全球文化的一个重要组成部分的时代，鼓励孩子接触和使用社交媒体也是家长应尽的责任。身为家长要确保孩子不会因为媒介恐慌或夸大的风险而感到不知所措。正如"欧盟儿童在线"的专家所建议的："家长应当少想一点风险，多关注积极的活动和内容。"

接触社交媒体的勇气需要在生命早期就得到父母和师长的启蒙，这是有效利用社交媒体的开端，逃避和拒绝使用社交媒体会阻碍个体跟世界建立连接，进而产生与世界的脱节。过度使用限制可能对青少年的网络读写学习机会产生负面影响。因此，家长必须学会管理限制的力量，并在互联网自由和在线保护之间建立平衡。

二、超越言语调教，把握社交媒体提供的教育机会

数字素养意味着很多事情。这意味着帮助孩子了解他们的数字足迹，以及他们在网上发布的所有东西是被永远存储和访问的；这意味着教他们如何用社交媒体恰当地与他人交流，而不是欺负人，或者帮助他们达到教育和职业目标；这意味着帮助孩子明白，互联网上不是所有的信息都是真实的，以及如何批判地评估他们遇到的任何信息。这些教育应该从学龄前儿童开始，父母有必要抽出一些时间与他们的孩子讨论更安全的互联网使用；必须有效地教授两种类型的教育：提高网络素养和规范意识。

以知识为基础的学习和培养规范意识的大多数形式的教育都是基于知识性的。然而，各种教育理论强烈地表明，这种以"知识为中心"的教育不利于培养规范意识。布鲁姆等（1971）、加涅等（2005）把教育目标分为"认知领域"和"情感领域"。"认知领域"涉及知识的传授和心理技能的习得，而"情感领域"则涉及情感的成长和生活哲学的发展，从而促进规范意识。目前，大多数的宣传教育旨在培养青少年对互联网危险的判断能力。根据 Kohlberg、Turiel（1971）和埃里克森（1959）的观点，反思性学习是必要的，它能促进社会认同，使青少年发展成为积极的社会成员。在这些理论的基础上，通过反思性学习为青少年提供认识规范性意识的机会是很重要的。反思性学习的两个例子是"讨论学习"和"基于项目"的学习。

社交媒体的出现其实提供了一个很好的反思性学习的机会，因为儿童从很小的时候就开始把家庭生活内容放在网上与他人交流。社交媒体将虚

拟世界和真实生活整合到了一起，也为父母提供了一个新的渠道来了解自己孩子的内心世界。如果家长能跟孩子保持开放的交流和对话，特别是讨论他们在网上所遇到的问题，而且当孩子们无论何时在网上遇到困难时都可以向大人求助，即使孩子们因为好奇而打破规定去看某些不利的信息时，家长若能及时利用这种情况，就能将其变为一个很好的学习机会。

因此，父母（照顾者）要在社交网络平台上与孩子成为社交网站朋友（协商规则），了解关于孩子的信息（你可以从你的孩子那里学到很多），与你的孩子谈论社交媒体使用的积极和消极的面向，在孩子自我报告的过程中，保护但不过度保护自己的孩子。

不要窥探孩子的个人隐私。研究表明，父母专横只会让孩子学着变得更隐秘，当他们遇到麻烦时不会求助于他们的父母。换言之，要警惕，但不要做义务警员。如果家长发现不合适的内容，首先要克制住关闭或没收他们的设备的冲动。一旦家长剥夺了孩子的整个支持系统，后续的网络调教就难以成功。

在中国传统的家庭教育中，特别是母亲往往采用言语上的管教——各种命令来控制孩子的上网行为，事实上，如果和孩子一起共同设定或是制定规则，比如何时、何地（不）使用手机应该比强加给孩子的命令更为有效。因为积极的调解必须建立在相互信任的亲子关系之上。

三、家长应正确区分"网络沉迷"和"网络成瘾"，有效疏导而非强迫戒除

本研究调查显示，在中国大多数青少年存在网络沉迷的高风险。有65.8%的10～14岁孩子承认自己上网会超过预定时间。随着年龄的增长，儿童上网的自控力急剧下降。在3岁时，只有36.1%的儿童上网曾超过预定时间，到了14岁，这一比例已达到了76.9%。

面对孩子的"网络沉迷"，全面禁止、苛刻监督都不是好办法，沟通才是关键。心理学家凯瑟琳·斯坦纳·阿黛尔采访了数千名青少年及其父母，以求设计一套基本的教育原则，她认为，如果家长"惊慌失措、抓狂和摸不着头脑"，孩子们的反应也不会好。与"惊慌失措、抓狂和摸不着头脑"的家长相对的是"平易近人、镇定、知情而现实"的家长。他们明白，社交媒体是现实世界的一部分。有时，孩子们会心烦意乱，但反应过度会加剧问题。这些父母花时间了解孩子们怎样与社交网络平台互动。他们向孩子们提出一些无关是非判断的问题，并自己去研究。他们会设定边界，借

助"重启"中心宣传的技术,创造可持续发展的关系。全家人常常进行有意义的线下对话,在一天的某个时刻,家里所有人聚在一起,不上网。从抽象来看,上述理想状态有一些是显而易见的事情,可人激动起来不见得总能做到。斯坦纳·阿黛尔的口头禅"平易近人、镇定、知情而现实",在紧张局面出现的时候是十分有用的经验性原则。

2013年有一部名叫《网瘾》(Web Junkie)的纪录片,讲述绍什·什拉姆和希拉·梅达利亚耗时3个月,采访了北京一家网瘾治疗机构的医生、患者和家长,向全世界的电视观众介绍在中国是如何治疗网瘾的故事。2014年,《网瘾》获得圣丹斯电影节评审团大奖的提名。据电影制作者称,这部影片通过关注活在网络世界里的儿童——他们不顾其他一切,包括家人、朋友和学校,突显了"互联网潜在的阴暗面"。

2008年,中国将网瘾列为心理障碍,成为第一个宣布"网络上瘾"是临床疾病的国家,并将之列为青少年"第一大公共卫生威胁"。目前,中国有400多家治疗中心,按中国网络上瘾的定义,超过2400万的青少年都是网络"瘾君子"。知名网瘾治疗专家陶然教授指出:"网络上瘾是中国青少年当中的一个文化问题。它比任何其他问题都更严峻。从精神科医生的角度讲,我的工作是判定它是否属于疾病。我们注意到,这些孩子偏爱虚拟现实。他们认为现实世界不如虚拟世界好。我们的研究表明,上瘾者每天要上网6个小时以上,而且并非出于学习或工作目的……"

在生活加速运行的网络时代成长的青少年早早就开始承受来自学校和社会的各种压力。因此,在一个高度不确定的时代,当个体日常生活的周遭充满压力和风险时,通过唾手可得的科技寻求快乐和安慰的行为与人类历史上任何一种传统的娱乐活动,如下棋、手工、阅读连环画一样都是一种正常的儿童参与的文化和休闲活动。

> 我个人是觉得我把网购当作一种发泄情绪的方式,一般紧张的时候,尤其是临近考试或者是临近大型的面试,就是需要我担心的时候,或者是焦虑的时候,我就会网购,即便当时买不起也要加购物车,而买得起的东西就会买一堆。一开始是非常压抑的,就是因为各种生活的压力而感到很压抑,但是下单之后在购物车里那个东西生成订单,它就属于你了。随后,你下单时的喜悦、拆开快递的喜悦、那件东西已是你的了,特别是你喜欢的,三种喜悦的心情是非常不一样的。(个案2,女,国际政治,大二)

就是一种习惯，一种生活的调剂，平时做实验后脑子比较累，偶尔看一看，这种调节是调剂吧，感觉已经成为每天必不可少的一个环节。可能每天都要看一下才觉得安心。（个案5，女，环境科学，大三）

早在2007年，澳大利亚统计局的数据就显示，75%的家庭收入超过3.5万澳元的家庭拥有游戏设备（Australian Bureau of Statistics，2007）。如今，在澳大利亚，98%的18岁以下儿童的家庭可以使用电脑游戏，因为越来越多的家长将电子游戏作为与孩子们度过时光的一种方式，教育他们如何通过策略解决问题，同时也将互联网视为一种能优化行为的手段（Brand，Lorentz，Mathew，2011）。

另一项澳大利亚研究则指出，尽管在模型中也测试了广泛的社会人口统计学和其他变量，但只有不良的家庭功能与问题行为有关。虽然这种关联的强度并不算很明确，但也出现了一种模式，表明在没有就业的家庭中，在混合的家庭环境中居住并且住在公共住房中的儿童的问题行为普遍存在。这可以部分解释为这些儿童需要从他们的直接环境逃离到网络世界，在这里可以通过聊天室、社交媒体、多玩家游戏环境找到支持。有大量文献支持网络成瘾与功能失调的家庭背景之间的联系（Kim, et al., 2010; Ko C-H, 2007; Lam, 2009; Tsitsika, 2011）。研究发现，缺乏情绪温暖的家庭功能、较低或较差的家庭功能是网络成瘾的预测因子（Xiuqin, et al., 2009），由此说明采用基于家庭的预防方法的重要性，因为该方法考虑到家庭内部冲突。

全球最先提出网络成瘾诊断标准的美国心理学家金伯利·杨认为，网瘾不是一种独立的精神疾病，而是已知的"冲动控制障碍症"在网络使用者身上的体现，也就是和电视病、空调病等一样，只是长期接触从而造成了心理上习惯性的依赖，可以将其归为心理问题，但绝不能称之为一种病。学术界将非病理性的网络依赖视为"网络沉迷"，而将符合成瘾临床标准的网络依赖，定义为"网络成瘾"。中国家长与其花费巨资送孩子去这种短期的戒断训练营，不如反思导致自己孩子从"网络沉迷"发展为"网络成瘾"的深层家庭根源为何。

特别是身边随处可见的用数字保姆代替亲职行为的家长，儿童需要一个真正的照顾者，而不是一个屏幕伴侣，没有人能代替真正的人类的拥抱和交谈。身为家长首先要控制自己的屏幕时间，不管你的孩子是否看到，家长自己要知道你在孩子面前有多频繁地检查你的手机。家长必须认识到，要通过提升自己和孩子的网络素养来引导儿童养成健康的生活习惯，合理使用互联网。

四、家长在提升孩子的网络风险意识的同时，还应协助孩子提升在网络空间里的数字伦理

在社交媒体时代，青少年不再仅仅是媒体的消费者：他们也是生产者。面对参与式文化的挑战，"21世纪的麦克卢汉"詹金斯指出这种新的参与性文化具有以下特点：门槛低的艺术表达和参与，对创造和分享的强烈支持，非正式的导师，有经验的用户将他们的知识传递给新手的非正式指导，鼓励贡献感的氛围，并为社会联系提供了机会（Jenkins，2006）。虽然社交网络对儿童有益，但如果儿童没有受到教育，不懂得尊重和有意识地参与其中，也可能是有害的。

数字素养技能的发展现在对于生活在21世纪的儿童很重要（Tyner 2014）。例如在处理在线风险时，数字素养技能知道如何阻止消息，打开和关闭位置服务，更改过滤器偏好或更改隐私设置（Green，et al.，2001），对于保护儿童的身份非常重要。应鼓励家长积极地保护孩子在智能手机使用方面的私人信息。儿童可能缺乏这些数字技能，或者这些技能可能会因为在线游戏而得到加强。除了儿童在网上玩耍时获得的数字技能，他们还体验到许多社会情感益处，以创造性的方式使用互联网可以让孩子们通过在线网站探索"自我表达和个人身份认同"并加强"归属感或社会联系"（Holloway，et al.，2013）。

家长除了提醒子女在社交媒体上公开个人信息的风险，还需要理解隐私和尊重他人的权利是创造一个更安全的网络环境的关键性因素。正如詹金斯所言：参与这个新世界所需的媒体素养技能基本上都是社交技能，包括游戏、表演、模拟、可视化、多任务、分布式认知、集体智力、判断力、导航、网络和谈判。因为他们是社会技能，我们彼此之间的互动具有更高的意义，所以，"媒体教育的一个重要目标应该是鼓励年轻人更加反思他们作为参与者和沟通者所做的道德选择，以及他们对他人的影响"（Jenkins，2006）。

这种新的参与能力带来了新的责任。每当青少年创建、共享、交互、生产、下载、上传时，他们都面临着一个选择：这是否是符合道德标准的行为？正如"欧盟儿童在线"项目2014年提出的倡议一样：

> 青少年应该时刻都尊重隐私、正视他人的感受。他们不应该发布

个人信息,包括未经他人同意发布照片。他们不应该给他人发送令人困扰、伤害别人或是让他人尴尬的信息。他们应该在网上善待他人,如果别人提出要求就应当删掉那些信息。

青少年需要去分辨他们是如何可以作为一个旁观者去看待其他人的交流。他们应该尊重他人隐私,但是当"点赞"或娱乐、偏袒他人时,要知道他们也许在逐渐升级的矛盾中起到作用。作为一个参与的观察者,他们应该成为冲突中的一部分。因此,为了避免网络暴力、骚扰和虐待他人,旁观者也应该采取适当的行动及响应。(O'Neill, et al., 2014)

家长的新素养教育需要超越教授技术技能,来涵盖技能以及围绕所有数字活动的伦理问题。学校的教育终究是有时间性的、断裂的,无法完整考虑到一个孩子的完整的一生,而家长是需要为孩子长久的未来负责的。因此,相对于学校教育,家庭教育需要更多负起数字伦理教育的责任。

参考文献

一、中文专著

[1] 阿克塞·希拉里，彼德·奈特. 社会科学访谈研究［M］. 骆四铭，王利芬，等，译. 青岛：中国海洋大学出版社，2007.

[2] 阿兰·鲁格曼. 全球化的终结：对全球化及其对商业影响的全新激进的分析［M］. 常志霄，等，译. 北京：生活·读书·新知三联书店，2001.

[3] 埃里克·尤斯拉纳. 信任的道德基础［M］. 张敦敏，译. 北京：中国社会科学文献出版社，2006.

[4] 埃伦·塞特. 儿童与互联网：计算机教学的行动研究［M］. 冯晓英，译. 北京：教育科学出版社，2007.

[5] 艾伯特·拉斯洛·巴拉巴西. 链接网络新科学［M］. 徐彬，译. 长沙：湖南科学技术出版社，2007.

[6] 彼得·L. 伯格，托马斯·卢克曼. 现实的社会建构［M］. 汪涌，译. 北京：北京大学出版社，2009.

[7] 彼得·什托姆普卡. 信任：一种社会学理论［M］. 程胜利，译. 北京：中华书局，2005.

[8] 陈向明. 质的研究方法与社会科学研究［M］. 北京：教育科学出版社，2000.

[9] 陈向明，朱晓阳，赵旭东. 社会科学研究：方法评论［M］. 重庆：重庆大学出版社，2006.

[10] 陈俞霖. 网络同侪对N世代青少年的意义［M］. 嘉义：南华大学社会研究所，2003.

[11] 陈志明. 迁徙、家乡与认同［M］. 北京：商务印书馆，2012.

[12] 大卫·柯可帕特里克. Facebook效应［M］. 沈路，等，译. 北京：华文出版社，2010.

[13] 董奇，林崇德. 中国6～15岁儿童青少年心理发育关键指标与测评［M］. 北京：科学出版社，2011.

［14］段京肃，杜骏飞，等. 媒介素养导论［M］. 福州：福建人民出版社，2007.

［15］费孝通. 乡土中国［M］. 北京：人民出版社，2008.

［16］风笑天. 社会研究方法［M］. 4版. 北京：中国人民大学出版社，2013.

［17］弗朗西斯·福山. 大分裂：人类本性与社会秩序的重建［M］. 刘榜离，等，译. 北京：中国社会科学出版社，2002.

［18］郭庆光. 传播学教程［M］. 2版. 北京：中国人民大学出版社，2011.

［19］郭毅，罗家德. 社会资本与管理学［M］. 上海：华东理工大学出版社，2007.

［20］哈特穆特·罗萨. 新异化的诞生：社会加速批判理论大纲［M］. 北京：人民出版社，2018.

［21］姜磊. 都市里的移民创业者［M］. 北京：社会科学文献出版社，2010.

［22］杰弗里斯·麦克沃特，等. 危机中的青少年［M］. 寇彧，等，译. 3版. 北京：人民邮电出版社，2009.

［23］孔飞力. 他者中的华人：中国近现代移民史［M］. 李明欢，译. 南京：江苏人民出版社，2016.

［24］林南. 社会资本：关于社会结构与行动的理论［M］. 张磊，译. 上海：上海人民出版社，2005.

［25］鲁曙明. 沟通交际学［M］. 北京：中国人民大学出版社，2008.

［26］陆晔，等. 媒介素养：理念、认知、参与［M］. 北京：经济科学出版社，2010.

［27］罗家德. 社会网分析讲义［M］. 北京：社会科学文献出版社，2005.

［28］闵学勤. 城市人的理性化与现代化：一项关于城市人行为与观念变迁的实证比较研究［M］. 南京：南京大学出版社，2004.

［29］欧文·戈夫曼. 日常生活中的自我表演［M］. 徐江敏，译. 昆明：云南人民出版社，1988.

［30］彭兰. 网络传播案例教程［M］. 北京：中国人民大学出版社，2010.

［31］David·Halpern. 社会资本［M］. 国立编译馆，黄克先，黄惠茹，译. 台北：巨流图书股份有限公司与"国立"编译馆合作出版，2008.

［32］斯蒂芬·李特约翰. 人类传播理论［M］. 7版. 史安斌，译. 北京：清华大学出版社，2004.

[33] 索尼亚·利文斯通. 儿童与互联网：现实与期望的角力 [M]. 郭巧丽, 译. 北京：电子工业出版社, 2013.

[34] 沃纳·塞弗林, 小詹姆斯·坦卡德. 传播理论：起源、方法与应用 [M]. 4 版. 郭镇之, 等, 译. 北京：华夏出版社, 2000.

[35] 吴筱玫. 传播科技与文明 [M]. 台北：智胜文化, 2009.

[36] 亚当·奥尔特. 欲罢不能：刷屏时代如何摆脱行为上瘾 [M]. 闾佳, 译. 北京：机械工业出版社, 2018.

[37] 伊锡尔·德·索拉·普尔. 电话的社会影响 [M]. 邓天颖, 译. 北京：中国人民大学出版社, 2008.

[38] 俞国良. 社会心理学 [M]. 北京：北京师范大学出版社, 2006.

[39] 袁薏晴. 数位年代的女性启蒙 [M]. 嘉义：南华大学社会研究所, 2002.

[40] 约瑟夫·A. 马克斯威尔. 质的研究设计：一种互动的取向 [M]. 朱光明, 译. 重庆：重庆大学出版社, 2007.

[41] 翟本瑞. 连线文化 [M]. 嘉义：南华大学社会研究所, 2002.

[42] 詹姆斯·E. 凯茨, 罗纳德·E. 莱斯. 互联网使用的社会影响：上网、参与和互动 [M]. 郝芳, 等, 译. 北京：商务印书馆, 2007.

二、中文期刊

[1] 段颖. Diasporas（离散）：概念演变与理论解析 [J]. 民族研究, 2013 (2)：14 – 25.

[2] 付晓燕. 网络社交工具使用与社会资本建构 [J]. 湖南社会科学, 2013 (2)：180 – 183.

[3] 方可成. 华人声援梁彼得大游行：一场依靠微信动员的集体行动？[J]. 新闻春秋, 2016 (4)：47 – 51.

[4] 雷勇. 论跨界民族的文化认同及其现代建构 [J]. 世界民族, 2011 (2)：9 – 14.

[5] 彭兰. P2P 技术与网络传播的未来 [J]. 南京邮电学院学报（社会科学版）, 2005, 7 (1)：29 – 32.

[6] 唐冰寒. 网络暴力对青少年越轨行为的影响：以风险社会理论为考察视角 [J]. 中国青年研究, 2015 (4)：44 – 47.

[7] 熊同鑫. 窥、溃、馈：我与生命史研究相遇的心灵起伏 [J]. 应用心理研究, 2001 (12)：107 – 131.

[8] 杨美雪. 绘本童书的性别角色讯息设计 [J]. 教学科技与媒体, 2000

(51)：30-36.
[9] 杨艺. 中国耽美题材网络剧的发展现状与受众心理研究 [J]. 新闻研究导刊, 2015 (20)：73-74.
[10] 俞金尧. 关于全球史上跨文化交流的评估 [J]. 北方丛论, 2009 (1)：74-77.
[11] 张煜麟. 儿童读物数字化出版的现状与未来趋势 [J]. 出版发行研究, 2013 (10)：14-18.
[12] 周敏. 网络热门影视对青少年认知、情感、行为的影响 [J]. 北京青年研究, 2014 (1)：71-75.
[13] 郑丹丹, 吴迪. 耽美现象背后的女性诉求：对耽美作品及同人女的考察 [J]. 浙江学刊, 2009 (6)：214-219.
[14] 郑宏泰, 黄绍伦. 身份认同：台港澳的比较 [J]. 当代中国研究. 2008 (2)：127-141.
[15] 赵延东, 风笑天. 再就业中的社会资本：效用与局限 [J]. 社会学研究, 2002 (4)：45-56.

三、学位论文

[1] 黄若涛. 绘本书的传播功能研究 [D]. 北京：中国传媒大学, 2006.
[2] 洪美珍. 电子童书阅听型态及其对儿童阅读影响之研究 [D]. 台东：台东师范学院儿童文学研究所, 2000.
[3] 李宝琳. 台北市国民小学高年级学童阅读文化调查研究 [D]. 台东：台北师范学院国民教育研究所, 1999.

四、研究报告

[1] 卜卫, 刘晓红. 2003年中国七城市青少年互联网采用、使用及其影响的调查报告 [R]//刘志明. 中国新闻年鉴·传媒调查卷, 中国新闻年鉴社, 2004.
[2] 中国互联网络信息中心 (CNNIC). 2014年中国青少年上网行为研究报告 [R/OL]. http://www.cac.gov.cn/files/pdf/cnnic/CNNIC2014qingshaonianswxw.pdf.
[3] 中国互联网络信息中心 (CNNIC). 第43次中国互联网络发展状况统计报告 [R/OL]. http://www.cnnic.net.cn/hlwfzyj/hlwxzbg/hlwtjbg/201902/t20190228_70645.htm. 2019.
[4] 中国互联网信息中心 (CNNIC). 第27次中国互联网络发展状况调查

统计报告［R/OL］. http://research.cnnic.cn/img/h000/h12/attach2011 02151046220.pdf.

［5］中国互联网信息中心（CNNIC）. 2015年中国青少年上网行为研究报告［R/OL］. http://www.cnnic.cn/hlwfzyj/hlwxzbg/qsnbg/201608/t2016 0812_54425.htm.

［6］共青团中央. 中国青少年互联网使用及网络安全情况调研［R/OL］. http://www.199it.com/archives/731753.html.

［7］中国互联网信息中心（CNNIC）. 2016年中国社交应用用户行为研究报告［R/OL］. http://www.cnnic.net.cn/hlwfzyj/hlwxzbg/sqbg/201712/P020180103485975797840.pdf.

［8］智研咨询. 2018—2024年中国社交软件行业市场现状分析研究报告［R/OL］.［2018 - 05 - 23］. https://wenku.baidu.com/view/2bb608b3185f312b3169a45177232f60dccce741.html.

［9］极光大数据. 2018年年度手机游戏行业数据报告［R/OL］. https://www.jiguang.cn/reports/356.

五、新闻报道

［1］Facebook估值3个月增长77% 估值达430亿美元［EB/OL］. 新浪科技. http://tech.sina.com.cn/i/2010 - 12 - 15/01244982930.shtml.

［2］Facebook融资5亿美元成为美国访问量最大网站［EB/OL］. 中广网. http://news.sina.com.cn/m/2011 - 01 - 05/102221762562.shtml.

［3］张和. Facebook超越雅虎成为全球第三大网站［EB/OL］.

［4］http://tech.sina.com.cn/i/2010 - 12 - 25/04305026577.shtml.

［5］陈柯宇. 社交网络DeNA称日本社交游戏3年内规模达230亿［EB/OL］. http://tech.163.com/10/0704/17/6AP04VK600094DEQ.html.

［6］孙进. 日本地震通讯受阻 微博和社交网站成救灾主力［EB/OL］. http://news.iresearch.cn/0468/20110314/134706.shtml.

［7］唐镇宇，简光义. 网友声援发烧 要政府"硬起来"［EB/OL］. 中国时报. http://news.chinatimes.com/focus/0,5243,50107286x112010111900140,00.html.

［8］Milla. 日本高中女生四成每天使用智慧型手机超过6小时［EB/OL］. 朝日新闻. http://japan.people.com.cn/35467/7888261.html.

［9］开心网：用病毒营销改变你［EB/OL］. 江苏商报. http://jssb.njnews.cn/html/2010 - 09/30/content_624878.htm.

[10] 2018年第四季度及全年财报[EB/OL]. 新浪科技. https://tech.sina.com.cn/i/2019-03-05/doc-ihsxncvh0033063.shtml.

[11] 辟谣为何就这么难？英媒挖出了假新闻生产前后整个利益链[EB/OL]. 欧洲时报. http://www.oushinet.com/europe/britain/20170309/257257.html.

[12] 孙实. CNNIC发布青少年上网报告：渗透率近80%[EB/OL]. http://tech.qq.com/a/20150601/024558.htm.

[13] 唐星, 等. 调查显示：青少年对社交媒体依赖严重[EB/OL]. http://news.sohu.com/20150702/n416023264.shtml.

[14] 她是澳洲有名的大V，却哭着说网红真是个又可怜又可悲的职业[EB/OL]. http://www.chinaz.com/news/2015/1210/481437.shtml.

[15] 冯兆音. 沉默的华人为什么为梁彼得站了出来？[EB/OL]. https://theinitium.com/article/20160224-international-PeterLiang1.

六、英文

[1] Aaron S, Rainie L. The Internet and the 2008 Election [EB/OL]. https://www.pewresearch.org/internet/2008/06/15/the-internet-and-the-2008-election.

[2] Aaron S. Post-Election Voter Engagement [EB/OL]. https://www.pewresearch.org/internet/2008/12/30/post-election-voter-engagement.

[3] Aksoy A, Robins K. Thinking Across Spaces: Transnational Television from Turkey [J]. European Journal of Cultural Studies, 2000, 3 (3): 343-365.

[4] Amanda L. Teens, Technology and Friendships, Pew Research Center [EB/OL]. http://www.pewinternet.org/2015/08/06/teens-technology-and-friendships.

[5] Anderson-Inman L, Horney M. Electronic Books for Secondary Students [J]. Journal of Adolescent & Adult Literacy, 1997, 40 (6): 486-491.

[6] Anderson M, Jingjing Jiang. Teens, Social Media & Technology [EB/OL]. http://www.pewinternet.org/2018/05/31/teens-social-media-technology-2018.

[7] Andreas W. Towards a Network Sociality [J]. Theory, Culture and Society, 2001, 18 (6): 51-76.

[8] Baker E A E. The New Literacies: Multiple Perspectives on Research and

Practice [M]. New York: Guilford Press, 2010.

[9] Bargh J A, Mckenna K Y A. The Internet and Social Life [J]. Annual Review of Psychology, 2004, 55 (1): 573-590.

[10] Barron B, Cayton-Hodges G, Bofferding L, et al. Take a Giant Step: A Blueprint for Teaching Children in a Digital Age [M]. New York: The Joan Ganz Cooney Center at Sesame Workshop, 2011.

[11] Bers M, Ponte I, Juelich K, Viera A, & Schenker J. Teachers as Designers: Integrating Robotics into Early Childhood Education [J]. Information Technology in Childhood Education, 2002 (1): 123-145.

[12] Bers M U. Blocks to Robots: Learning with Technology in the Early Childhood Classroom [M]. New York: Teacher's College Press, 2008.

[13] Bers M U. The TangibleK Robotics Program: Applied Computational Thinking for Young Children [J]. Early Childhood Research and Practice, 2010, 12 (2): 1-20.

[14] Berson I R, Berson M J, et al. High-tech Tots: Childhood in a Digital World [C]. Greenwich, CT: Information Age Publishing, 2010.

[15] Bertaux D. Biography and Society: The Life History Approach in the Social Sciences [M]. London: Sage, 1981.

[16] Best P, Manktelow R, Taylor B. Online Communication, Social Media and Adolescent Wellbeing: A Systematic Narrative Review [J]. Children & Youth Services Review, 2014, 41 (1) : 27-36.

[17] Block J. Issues for DSM-V: Internet Addiction [J]. Am J Psychiatry, 2008, 165: 306-307.

[18] Boase J, Horrigan J. B, Wellman B, & Rainie L. The strength of Internet Ties. Pew Internet and American Life Project [EB/OL]. http://www.pewinternet.org/pdfs/PIP_Internet_ties.pdf.

[19] Bulger M E, Mayer R E, & Metzger M J. Knowlegde and Processes that Predict Proficiency in Digital Literacy [J]. Reading and Writing: An Interdisciplinary Journal, 2014, 27: 1567-1583.

[20] Burt R S. Structural Holes: The Social Structure of Competition [M]. Cambridge: Harvard University Press, 1992.

[21] Burnett C. Technology and Literacy in Early Childhood Educational Settings: a Review of Research [J]. Journal of Early Childhood Literacy, 2010, 10: 247-270.

［22］ Brand J, Lorentz P, Mathew T. Digital Australia 2014 ［M］. Sydney: Interactive Games and Entertainment Association, 2014.

［23］ Brinkerhoff J. Digital Diasporas: Identity and Transnational Engagement ［M］. Cambridge: Cambridge University Press, 2009.

［24］ Brown B B, Eicher S A, Petrie S. The Importance of Peer Group ("Crowd") Affiliation in Adolescence ［J］. Journal of Adolescence, 1986, 9 (1): 73 – 96.

［25］ Chih-Hung K O, Yen J Y, Yen C F, et al. Factors Predictive for Incidence and Remission of Internet Addiction in Young Adolescents: A Prospective Sudy ［J］. Cyberpsychology & Behavior, 2007, 10 (4): 545 – 551.

［26］ Chiong C, Shuler C. Learning: Is there an App for That? Investigations of Young Children's Usage and Learning with Mobile Devices and Apps ［R］. New York: The Joan Ganz Cooney Center at Sesame Workshop, 2010.

［27］ Clifford J. Diasporas ［J］. Cultural Anthropology, 1994, 9 (3): 302 – 338.

［28］ Donkin A, Holloway D, & Green L. Towards an Online Ethnography of Children's Virtual Worlds: A Review of Current Literature and Research Methods. Paper Presented at the 2015 Australian & New Zealand Communication Association Inc Conference, Queenstown, New Zealand, 2015.

［29］ Donath J, Boyd D. Public Displays of Connection ［J］. BT Technology Journal, 2004, 22 (4): 71.

［30］ Dykeman D. How do you define social media? Broad Casting Brain ［EB/OL］. http://broadcasting – brain.com/2008/02/09/howdo – you – define – social – media.

［31］ Ellison N, Steinfield C and Lampe C. The Benefits of Facebook "Friends": Exploring the Relationship Between College Students' Use of Online Social Networks and Social Capital ［J］. Journal of Computer-Mediated Communication, 2007, 12 (4): 1143 – 1168.

［32］ Eshet-Alkalai Y. Digital literacy: A Conceptual Framework for Survival Skills in the Digital Era ［J］. Journal of Educational Multimedia and Hypermedia, 2004, 13: 93 – 106.

［33］ Fedorov A. Media Education: History, Theory and Methods ［M］. (in Russian). Rostov: CVVR, 2001.

［34］ Floyd K K, Canter L L S, Jeffs T, & Judge S A. Assistive Technology and

Emergent Literacy for Preschoolers: a Literature Review [J]. Assistive Technology Outcomes and Benefits, 2008, 5: 92 – 102.

[35] Forbush E, Welles B F. Social Media Use and Adaptation Among Chinese Students Beginning to Study in the United States [J]. International Journal for Intercultural Communication, 2016, 50 (1): 1 – 12.

[36] Gee J P. New Digital Media and Learning as an Emerging Area and "Worked Examples" as One Way Forward [M]. Cambridge, MA: MIT Press, 2010.

[37] Gee J P. A Situated-sociocultural Approach to Literacy and Technology [C]//The New Literacies: Multiple Perspectives on Research and Practice. New York: The Guilford Press, 2010.

[38] Georgiou M. Diaspora, Identity and the Media: Diasporic Transnationalism and Mediated Spatialities [M]. Cresskill, NJ: Hampton Press, 2006.

[39] Gillespie M. Television, Ethnicity and Cultural Change [M]. London: Routledge, 1995.

[40] Guenther R. Life Chances: Approaches to Social and Political Theory [M]. Chicago: University of Chicago, 1980.

[41] Guernsey L. Can Your Preschooler Learn Anything From an iPad App? [EB/OL]. http://www.slate.com/articles/technology/future_tense/2012/05/interactive_screen_time_for_kids_do_educational_ipad_apps_teach_toddlers_anything_.html.

[42] Granovetter M S. The Strength of Weak Ties [J]. American Journal of Sociology, 1973, 78 (6): 1360 – 1380.

[43] Hamm J V. Do Birds of a Feather Flock Together? The Variable Bases for African American, Asian American, and European American Adolescents' Selection of Similar Friends [J]. Developmental Psychology, 2000, 36 (2): 209 – 219.

[44] Hampton K, Wellman B. Neighboring in Netville: How the Internet Supports Community and Social Capital in a Wired Suburb [J]. City and Community, 2003, 2 (4): 227 – 311.

[45] Henry R, Simpson C. Picture Books and Older Readers: A Match Made in Heaven [J]. Teacher Librarian, 2001, 28 (3): 23 – 27.

[46] Hooghe M. Watching Television and Civic Engagement: Disentangling the Effects of Time, Programs, and Stations [J]. Harvard International Jour-

nal of Press/Politics, 2002, 7 (2), 84 – 104.

[47] Jandt F. An Introduction to Intercultural Communication [M]. London: SAGE Publication, 2007.

[48] Jong D E, Maria T, & Bus A G. Quality of Book-reading Matters for Early Readers: An Experiment with the Same Book in a Regular or Electronic Format [J]. Journal of Educational Psychology, 2002, 94: 145 – 155.

[49] Johnson S E, Lawrence D, Hafekost J, et al. Service use by Australian Children for Emotional and Behavioural Problems: Findings from the Second Child and Adolescent Survey of Mental Health and Wellbeing [J]. Australian & New Zealand Journal of Psychiatry, 2016, 50 (9): 887 – 898.

[50] Kardefelt-Winther, Daniel. A Conceptual and Methodological Critique of Internet Addiction Research: Towards a Model of Compensatory Internet Use [J]. Computers in Human Behavior, 2014, 31: 351 – 354.

[51] Kazakoff E R, & Bers M. Programming in a Robotics Context in the Kindergarten Classroom: The Impact on Sequencing Skills [J]. Journal of Educational Multimedia and Hypermedia, 2012, 21 (4): 371 – 391.

[52] Kazakoff E R, Sullivan A, & Bers M. The Effect of a Classroom-based Intensive Robotics and Programming Workshop on Sequencing Ability in Early Childhood [J]. Early Childhood Education Journal, 2013, 41 (4): 245 – 255.

[53] Keene E O, & Zimmermann S. Mosaic of Thought: The Power of Comprehension Strategy Instruction [M]. Portsmouth, NH: Heinemann, 2007.

[54] Kim J, LaRose R, Peng W. Loneliness as the cause and the effect of problematic Internet use: the relationship between Internet use and psychological well-being [J]. CyberPsychol Behav, 2009, 12: 451 – 455.

[55] Kim Y, Park J Y, Kim S B, et al. The Effects of Internet Addiction on the Lifestyle and Dietary Behaviour of Korean Adolescents [J]. Nutrition Research & Practice, 2010, 4 (1): 51 – 57.

[56] Kimmel S C. Deep Reading: Using Technology to Engage, Connect, and Share [J]. Library Media Connection, 2012, 30 (5): 10 – 12.

[57] Kraut R, Patterson M, Lundmark V, et al. Internet Paradox: A Social Technology That Reduces Social Involvement and Psychological Well-being? [J]. Am Psychol, 1998, 53 (9): 1017 – 1031.

[58] Korat O. Reading Electronic Books as a Support for Vocabulary, Story

Comprehension and Word Reading in Kindergarten and First Grade [J]. Computers & Education, 2010, 55 (1): 24 – 31.

[59] Lankshear C, Knobel M. New Technologies in Early Childhood Research: A Review of Research [J]. Journal of Early Childhood Literacy, 2003, 3: 59 – 82.

[60] Lam L, Peng Z, Mai J, Jing J. Factors associated with Internet addiction among adolescents [J]. Cyberpsychol Behav, 2009, 12 (5): 551 – 555.

[61] Lee I, Martin F G, Denner J, Coulter B, et al. Computational Thinking for Youth in Practice [J]. ACM Inroads, 2011, 2 (1): 32 – 37.

[62] Lenhart A, Smith A, Anderson M, et al. Teens, Technology and Friendships [EB/OL]. http://www.pewinternet.org/2015/08/06/teens – technology – and – friendships.

[63] Lewis D. Reading Contemporary Picture Books: Picturing Text [M]. Oxford: Routledge, 2001.

[64] Macnamara J. The 21st Century Media (R) Evolution: Emergent Communication Practices [M]. New York: Peter Lang, 2010.

[65] Mao Y, Qian Y. Facebook use and acculturation: The Case of Overseas Chinese Professionals in Western Countries [J]. International Journal of Communication, 2015, 9: 2467 – 2486.

[66] Marsh J. The Techno-literacy Practices of Young Children [J]. Journal of Early Childhood Research, 2004, 2: 51 – 66.

[67] Marsh J. Children of the Digital Age [C]. //Popular Culture, New Media and Digital Literacy in Early Childhood. New York: Routledge Falmer, 2005.

[68] Marsh J. Emergent Media Literacy: Digital Animation in Early Childhood [J]. Language and Education, 2006, 20: 493 – 506.

[69] Media C S. Digital Literacy and Citizenship in the 21st Century: Educating, Empowering, and Protecting America's Kids (A Common Sense Media White Paper) [M]. San Francisco, CA: Common Sense Media, 2009.

[70] Massey D. For Space [M]. Cambridge: Polity Press, 2005.

[71] Mattelart A. An Archaeology of the Global Era: Constructing a Belief [J]. Media Culture and Society, 2002, 24 (5): 591 – 612.

[72] Georgiou M. Diaspora in the Digital Era: Minorities and Media Representation [J]. Journal on Ethnopolitics and Minority Issues in Europe, 2013, 12 (4): 80 – 99.

[73] Neumann M M, Finger G, Neumann D L. A Conceptual Framework for Emergent Digital Literacy [J]. Early Childhood Education Journal, 2016, 45: 1 – 9.

[74] Mihailidis P. The Civic-social Media Disconnect: Exploring Perceptions of Social Media for Engagement in the Daily Life of College Students [J]. Information, Communication & Society, 2014, 17 (9): 1059 – 1071.

[75] Moffitt T E. Teen-aged Mothers in Contemporary Britain [J]. Journal of Child Psychology and Psychiatry, 2002, 43 (6): 727 – 742.

[76] Moody A K, et al. Electronic Versus Traditional Storybooks: Relative Influence on Preschool Children's Engagement and Communication [J]. Journal of Early Childhood Literacy, 2010, 10 (3): 294 – 313.

[77] Nahapiet J, Ghoshal S. Social Capital, Intellectual Capital and The Organizational Advantage [J]. Academy of Management Review, 1998, 23 (2): 242 – 266.

[78] Neumann M M, Neumann D L. Touch Screen Tablets and Emergent Literacy [J]. Early Childhood Education Journal, 2014, 42: 231 – 239.

[79] Newton K. Mass Media Effects: Mobilization or Media Malaise? [J]. British Journal of Political Science, 1999, 29 (4): 577 – 599.

[80] Northrop L, Killeen E. A Framework For Using IPads to Build Early Literacy Skills [J]. The Reading Teacher, 2013, 66: 531 – 537.

[81] Ng W. Can we teach digital natives digital literacy? [J]. Computers & Education, 2012, 59 (3): 1065 – 1078.

[82] Oberg K. Culture Shock: Adjustment to New Culture Environments [M]. Practical Anthropologist, 1960.

[83] Oldenburg R. The Great Good Place: Cafes, Coffee Shops, Bookstores, Bars, Hair Salons and Other Hangouts at the Heart of a Community [M]. Cambridge, MA: Da Capo Press, 1999.

[84] O'Mara J, Laidlaw L. Living in the Iworld: Two Literacy Researchers Reflect on the Changing texts and Literacy Practices of Childhood [J]. English Teaching: Practice and Critique, 2011, 10 (4): 149 – 159.

[85] Portes A. Immigration Theory for a New Century: Some Problems & Oppor-

tunities [J]. International Migration Review, 1997, 31: 799-825.

[86] Portes A, Rumbaut R G. Legacies: the Story of the Immigrant Second Generation. [M]. Berkeley CA: University of California Press, 2001.

[87] Putnam R D. Bowling Alone [M]. New York: Simon & Schuster, 2000.

[88] Rheingold H. Smart Mobs: the Next Social Revolution [M]. Cambridge, MA: Persons Publishing, 2002.

[89] Sargeant E. Interactive Storytelling: How Picture Book Conventions Inform Multimedia Book Apps Narratives [J]. Australian Journal of Intelligent Information Processing Systems, 2013, 13 (3): 29-35.

[90] Steineradair C. The Big Disconnect: Protecting Childhood and Family Relationships in the Digital Age [M]. New York: Harper, 2013.

[91] Subrahmanyam K, Reich S M, Waechter N, Espinoz G. Online and Offline Social Networks: Use of Social Networking Sites by Emerging Adults [J]. Journal of Applied Developmental Psychology, 2008, 29 (6): 420-433.

[92] Siapera E. Cultural Diversity and Global Media: The Mediation of Difference [M]. Malden, MA: Wiley-Blackwell, 2010.

[93] Tsai W, Ghoshal S. Social Capital and Value Creation: the Role of Intra Firm Networks [J]. Academy of Management Journal, 1998, 41 (4): 64-476.

[94] Tsitsika A, Critselis E, Louizou A, et al. Determinants of Internet Addiction Among Adolescents: a Case-control Study [J]. Scientific World Journal, 2011, 11: 866-874.

[95] Turrión C. Multimedia Book Apps in a Contemporary Culture: Commerce and Innovation, Continuity and Rupture Nordic [J]. Journal of Childlit Aesthetics, 2014, 5 (9A): 533-535.

[96] Uslaner E M. Democracy and Social Capital [C]//Democracy and Trust, 1999.

[97] Wanning S. Leaving China: Media, Migration, and Transnational Imagination [M]. Lanham: Rowman & Littlefield, 2002.

[98] Weick K, Sutcliffe K M, & Obstfeld D. Organizing and the Process of Sense Making [J]. Organization Science, 2005, 16 (4): 409-421.

[99] Xiuqin H, Huimin Z, Mengchen L, et al. Mental Health, Personality, and Parental Rearing Styles of Adolescents with Internet Addiction Disorder

[J]. Cyberpsychology Behavior & Social Networking, 2010, 13 (4): 401-406.

[100] Yin H. Chinese-language Cyberspace, Homeland Media and Ethnic Media: a Contested Space for being Chinese [J]. New Media & Society, 2013, 17 (4): 556-572.

致　　谢

　　在笔者即将迎来第一个宝宝之际，第一部专著也终于进入了最后的校对阶段。只是，相比十月怀胎，这本书的写作过程历时十年。从读博期间，在社会学课堂上第一次萌发"以社交媒体 SNS 技术的社会影响"为题开展博士学位论文研究的想法开始，到博士毕业后陆续主持与"社交媒体"相关的教育部人文社科基金项目及国家社科基金项目，这些年来持续访谈了百余名华人青少年，收集的访谈录音文本更是以百万字计。这也使得博士学位论文的出版计划一再延后，抛开本人的慵懒和驽钝不说，在这个社会加速运转的时代，能有十年时间去完成自己的第一部专著，也是我的幸运。毕竟 SNS 诞生伊始，整个世界对于 SNS 这一新事物都充满了新奇，大多数人文社科学者对 SNS 这一新兴信息技术带来的全新社会互动关系抱持着如法国法兰西学院院士、科学史专家米歇尔·塞尔般的礼赞态度，并期待着 SNS 带来一个富有创造性的、和平的、民主的、符合生态的全球社会。

　　十年后，随着各式各样的社交媒体应用对用户日常生活世界的侵入，越来越多的社交媒体平台"已经变成一种看似美好天堂，实则群魔乱舞、毒液四射的无间地狱"。在某种程度上，社交媒体似乎并没有为我们带来美好生活，反而让我们远离美好生活，也因此，今天，越来越多的研究开始探索从"永远在线"的社交媒体文化中"选择退出"的可能性。

　　拙作是由一系列以"中国网民社交媒体使用的科技生活史"为关键词的研究集结而成，正是这种"以用户的生命经验为中心"的资料收集方式，让笔者得以抛开非黑即白的偏见，看到社交媒体的不同面貌，也逐渐突破传播学的学科框架限制，将新素养教育和社交媒体实践结合到一起。本书前半部分呈现了"积极采纳社交媒体"的新素养的社会性根源及其对个人和社会的好处，在第八章至第十章则说明社交媒体技术的扩散过程中存在的风险，这也印证了近年来各个领域的学者关于 SNS 技术对社会、政治、文化、经济和环境有可能受到有害影响的担忧。也因此，我们必须认识到，与所有技术一样，SNS 有能力以积极和消极的方式影响用户。回到本书的主题"活在社交媒体时代的青少年不可避免地被暴露在高风险的社交网络环境中，同时，也享受着以屏幕作为学习和成长工具的新机遇"。家长与其因噎废食，一味妖魔化 SNS 媒体，不如主动引导，支持儿童在网络世界的探索，并告知他们关于使用 SNS 的好处及风险。正如日裔美国传播学者 Mizuko Ito 所说，仅要儿童们去切断网络或希望技术会自行消失是不现实甚至不可取的。技术具有无穷的韧性，我们需要知道的是新的规则、实践和素养怎样才能让我们在参与个人层面和集体层面时都卓有成效。

  拙作的问世，首先，要感谢笔者的导师彭兰教授，十年前是她鼓励笔者从无边无际的网络传播研究文献中抬头，开始接触微博、开心网、人人网等社交媒体，并尝试从社会学的视角考察传播科技的影响。其次，是所有接受过访谈的受访者，正是他们无私分享的宝贵生命经验成就了本书。再次，是在求学和研究路上一路启发笔者的各位恩师益友——从武汉大学、中国人民大学、台湾政治大学、香港城市大学到美国阿拉巴马大学的老师和同学，以及笔者先后在南京大学和中山大学共事过的同事，虽无法列名一一道谢，但再多的言语也不足以表达对你们的敬意和谢意。最后，特别感谢几位合作者：笔者的学生南京大学毕业生刘烨、赵牧南协助笔者完成了本书第八章的部分访谈工作，台湾佛光大学的张煜麟老师和笔者的学生孔阳新照与笔者共同完成了第九章，南京大学毕业生任文倩协助笔者完成了第十章。中山大学出版社的靳晓虹编辑提供了很多建设性的修改意见，她耐心细致、乐为他人作嫁衣的敬业精神，令我深受感动！

  谨以此书，献给吾爱的，以及爱吾的所有人们！